駿台受験シリーズ

小論文
テーマ別課題文集

―21世紀を生きる―

〈改訂版〉

中野芳樹
奥村清次
小泉　徹
松本孝子　共著

駿台文庫

まえがき

本書『小論文テーマ別課題文集　21世紀を生きる〈改訂版〉』の旧版は二〇〇〇年に出版された。論文試験では、受験者自身が自力で課題文を読み解き、自分の視点で課題に取り組み、自分だけの結論と論拠、具体例を提示することが求められる。それには、受験者自身が実際によい文章を多く読むことによって、考えるべき重要なテーマや論理的な考え方のモデル、さまざまの優れた「考え」などについて、少しでも多く、かつ、主体的に学んでいる必要がある。しかし、論文指導の現場では、ただ「良書を読もう」と受験者に薦めるだけでは不親切このうえないし、実効性がないことも明らかである。そこで編者は、まずは多くの受験者が数々の良書の存在を知り、適切な箇所を実際に読み、具体的に内容を理解できるようにするところから始めるのがよいと考えた。本書はこうして生まれたのである。

幸いにして旧版は好評を得られた。多くの読者と、本書が紹介した優れた著者の方々に深く感謝を申し上げるとともに、さらにその著者の方々の原著へと向かってくれる読者が増えることを願ってやまない次第である。

さて、この六年の間には、実にいろいろなことがあった。すでに初版出版の翌年には「9・11」が世界を震撼させ、戦争、テロリズム、グローバル化など、国際政治・経済の分野は言うに及ばず、内外に数多くの重大な出来事や変化が生じている。そこで、これらの変化に応えるべく、改訂版を送りだす運びとなった。改訂作業においては、部分的な書き換えではなく、課題文としてピック・アップした四十八の文章のうち、半数以上を差し替え、テーマ分類も抜本的に見直した。また、「グローバリゼーション」「経済の考え方」「人権と法」「デモクラシー」「ヒューマンサイエンス」の項目を新設し、同時代性への対応を強化している。逆に、本書の姉妹編である『医系小論文テーマ別課題文集21世紀の医療』が二〇〇一年に出版されたという事情もあり、医療系テーマは割愛した。しかし、基本方針は変更していない。各テーマ・分野に関する第一人者の著作のなかから、可能なかぎり最新かつ読みやすい「この一冊」を選び、テーマの理解がしやすい箇所を抜粋・編集したこと、読者の理解に役立つように、テーマごとに「論点整理」や知っておきたいキーワードの説明を加えたこと、各文章の要旨要約を別冊として付していることなどは、旧版と同様である。

この改訂版においても、本書の趣旨をご理解くださり、多くの読者のために著書から本書への採録をご快諾くださった各著者・関係者の皆様方には、心よりのお礼を申し上げたい。

本書が大学入試対策に有効であるのはむろんのこと、読者各自が現代社会の諸問題を広く見渡し、進路を確定する手がかりを得たり、今後の読書・勉学の方針を立てたりするための羅針盤的な役割を少しでも果たせるならば、編者にとってこれ以上のことはない。

二〇〇六年十二月　編者記す

＊なお、課題文を採録するにあたり、原著に付されている小見出しは割愛させていただいた。

本書の効果的な使い方

本書は、「テーマ1　環境・資源問題」から始めて、「テーマ16　21世紀を生きる」まで、通読してもらえば、それが一番自然な読み方となる。相互に関係の深いテーマを連続して配置してあるからである。ただ、読者の目的や状況に応じ、次のような活用法も考えられる。

［1］興味のあるテーマや志望学部と関係の深いテーマから読み始める

各テーマは独立して編集されているので、飛ばしたり、逆順で読んだりしても問題はない。自分の関心事項がどのテーマで扱われているのかを知るには、目次で、テーマ名・各文章の小見出し・書名などを参照すればよい。各テーマの内容がどうしても理解しにくいようなら、「論点整理」だけを先に通読してみよう。

［2］読むのが苦手なら……

まず、自分が何とか読めると思えるテーマの「論点整理」を二、三回読んでみる。キーワードにも目を通しておくとよい。次に、「別冊」で、課題文ａの要旨要約に目を通す。そして課題文ａの本文を読めば内容が理解しやすいだろう。課題文ｂについても同様である。

本書では、原則として、課題文ａ・ｂには比較的平易な文章を、課題文ｃには比較的難しい文章を配してある。読むのが苦手な人は、各テーマの課題文ａ・ｂだけ、もしくはａだけを先に読んでいくとよい。

［3］読解力だけでなく、記述力や要約力をしっかりと身につけたい

課題文を二〇〇〜三〇〇字程度で要約するとよい。そして、「別冊」の「要旨要約」と比べてみよう。自分が書いた表現と内容とが、「要旨要約」の内容や表現とずれているようなら、「要旨要約」と課題文とを照らし合わせ、課題文中のどの箇所を要旨として抜き出しているか、赤ペンなどで線を引いてみよう。そこが要旨として採用されている理由を、内容や表現上の特徴などから考えてみれば、要点のとらえかたが見えてくる。

［4］小論文の書き方を知りたい

コラム「小論文のポイント」に小論文の書き方を簡潔にまとめておいた。安易なテクニックなどに頼って失敗しないためにも、必要最低限の常識は知っているほうがよいだろう。

■注意事項

1　「論点整理」や「キーワード」解説中の関連→p.◯マークは、関係の深い他の項目や、既出キーワードの説明のあるページを示している。いちいちそのページを参照しなくてもよいが、詳しく理解する必要があるときは、参照するとよい。

2　各課題文中には、たとえば「第一章で述べたように」、「後述するが」など、課題文中には掲載されていない内容について、理解の妨げとならない限り、原則として原著の表現をそのまま残している。

3　課題文の中で印象的なものがあれば、ぜひ原著を読んでもらいたい。また、課題文以外の良書を、課題文 c の後に【発展】　他の参考図書として紹介してある。関心のある人は読んでみよう。

目次

1a　そもそも環境問題とは何か

環境とは、ある主体にとってのさまざまな外的条件の全体を指す言葉であるから、我々にとっては、人間の社会があってはじめて環境ということがありうる。環境の定義を考える場合には、人間社会と環境がどのように関係しているかということから考えないといけない。環境の機能面からは、次の四つのことが言われている。

人間が生存していくためには環境から自然資源を取り入れることが必要である。そういう意味で環境は自然資源の基盤を形成しており、「自然資源の供給者」という機能を持っている。人間の生存に不可欠な水、大気、森林などがそうだが、こういうものは再生が可能なので再生可能資源と呼ぶ。

生活のために木材を利用するが、一定割合の木を切るだけであれば有り難いことにまた生えてきて、サービスを供給してくれる。しかし、そこにはおのずから再生可能な範囲がある。ところが、人間はその範囲を越えて大量に伐採する。ひどい場合は、都市の近郊に二次的自然である里山があると、住宅開発の適地だといって全部壊してしまう。このように、環境破壊の一つは「自然破壊」という形で起こる。

環境問題、特にゴミ処理問題などを議論していると、江戸モデルの話がよく出てくる。シンプルライフということもあるけれども、江戸で出た廃物が農村で活用されて自然に戻る。自然に戻して豊かにした土地でできた野菜などがまた都市に戻る。そういう循環型社会が形成されていた。その意味からすると、ゴミ処理というのは適切な言葉ではなくて、自然への還元というのが本来のことだったわけである。

つまり環境には、廃物を同化したり吸収したりする性質、生態学の用語でいう「同化者」としての機能がある。

もちろん、この機能にも自ずから限度があるのだが、その同化できる容量を越えて大量に廃物を出す。あるいは、そもそも自然に戻らないものを人間社会はつくる。例えば、軽くて腐らないプラスチックは大変便利なものだが、腐らないということはそのままでは自然に戻らないということで、自然界でプラスチックだけが残りつづける。例えば海岸に散乱したプラスチックを魚と間違って鳥が食べてしまい、渡り鳥のおなかを開けると消化されないプラスチックがしばしば出てくる。念の為に付け加えれば、このことはプラスチックを使用してはならないということではない。使い捨て社会の下でプラスチックが普及したのでこうした事態が生じているのであり、循環というルールの下でプラスチックは使用すべきであったのである。

こうした具合に、同化者としての環境の機能を超えて、あるいはその機能を考えないで量的質的に大量の廃棄物が排出されること、これが環境汚染である。その環境汚染が単なる環境の汚染ではなくなって生命や健康への影響という問題にまで広がったのが、水俣病やイタイイタイ病といういわゆる公害と言われる現象である。このように、環境破壊の二つ目の起こり方は「環境汚染」である。

京都で環境問題の議論をしていると、自然破壊や環境汚染ももちろん大きな問題になるが、京都の人々に「いま京都にとって一番大きな環境問題は何か」と尋ねると、かなりの人は京都駅のビルをあんなに高くしていいのかという問題を提起するだろう。賛成する人は、駅ビルを高くしたほうが京都のまちが活性化するという。しかし同じぐらいの数で反対する人もいて、京都らしさが失われるとか、歴史的景観が壊れるという。つまり歴史的景観も守ろうとする人がいるわけで、ここにも価値があるということになる。歴史的建造物や歴史的なまち並み、あるいは自然景観にもそういう側面がある。

これらを総称して一言で呼ぶとすれば、「アメニティ」という言葉しかないのではないか。その場合には自然だけでなく、過去の人間社会がつくり出した歴史的、文化的ストックも含まれる。環境は、「アメニティ供給者」という機能を有しているのである。

イギリスの Civil Amenities Act では、アメニティを“the right thing in the right place”「しかるべきものがしかるべき場所にあること」と定義している。地域社会の中で、どういうところに、どんなものが、どんなふうにあることが快適な暮らしであるかについて、そのコミュニティで共通了解があるときにはじめて、アメニティという言葉が使えるのだろう。

ところが、わが国の都市は、戦後特にスクラップ・アンド・ビルドという方式で建設してきたので、アメニティという用語がピンとこない。歴史的な建造物があると、ヨーロッパでは、古いまち並みをそのまま残しながら中だけ近代化するが、わが国の場合は、土地所有権が利用権に優先し、高地価で土地生産性が上がらないと困るので、全部壊して高層のインテリジェントビルでも建てたほうがいいということになりがちである。採算性のためにアメニティを壊すということになる。つまり、環境破壊のもう一つの起こり方は「アメニティ破壊」である。

このように環境破壊は、自然破壊として起こるか、環境汚染として起こるか、それともアメニティ破壊として起こるかである。もちろんそれらが同時に起こることもある。

もう一つ環境の最も基本的な機能は、人間が生命として活動していくために不可欠な水や酸素などを供給しているという意味で、「ライフ・サポート・システム」と呼ばれる生命支持機能である。自然資源の基盤を壊しつづけ、水が枯渇するとか、環境汚染がひどくなって健康被害が生じるということになってしまうと、環境のライフ・サポート・システムも壊れてしまうのである。

環境問題とは、環境破壊が生じその影響に伴って、人々の、あるいは地域社会の生活水準が低下することを通じて社会問題化したものである。

（植田和弘著『環境経済学への招待』
丸善ライブラリー　一九九八年より）

1b 人間中心主義の克服

「保全（利用のための保護）は、人間が自分の利益になるように自然を支配する人間中心主義である。その人間中心主義こそ、否定し乗り越えなければならない」という主張は、自然保護を唱える人の多くが語っている。それでは「美と尊厳のための保存」は、人間中心主義ではないのかといえば、「美とか尊厳とかはもともと人間だけの抱く価値意識の表現なのであって、自然の存在に内在する目的ではない」という反論が成り立つだろう。ただ、自然利用が自然を切ったり、曲げたり加工して、破壊して利用するのに対して、景観を鑑賞する人は非破壊的な利用をしているという違いがある。破壊的な利用と非破壊的な利用は、確かに決定的に対立することはある。

崇高の感情には、カントが述べているように、それを感じる人間を圧倒し、否定する力が働いている。崇高の感情に含まれる、人間の主体性を否定する感情を、そのまま自然保護政策における「人間中心主義の否定」と結びつけるならば、カテゴリー・ミステイク（次元の混同）に陥ってしまう。

自然を支配する保全と、自然に敬意を抱く保存とが、「必ず対立する」とはいえない。たとえば日本の木こりが樹木に祈りをささげて伐採するというような場合、破壊的な利用と自然に対する敬意とを一致させるような宗教行事が存在すると解釈することができる。

オシドリは美しいから保護するという人と、将来利用のための用途が開発されるかも知れないから保護するという人は、保護するという点では一致しており、その理由が違っているだけである。どちらが正しいかという判定はできない。

あらゆる生物は、ほかの生物を利用しなければ生きていけない。人間もまたほかの生物に依存して生きている。「自然に対する支配者意識、人間中心主義」を克服するということは、自然利用を止めるという意味であるなら、それは人間に「生きるな」と言うことと同じである。人間中心主義の克服とはどういう意味なのか、その答えを出さないで、「人間中心主義を止める」という言葉を振りかざしても意味はない。
たとえは「ディープ・エコロジーの綱領」という文書がある。ノルウェーの環境保護哲学者、アルネ・ネスが協力者とともに作成したものである。

「①地球上における人間と人間以外の生命体の繁栄は内在的な価値をもつ。人間以外の生命体の価値は、人間の立てる狭い目的に対してもちうる有用性からは独立である。②生命体の豊富さと多様性は、それ自体が価値であり、地球上における人間と人間以外の生命の繁栄に貢献する。③不可欠の必要を満たす場合を除いて、人間はこうした豊富さと多様性を減らすいかなる権利も持たない。④人間以外の生命の世界に対する人間の干渉は度を過ぎており、状況は急速に悪化している。⑤人間の生活と文化の繁栄は、人口の大幅な減少と両立可能である。人間以外の生命体の繁栄は、そのような減少を必要としている。⑥生活条件をよりよいものに変える重要な変革は、政治における変革を必要とする。そして、この政治における変革は、経済やテクノロジーやイデオロギーの基本的な構造に影響を与える。⑦イデオロギーの変革とは、物質的生活水準の不断の向上へのこだわりを捨て、生活の質の真の意味を理解することが、主な内容である。⑧以上あげた諸点に賛成する者は、必要な変革を実現する試みに参加する義務を、直接的にか間接的にか持つ」（谷本光男『環境倫理のラディカリズム』世界思想社、二〇〇三年、三三頁）。

価値概念を分類して「内的な価値」（intrinsic value）と「道具的価値」（instrumental value）とに分けることが、便利なので、しばしばこの分類が用いられる。内的な価値は、それがほかのものにどう係わるかとは独立に成り立つ固有の価値であり、道具的な価値とは、誰かに役立つ価値である。内的な価値を認めるとは愛することであり、外的な価値を認めることは利用することである。

①と②を要約し、③と合わせると、ディープ・エコロジーの基本原則が、浮かび上がる。「人間以外の生命体の繁栄、すなわち豊富さと多様性は、内在的な価値をもつ。不可欠の必要を満たす場合を除い

て、人間はこうした豊富さと多様性を減らすいかなる権利ももたない」。すると、何が「不可欠の必要」なのかが決められていないから、この文章は全体として、「自然は美しい。必要もないのに利用するな」という常識を述べているに過ぎないことになる。

この項目についての注釈では、「〈不可欠の必要〉という言葉は、あえて厳密に定義しないで置く。判断の自由度を十分に保証するためである。つまり、現在の社会構造の違いとともに、風土やその関連要因の違いを考慮する必要があるからである。たとえば、イヌイットのなかには、自分たちの不可欠の必要を満たすため、今日ではスノー・モービルが必需品であるという人々もいるだろう」（アラン・ドレングソン、井上有一共編『ディープ・エコロジー』昭和堂、二〇〇一年、七八頁）となっていて、判断の基準がまったくあいまいなのである。

この点はしばしば指摘されていて、「元気づけるための掛け声としてはすばらしいが、ネスが断固として反対しているような仮定を強めることもできる」（パルマー編『環境の思想家たち』須藤自由児訳、みすず書房、下、二〇〇四年、一〇六頁）という批判もある。

キャロリン・マーチャント著『ラディカル・エコロジー』（川本、須藤、水谷訳、産業図書、一九九四年）のなかの、ネスへの批判を引用してみよう。

「生命圏のすべての存在は生存のための平等な権利を有するという観念は、彼らが批判する人間中心主義とまったく同様に、人間の社会―政治的なカテゴリーを自然に適用したものだということをディープ・エコロジストたちは認識することができない」（同書、一三八頁）

ディープ・エコロジーが、趣味的な人間中心主義批判にすぎないという評価が、定着しつつある。

「不可欠の必要」とはまず持続可能性の確保である。持続可能性を確保するために、枯渇型の資源依存を再生可能資源に転換していくという技術開発の例として、自動車を石油ではなくてサトウキビからできるアルコール燃料で走らせる場合を考えてみよう。目的は、自動車という装置の利用期間を、石油の枯渇の時点を超えて無限に永くするということであるから、自然の美と尊厳とはまったく関係がない。遺伝子操作によって、アルコールの収穫率を高める技術を採用するかどうかという議論になった場合、その技術そのものが伝統的な品種を駆逐する可能性があるから反対だという議論は成り立つが、遺伝子操作されたサトウキビは、自然の美と尊厳を侵害するという主張はできない。

（加藤尚武著『新・環境倫理学のすすめ』
丸善ライブラリー　二〇〇五年より）

1c 環境と経営のジレンマ

持続可能な社会を目指すためには、人間社会の資源需要を自然の生産力を超えない範囲にとどめ、有害廃棄物の自然界への排出も、自然の環境許容限度を超えないようにすることである。そのためには、なによりも資源の過剰消費を抑制しなければならない。動物の世界では、肉食動物が草食動物の植物の過剰消費を抑制する役割を果たしていると指摘した。現代社会では、この肉食動物の役割を果たすのが法律や制度、さらにもっと広い意味でいえば環境倫理である。「人間の欲望は無限」といわれているように、人間社会の資源の過剰消費は、人間の自己抑制だけでは解決できないことを歴史が示している。抑制のためには、税の導入や法律、制度による規制、教育による環境倫理の確立などが必要である。このような環境保全のための税の導入や法律、制度による規制は、長い目でみて企業の経済活動にマイナスに働くのだろうか。

環境省が中心になり、石油などの化石燃料の過剰消費を抑制するため、環境税の導入を検討している。これに対しては日本経団連など産業界の一部に根強い反対がある。その理由として、環境税は企業の国際競争力を奪い、産業の空洞化を招くなどがあげられている。だがこの指摘は本当に正しい指摘なのだろうか。地球環境保全の動きはいまや世界的な流れとなっている。このような大きな時代の流れをしっかり認識し、時代の変化を先取りして、環境保全に必要な税や規制、制度を前向きに受け入れ、それに対応する技術開発や新しいシステムづくりに取り組むことは、逆に企業にとってビジネスチャンスを広げ、企業の国際競争力を強化させることになるのではないだろうか。

「ファースト・イート・スロー」という言葉がある。「早いものが遅いものを食べてしまう」という意味だが、環境分野のビジネスではこの表現が当たっているように思われる。

七〇年代に、不可能といわれた厳しい排ガス規制（日本版マスキー法）を、世界に先駆けて乗り越えた日本の自動車メーカーが、八〇年代の世界の自動車市場を席捲したことはまだ記憶に新しい。最近ではトップランナー方式で省エネ機器の商品化を促す改正省エネ法（エネルギーの使用合理化に関する法律、九八年改正）に対応して、家電各社が省エネ、省資源型のデジタル家電を開発、販売し、世界市場で圧倒的なシェアを占め、日本の有力な輸出商品に育っている。環境保全のため早晩受け入れなくてはならない規制や税に対しては、それを積極的に受け入れ、真っ先に適応していく努力が、企業の国際競争力を強め、長い目で見て企業の存在価値を高めていく。それがまた二一世紀を生きる企業の社会的責任でもある。

日本企業の中には、環境経営を標榜し、それに徹することで業績をあげている企業が増えている。トヨタ自動車、松下電器産業、キヤノン、リコー、富士ゼロックス、日本ＩＢＭ、アサヒビール、佐川急便など、数え上げていけば枚挙に暇がないほどある。素材産業の中には、リサイクル産業としてよみがえる企業も登場している。環境と経営の両立を実現させるためには、環境経営に対するしっかりした理念と哲学、それを実現させる明確な手段が必要である。

たとえば環境経営のトップランナー、リコーの場合、環境経営へ向かうステップを三段階に分けている。第一段階が環境対応、第二段階が環境保全、第三段階が環境経営である。第一段階の環境対応は、主として環境関連の法規制の遵守やグリーンコンシューマーの要求に経営を合わせるという消極的な取り組みである。この段階では嫌々ながら環境問題に対応している。第二段階は、地球市民としての企業の役割を果たすため、高い目標を掲げ、省エネ、省資源、汚染防止に積極的に取り組み、社員一人一人の環境意識の向上を図る段階だ。具体的な取り組みとしては、ＩＳＯ１４００１（環境マネジメントシステム）の認証取得、ＬＣＡ（ライフサイクルアセスメント）による製品チェック、さらに環境ボランティアのリーダーの養成などがあげられる。この段階では、まだ環境保全にかけるコストの方が大きく、利益創出にまでは至らない。

第三段階の環境経営は、環境保全と利益創出の同時実現である。環境保全に積極的に取り組めば取り組むほど利益が出る段階である。この段階までくると環境と経営の両立が実現する。リコーの場合、製造過程で部品点数の削減、工程数の削減、歩留まり・稼働率の向上、過剰包装の廃止などの取り組みを強化させ、省エネ、省資源を実現させ、それによって利益を増やしている。環境経営の実施に当たっては、戦略的目標管理制度、環境会計の導入、環境経営情報システムの強化などに取り組み、具体的な数値目標を掲げている。

同社社長の桜井正光さんは「環境対策は、資源を使わないことが新たな価値を生む。(コピー機に使う)トナー生産は充てんプロセスを見直し、電力使用量を四分の一にした。コピー機やプリンターも従来の半分の資源で提供できるようになった。環境経営とは、資源を節約すればするほど利益を生み出す、コストダウン活動にほかならない」と語っている。

(三橋規宏著『環境再生と日本経済――市民・企業・自治体の挑戦』岩波新書 二〇〇五年より)

【発展】他の参考図書

加藤尚武『環境と倫理 自然と人間の共生を求めて(新版)』(有斐閣アルマ)

〔標〕環境倫理学の最新の議論と事例を紹介する

石 弘之『世界の森林破壊を追う 緑と人の歴史と未来』(朝日選書)

〔標〕世界11カ国の森林破壊の歴史と再生への道を探る

小田 亮『ヒトは環境を壊す動物である』(ちくま新書)

〔標〕ヒトの認知能力と環境との関わり

論点の整理

環境問題は地球の資源を無限だと考え、大量生産・大量消費・大量廃棄を是としてきた社会構造がもたらしたものであり、解決には、経済活動、ライフスタイルなどを見直し、地球の資源の有限性を前提に、循環型社会への転換を図る必要がある。消費者のライフスタイルの見直しやそのための環境教育、企業の経営姿勢の転換も要請される。課題文cに紹介されているように、環境と経営をプラス・サム（市場の拡大）と考え、環境再生を目指すことで企業利益を上げる企業も増えている。

また、環境破壊は「共有地の悲劇」であり、「外部不経済」関連→p.85だと考えられるから、環境税・炭素税など、環境負荷に対する費用負担を市場メカニズム関連→p.83に組み込む「外部不経済の内部化」により、経済的に解決する方向性が見えてくる。

環境破壊の担い手は先進国であり、真っ先に環境破壊の被害者となるのは発展途上国であり、特に、その地域における貧困層である。また、資源消費については、世界の人口の二割を占める先進国が地球全体の資源の八割を消費しているという指摘もある。この意味で、環境問題は南北問題関連→p.38である。

キーワード

持続可能な開発
（Sustainable Development）

地球の資源の有限性を前提に、現代の世代だけではなく、将来の世代をも視野に入れて、資源を枯渇させることなく環境を利用し、人々の生活の質的改善も達成していこうとする発想。環境保全の基本的な考え方として認められており、今後はその具体化が課題となる。

共有地の悲劇

自由に利用できる共有地を各人が利己的に用いることによって資源の枯渇や環境の破壊を招いてしまうこと。

環境倫理学

アメリカで始まった学問分野。原理となる考え方は次の三つである。自然物の生存権（人間だけでなく自然

こうした不平等を是正し、環境正義を実現するシステムを構築する必要がある。しかし、そもそも、環境正義を実現するための環境問題に関するレジーム（規範）の形成においても、参加主体に力の不均衡があるという問題がある。環境正義を実現する見地からも、環境問題の解決主体として先進国だけでなく発展途上国をも取り込み、地域、企業、NGO、NPOへと拡大していくことが重要である。

環境倫理は、環境問題の思想的背景にある人間中心主義を見直し、人間と環境の共生を図っていく考え方である。環境倫理は、近代的な権利義務概念とは相容れない側面もあるが、それは、そもそも環境問題の解決が、近代的な思考枠組みでは不可能であることを示唆しているとも考えられる。

ところで、環境倫理の掲げる人間中心主義の克服というのはどのようにして可能であろうか。そもそも環境は主体である人間との関係でしか存在しない。環境を保護する理由として、それが人間に役に立つものだからだと考えるにしろ、環境自体が内在的な価値を持つと考えるにしろ、人間が評価主体であり、保護主体である以上、「人間」が価値があると評価し、「人間」が保護するという前提をはずすことはできない。課題文bでは、環境保護が環境破壊や資源の枯渇を回避するために必要であ

も生存の権利をもつという原理）、世代間倫理（現代の世代は未来の世代の生存可能性を狭めてはならないという原理）、地球全体主義（地球の生態系は有限であり、生態系の保存が他の目的よりも優先するという原理）。

京都議定書

温室効果ガスの削減目標が定められたが、温室効果ガス排出量第一位のアメリカは離脱し、また、発展途上国待遇にある第二位の中国、第五位のインドに削減義務がない。

温暖化への取り組み

EUは地球温暖化対策として、世界の平均気温の上昇を一八世紀後半の産業革命前と比較して二度以内におさえることに合意し、京都議定書よりも踏み込んだ長期的な目標設定を定めて取り組んでいる。日本は環境

るとすれば、結局、保護の必要性の指標は持続可能性にあると述べられている。

南極やグリーンランドの氷床の減少、北極海の海氷の解ける割合の増加、アルプスの氷河の減少、世界各地での天候不順、植生の変化、島嶼の海面上昇などが報告され、地球温暖化の影響による気候変動が現実化しつつあると危惧されている。

環境問題は、減少した氷河を再生することができないように、影響は不可逆的であり、影響が出てしまった後の対策は手遅れである場合が多い。だからこそ、五〇年先、一〇〇年先の地球をイメージして社会システムの変革に取り組み、持続可能な発展を目指し、循環型社会を構築する必要がある。

環境問題については、以上のような地球規模の環境破壊が真っ先に思い浮かぶが、環境は極めて多義的なものである。課題文aにあるように、地域の景観は快適な居住環境を構成する重要な要素である。歴史的景観や地域固有の生産活動および文化と結びついた地域環境をアメニティ供給源として、保全、再生、創造していくことも、環境問題の課題であることを忘れてはならない。

税の導入などについても国内の調整不足で実現しておらず、削減目標達成にはほど遠い現状にある。アメリカは国家としては京都議定書から離脱し、技術開発による排出量削減など独自の路線をとっているが、州レベルでは温暖化ガスの排出量の削減目標を掲げて取り組んでいるところもある。

環境税（炭素税）
環境汚染を抑制するために、環境利用者に課される税金。狭義では、石油や石炭の化石燃料の消費量に応じて課される炭素税を指す。すでに北欧諸国、オランダ、ドイツなどで導入されている。

小論文のポイント① 何が評価されるのか

論文試験問題の設問は、一般に「次の文章（課題文）を読んで、○○○について、あなたの考えを◇◇◇字以内で論じなさい」と要求している。これにきちんと応じるのが、答案を書くということだ。この設問の要求を、より詳しく分析して見ると、1.「次の文章（課題文）を読んで」、2.「○○○について」、3.「あなたの考えを」、4.「◇◇◇字以内で」、5.「論じなさい」となる。この1～5から、論文試験の評価ポイントは、次のように考えられる。

1　課題文（資料）の読解・分析力が評価される。
2　特定主題についての理解・関心が評価される。
3　主体的な思考力や学部適性が評価される。
4　文章表現力や練習量が評価される。
5　論理的な思考能力が評価される。

以上から、答案に何をどう書くとよいかがわかる。「課題文（資料）の読解・分析結果」を活用しつつ、「問われた主題に対応」した「自分なりの結論」を、「結論を導き出す論拠」をしっかりと添えて、制限字数内でまとめるのである。

いわゆる「文章の書き方」のようなものは、上の5項目のうちの一つでしかないことがわかるだろう。また、一番客観的に処理できて得点しやすそうな1（資料の読解・分析）を軽視すると、得点源をみずから放棄するようなものであることもわかるだろう。さらに、「個性的な答案」などという評価は、単に変わったことを書いても決して得られるものではなく、重要なテーマについて、主体的に関心を持って論理的に考え、自分の能力や適性を磨いた人が書いた答案について、与えられるものだということも明らかである。

2a　グローバル化を問う意味

　グローバリゼーション研究とはいかなる問題を扱うのでしょうか。グローバリゼーションは、一般的には、国境を越えるヒト・モノ・カネそして情報や技術の動きの拡大を意味し、そうした越境的な状況を指す語と理解されてきました。多国籍企業による世界的統合化、金融による世界支配、世界的規模の移民、メディア産業の発達、文化の均質化等のテーマが、取りあげられてきたのです。さらに、現代世界の最も大きな課題である環境は、もはや一国規模では解決不可能な課題なのです。

　他方、グローバリゼーションを、現代世界のイデオロギーあるいは特定の政治的実践・企図と考える立場もありえます。その場合、民営化や規制緩和を積極的に推進する国家官僚、ＩＭＦ（国際通貨基金）や世界銀行などの国際機関を動かす国際高級官僚、世界企業の経営者などの活動をグローバリゼーションと呼ぶこともできます。彼（女）らの多くは、ごく限られた英米の大学あるいは大学院の出身者であり、価値観や生活様式を共有し、いわば一つのグローバル・ヴィレッジを作っているのです。そして、こうしたグローバルな企図に対抗する反グローバリズムの動きも、グローバリゼーション研究の大きなテーマとなってきます。

　また、グローバリゼーションを交通や通信技術の発展に支えられた国境を越えるさまざまな活動の拡大・深化であり、近代の歴史において避けることのできない過程である、ととらえる立場もあります。最近では、コンピュータ技術と衛星通信技術が結びついてテレコミュニケーションという、これまでとは全く異なる規模と早さで、リアルタイムに世界が結びつくようになりました。世界の時間と空間が大きく変化したのです。ただ誤解がないようにいっておきますが、技術がすべてを決定するといっているのではありません。むしろ、現代の技術が人間の制御しうる限界を越えて、予見不可能な結果をもたらしうるような時代になった、ということの方が重大です。こうした技術変化を含めて、グローバリゼーションとは、私たちが避けて通ることのできない過程でもあるということです。

近代においてヒトやモノや資本、情報や思想や様式の移動が越境的に拡大する過程で、さまざまな境界が画され、揺れ動いてきました。グローバリゼーション研究では、こうした境界によって作りだされた統合化と差異化の過程を研究するのです。そして、それはまた、ナショナルな枠に囚われない思考様式をどのように構築することができるのか、ということにもつながります。

グローバリゼーションを課題とすることは、このようにきわめて多面的な問題を扱うことになります。しかしながら、グローバルな課題というものがあらかじめ与えられているわけではありません。環境や紛争あるいは移民を論じたからといって、グローバルな課題を扱ったことにはなりません。また、グローバルな課題に対してローカルな課題があるわけではありません。ローカルな課題は不可避的にグローバルな課題に連接するのであり、グローバルな課題は、具体的な実践の場としてローカルに展開されることになります。

グローバルな課題としてとらえるということは、問題の立て方あるいは方法の問題なのです。すなわちあらゆる課題がグローバルであり、どのような小さな地域のいかなる問題であっても、それをナショナルな制約から解き放ち、グローバルな課題としてとらえることが重要です。各国の比較研究といった観点も、しばしば、ある特定の国を普遍化して、その国を参照軸に他の国を分析することになり、基本的には、ナショナルな関心を前提とした上での議論であることが多いのです。国際と名のつく分野の研究にも、ナショナルな発想が見られます。しかし、グローバルな課題として問題を立てるということは、容易ではありません。しばしば見られるような、欧米中心的な考えにアジア中心的な考えを対置したり、つけ加えたりすることではないからです。

グローバルな課題あるいはグローバリゼーションとは何であるのかという問いに対して、最初から与えられた解答があるわけではありません。グローバリゼーションという言葉から、国境を越える活動の拡大や技術の発展によって、明るい未来が開かれるような姿を思い浮かべる人たちもいれば、地球的規模での環境汚染や失業者の急増などを懸念する人たちもいます。また社会科学の分野においては、それはたんに用語の問題であり、近代の延長にすぎない、国民国家の枠組みは基本的には変化していない、という主張もあります。

しかし、多くの研究者たちが、この一〇年から二〇年の間に、近代国家を取り巻く状況、国家間の関係、世界の編成のあり方が変化してきたという認識を共有するようになってきたように思います。そして、そうした観点から近代をとらえ返すならば、これまでとは異なった近代が見えてくるでしょう。世界の歴史は諸国家の歴史を単純に集計したものではなく、世界は決して諸国家の動きを足し算した合計ではありません。近代世界の基盤であった国民国家というシステム、主権国家という体制そのものが大きく変化してきているという認識であり、国家という境界を絶対的なものではなく、それをいったん相対化して近代世界を眺めてみようとするものです。

もちろん、そういったからといって、グローバリゼーションが国民国家体制にとって代わると主張しているわけではありません。領域性は揺らぎながらも、国民国家そのものは、今後も長期にわたって残るでしょう。ある場合には、国民国家はむしろ強化されてきています。国民国家の多様性や多元性、あるいは国民国家が内包する異質性は、グローバリゼーションにとって不可欠なのです。ここでは、グローバリゼーションという観点から世界の編成がどのように見えるのか、これまでの国家間の関係としてとらえてきた議論では、見えなかったことが明らかになるのではないか、国民国家の揺らぎとは何であるのか、考えてみたいということです。

（伊豫谷登士翁著『グローバリゼーションとは何か／液状化する世界を読み解く』
平凡社新書　二〇〇二年より）

2b 途上国の貧困と自由市場

＊IMFは、戦後に発足した当初は固定相場制と資本取引規制のもとで国際収支を調整するための短期融資を提供していた。ところが一九八〇年代末期、IMFは債務危機に陥ったラテンアメリカ諸国に対して短期の救済融資を行い、条件として債務国に「構造調節プログラム」を課した。これが効を奏し、それ以降のIMFは指導方針を大きく転換する。融資の条件として改善政策（コンディショナリティ）を課し、離陸以前の途上国にも経済不振に喘《あえ》ぐ先進国にも実質的に同一のものを要求するようになった。日本はIMFの融資を受けているわけでもないのに、そうした路線をみずから選んだのである。

コンディショナリティは財政・国際収支を均衡させインフレを落ち着かせる「マクロ経済管理」と、自由化・私有化を進める「構造改革」とからなり、地球上のどこにおいても、すなわちグローバルに適用される。自由化・民営化・緊縮財政の三点が、その中心にある。

危機に瀕した国々が融資条件としてこれらを飲むと、とりわけ「構造改革」によって世界の市場は緊密に一体化される。というのも、各国の経済を特徴づけ、国内市場を国際市場から隔離しているのは取引慣行や組織原理、経済法の伝統などだが、これらの相違を「構造」と呼び、「改革」によって均質のものにしようとするのが「構造改革」だからだ。そのようにして世界経済を均質にしようとするのがIMFの方針であり、ひいてはアメリカの要望である。

金融自由化とともに資本市場では金融危機が頻発するようになったが、規制危機から融資を受けざるをえなくなった各国は、経済緩和や金融・投資・貿易の自由化、国営企業の民営化を余儀なくされてしまう。それは、不振企業や民営化された国営企業が多国籍企業や国際金融資本によって買収されることを意味している。「構造調整プログラム」を通じて、多国籍企業や国際金融資本は、何の障害につまずくことなく地球上を駆けめぐるようになったのである。また財政や金融というマクロ経済政策は、従来のように一国内でのみ実施しても、効果をあげることができなくなっている。文字通り、世界経済は均質化・一体化したのだ。

規則や慣行には日本におけるように所得を平等化させる契機となるものが多いから、それらの撤廃によって、所得格差は瞬《また》く間に著しい水準に達した。それとともに、世界最高の資産家たちは、数百人だけで世界の残りの人口が有する資産の半分近くを占めるようになった。

もちろん、IMFにも言い分はある。多国籍企業にせよ国際金融資本にせよ、危機に陥った国の企業を買収することは非効率性を取り除いたし、一部の才能ある人に富を与え技術革新を促すことは、残りの貧しい人々が革新的なアイデアを持たずとも経済成長の果実に与《あずか》ることを可能にする。そもそも自由市場においては所得には差が出るものであって、それを再分配するのは国家の役割だ、と。

けれどもそれが妥当であるのは、第一章で述べたように*トリクル・ダウン効果が働く場合である。そのためには、市場が需給を均衡に導き、技術や欲望がさほど素早くは変化しないなど、安定化要因が経済において存在していなければならない。国内経済では、規制や制度が安定化要因となってきた。ところがとりわけ国際金融市場では、資産に対する需要と供給において、製品に対する欲望や企業の技術のように、価格の動きに比して変化の緩やかな要因は存在しない。したがって投機が支配的になると、ときに売りや買いが一方に偏り、それによって金融危機が発生する。それを防ぐには国際金融市場を監督する有能な国際機関が存在するか、もしくは金融危機を乗り越えられない弱小国に対して、有利な融資を行ったり資本取引を規制したりするしかない。ところがIMF的な市場原理主義においては、そうした国際機関は不要とみなされ、また弱小国を特別扱いしたり規制を復活させることもない。

IMFから融資を受けた国は、わずかな財政収入をも国内の社会資本や公共財の購入に充てることが困難になる。パキスタンは、コンディショナリティの指示する緊縮財政を行い、国内収入をたとえば国民の教育に振り向けることを断念してまで外国の債権者に支払わねばならないのである。

ちなみにヘッジファンドを率い稀代《きたい》の投機家として知られるJ・ソロスは、こうした国際金融市場のあり方に警鐘を鳴らしている。ソロスによれば国際金融市場は、そもそも不公平にできている。周縁諸国の通貨は保有するとリスクがかかるとみなされ、それゆえに借り入れコストもかかってしまう。また新興市場の企業は、プレミアム金利を払わなければ資金を調達できない。そこで金融自由化のもとでは、新興市場において資本逃避が起きがちになる。ソロスはその資本不足を補うために、弱小国家に対しては貸付けの補強を行い、また豊かな国々は開発援助をIMFのSDR（特別引き出し権）の贈与という形で行うべきだと主張する。それによって外貨準備も積み増しできるというのである。

このソロスの提案に潜んでいるのは、すべての人の市場へのアクセスを可能にするような制度的補助もまた一個の正義だという考えである。市場は、規制や慣行を撤廃すればそれだけで機能するわけではない。というのも、市場には誰もが等しい条件でアクセスできるわけではないからだ。ソロスはそれを国際金融市場にかんして述べているが、A・センは途上国の貧困にかんし、「恵まれない人々は、自分の窮乏状態と折り合いをつけてしまう傾向がある」と指摘している。極度の貧困状態では、自分が送りたいと思う生活とはどのようなものなのか、想像する気力も失せてしまう。これは、市場原理主義者が想定するようには人は合理的でないということだ。

途上国ばかりではない。経済思想家のF・A・ハイエクにならって言えば、先進国の市場経済においては、各人が「特定の時と所」で利潤獲得のチャンスを自由に発見することが、潜在能力を発揮することに相当している。けれども利潤が得られるチャンスが存在することを知っていても、それを商売に結実させるには、税務や商法、会計にかんする知識が必要になる。義務教育で、「読み書き算盤《そろばん》」が重視され、それ以上の知識にかんしては図書館の公開や行政府の開放性が求められるのも、それらが、人々が市場において新知識の発見という潜在能力を開花させ、利得を現実のものにするための条件となっているからだ。公共財や福祉の提供には、たんに個々人の生活水準を引き上げるためではなく、市場へのアクセスを可能にするという側面も含まれているのだ。

　民営化とは公共部門に民間企業の利潤最大化と同じ原理で行動させようとするものだが、公共部門の重要な役割のひとつは民間企業がそのように振る舞いうるよう市場へのアクセス可能性を高める条件を整えることであるから、自己目的化した民営化論は「公」と「民」では目指すものが異なることを理解しない政策である。とりわけ途上国は、以上のような制度的基盤を欠いている。

　それにもかかわらず覇権国たるアメリカは、とくに九〇年代以降、そうした制度的基盤を提供するよりも、逆にそれを廃棄させるよう振る舞ってきた。その結果、市場によってすべての国々が等しく発展する契機を持てるどころか、最低限必要な公共財にもこと欠き、市場にアクセスすることすら困難な国々を生み出していったのだ。

（松原隆一郎著『分断される経済』―バブルと不況が共存する時代
NHKブックス　二〇〇五年より）

◆編集注
IMF…国際通貨基金。キーワード参照のこと。
トリクル・ダウン効果…大企業・富裕層の富が増せば、水滴が徐々に流れ落ちるかのように、順次貧困層まで豊かになっていくこと。格差を正当化する考え方である。
ヘッジファンド…少数の富裕な投資家から私的に大規模な資金を集めて運用する投資信託の一種。株式の空売りなど、さまざまな手法で資金運用を図り、売買益を稼ぐ。

2c 《帝国》―グローバルな権力

一九七〇年代以降急進展するグローバリゼーションは、国民経済を越えた地球的規模での蓄積体制を生み出した。それに先立つ第二次大戦後から七〇年代初頭までの先進諸国の経済成長は、各国の国民的規模での蓄積体制に支えられていた。フォーディズム*と呼ばれる蓄積体制がそれである。先進諸国では、大量生産と大量消費の好循環を媒介する諸種の制度が国民的レベルで配備された。経営者と労働者の団体交渉が全国的規模で展開され、賃金水準がこの団体交渉を通して設定され、《国民的賃金本位制》が確立された。政府は管理通貨制度と中央銀行に基づき通貨金融政策を実施して景気を調整した。また巨額の財政政策によって有効需要を創出した。さらには福祉国家の体制が、国民に二次的な所得を保障し、消費購買力の増大に寄与した。つまり資本の循環＝蓄積の体制は、国民経済的な枠組みによって編成されていた。

戦後打ち立てられた国際経済の枠組み（ＩＭＦ・ＧＡＴＴ）は、国民経済相互の関係を調整するものであり、国民経済間の自由貿易と資本移動を促す制度であった。この時期に世界の覇権を握った米国は、このような先進諸国本位の国民経済間の調整における主導権を保持した。米国の主導権は、圧倒的に優位な経済力と金の保有力、そして軍事力に支えられていた。この優位性を背景にして、米国は多国間主義のヘゲモニーを掌握したのである。これを《第一のパクス・アメリカーナ》と呼ぶことにしよう。

だがこのフォーディズムの体制がゆきづまった七〇年代以降、各国政府は新自由主義政策を採用して、国民的規模の諸制度を緩和し後退させていく。国民の消費購買力の減退は、国内需要の縮小を招き、各国は国外の需要を求めて輸出競争を激化させる。先進諸国の多国籍企業が、コストの削減や新しい販路を求めて、生産の拠点を海外に移す。九〇年代以降は、海外の現地法人を合弁で設立するだけでなく、多国籍企業同士の大型の買収・合併・技術提携が進められる。ダイムラーベンツ・クライスラー・三菱自動車の資本提携、ルノーによる日産の吸収合併、モービルとエクソンの合併などがその代表例である。企業は地球的な規模での投資の過剰に直面して、競争の重圧から逃れるために、このような企業合併や提携に走る。

こうして、多国籍企業はその国籍を離れて、国境を越えた生産のネットワークを編成する。たとえば自動車メーカーは、ディーゼルエンジン、トランスミッション、エアコン、各種の部品を資源や立地条件や賃金水準を考慮して最適の地域でそれぞれ別々に生産し、組み立てる。このような世界的規模の企業内分業がたがいに複合的にクロスして、生産資本循環のトランスナショナルなネットワークが形成される。

このような生産のグローバリゼーションに加えて、投機目的のマネー・フローが金融のグローバリゼーションをもたらす。米国は戦後の先進諸国の経済成長とともに、製造業における相対的な優位性を失っていく。この製造業の地位低下を金融で挽回するために、金融革新を断行し、金融取引を自由化して、投機目的の短期金融市場を活性化させる。七〇年代に入って、金・ドル交換性停止と変動相場制への移行は、株価・金利・為替相場の変動を利用した投機のマネー・フローを促した。ヘッジ・ファンドの先物取引はその典型である。このマネー・フローが世界各地の金融危機を引き起こし、各国の通貨金融政策を無効にする。民間の金融資本が、政府の金融緩和・金融引き締めの政策を無効にするほどの大量の資金移転能力を保有するようになる。こうして金融の国民経済的な枠組みを取り払ったトランスナショナルな金融資本循環の運動が台頭する。

このようなグローバルな次元における生産と金融の資本循環運動の形成は、第二次大戦後に築き上げられた国民経済の諸種の制度的枠組みを突き崩していく。先進諸国の賃金水準は、もはや国民的レベルの労使間妥協によって決定されるのではなく、企業の海外移転、あるいは移民・出稼ぎ・研修などの労働力の国際移動の影響をまともに受ける。資本の国外移転は、国内産業の空洞化を招き、失業問題を悪化させて賃金を引き下げる。国内のデフレスパイラルによる消費購買力の減退と、資本の国外逃避による国内の設備投資の後退によって、国民経済的な枠組みにおける大量生産・大量消費の循環は不可能となる。

　この生産と金融のグローバル化の主導権を握るのは、巨大な多国籍企業と金融資本を有しドルを国際通貨とする米国である。だが、今日の米国の覇権は、もはやフォーディズムの時代のように、国家主権の絶対性に基づく国民経済の枠組みに支えられてはいない。米国は、弱体化する国家主権を自国の強大な軍事力と外交戦略によってカバーしつつ、資本の国際秩序の維持を図る。そのようなグローバル時代の米国のヘゲモニーを《第二のパクス・アメリカーナ》と呼ぶことにしよう。このようなグローバル時代における米国のヘゲモニーは、帝国主義と帝国という二重の様相を帯びることになる。

　グローバルな資本の秩序の出現は、法的・政治的主権たる国民国家との矛盾をあらわにしていく。国民国家は、財政金融政策や福祉政策を通して資本の国民経済的な再生産の枠組みを整備し統括するというかつての機能から、生産や金融のグローバルな資本循環の効率化を図り、あるいは自国の企業の国際競争力を強化するという機能へと変容を遂げる。需要サイドに力点を置いたケインズ・ベヴァレッジ型[*]国家から、技術開発や労働力の育成に力点を置くシュムペータ型国家への転換[*]は、グローバリゼーションにともなう国家の機能転化を物語っている。

　だが国家のこのような機能転化は、同時に国境を越えた資本の循環運動に対する国家の制御能力の弱体化の傾向をともなっている。かつて帝国主義の時代において、国家は国内の過剰資本を国外に移転する過程を媒介した。国内の過剰資本のために、国外の販路や投資先や資源確保を政治的・軍事的に保証したのが、国家の帝国主義政策であった。

　だがグローバル時代の今日、グローバルな資本循環を仲介する主権としてたち現れているのは、国民国家を越える主権である。帝国主義時代の国家は、自国の主権を外部に拡張して、資本の蓄積を政治的・軍事的に保証する。これに対して、今日出現しつつある主権は、国民国家のように限定された領域と中心をもつのではなく、「脱中心的で、脱領土的な支配装置」(Hardt M./Negri A.〔2000〕邦訳五頁)である。ハート/ネグリは、この主権を帝国主義と区別して《帝国》と呼ぶ。帝国の主権は、国家主権のように領土の内部と外部をもたず、世界のすべてをその支配装置の中に徐々に組み込んでいく。今日では、かつてのような帝国主義本国と植民地との空間的な区別が消え去り、外部が内部化される。たとえば、先進都市の中心部に移民が流入してそこに第三世界の空間が出現する、というようにである。

帝国の主権の第二の特徴は、それが超国家的法秩序を形成するということである。帝国主義が諸列強間の抗争や競争として展開されたのに対して、帝国は単一の権力をなし、すべての列強を統一的に構造化する。帝国とは、グローバルな資本の秩序を規律づける政治的・法的な主権である。だからそれは新しい帝国の法権利概念を生み出す。「〈帝国〉とは……権威の新たな刻印のことであると同時に、規範の産出のための企てのことであり、そしてまた契約を保証し紛争を解決することの可能な強制権からなる法的機関の産出のための企てのことなのである」(ibid. 邦訳一三頁)。

帝国の主権の第三の特徴は、それが人々の社会的な生活をまるごと支配する主権だ、ということである。ハート/ネグリはそれを《生政治的権力》と呼ぶ。

「帝国の支配は、あらゆる社会生活の深部にまでその力を行き渡らせながら、社会秩序の全域に作用を及ぼす。……帝国の支配は、社会的な生をまるごと対象としている」(ibid. 邦訳八頁)。

この権力を支えるのは、生政治的生産である。今日の労働は物を製造する活動よりも、人々の欲求や身体や意識を生産する活動に比重を移しつつある。この活動は、知識・情報・コミュニケーションを操作して諸種の主体を生産する。近代の権力は諸種の規律訓練装置によって人々を主体として生産したが、グローバル時代の権力は知識・情報・コミュニケーションを介して主体の内側に進攻し、脳や身体を直接に支配するようになる。

この生政治的権力は、国民国家を越えたグローバルな領域で作動する。多国籍企業は、人々の日常生活を国土という空間領域を無視して資本循環フローの中に流し込む。マグドナルド・ハンバーガーはファースト・フードの食文化を全世界に浸透させるし、ハリウッドの映画は世界の観客を同じスペクタクルの幻想界にひきずりこむ。多国籍企業は国境を越えた労働力と資源の配分を推進し、グローバルな規模で生産を階層的に組織し、金融と投資のフローを生み出す。帝国とは、このようなグローバル化された生政治的な生産の秩序のことなのである。

（斉藤日出治著『帝国を超えて―グローバル市民社会論序説』大村書店 二〇〇五年より）

◆編集注

フォーディズム…フォード自動車会社が採用した大量生産方式。規格化、専門化、ベルトコンベヤー・システムの導入などにより経営の合理化を確立する。フォード・システム。

ケインズ・ベヴァレッジ型国家…完全雇用や福祉国家を目指す政策をとる国家。

シュムペータ型国家…資本主義社会を「企業者」の創造的破壊による進化過程と見て、生産者側への配慮を重視する政策をとる国家。

【発展】他の参考図書

最上敏樹『国連とアメリカ』（岩波新書）

［標］アメリカの単独行動主義と国連の現実についての解説

宮島 喬『共に生きられる日本へ 外国人施策とその課題』（有斐閣選書）

［標］日本社会におけるグローバル化への対応状況

山下範久（編）『帝国論』（講談社選書メチエ）

［難］「帝国」「マルチチュード」に関する入門書

論点整理

二十世紀末に東欧諸国の社会主義政権とソビエト連邦が崩壊し（一九八九〜一九九一年）、東西冷戦 cold war は終結した。もはや「東西」や「南北」といった単純な枠組みでは世界をとらえきれなくなった。軍事的にはアメリカ合衆国の「単独行動主義」が目立ってはいる。しかし、経済を中心として、情報、テクノロジー、環境、文化などの各分野において、主権国家の枠組みは揺らぎ、世界情勢は流動化している。今日では、世界各地での国境を越えた紛争やテロの勃発とともに、自由市場経済や規制緩和（自由化）の波が押し寄せ、これらの現象は、総称して「グローバリゼーション（グローバル化）」と呼ばれている。

課題文aでは、「グローバリゼーション」と呼ばれる事態の多様な側面・性格、さらにまた、それらへの多種多様な解釈・評価が存在することを確認したうえで、グローバルな課題として問いを立てることの重要さを説いている。グローバリゼーションを安易に「世界の自由市場化と富の拡大の実現」などと楽観的に肯定するのも、「多様な地域文化の破壊と先進国の経済一極支配」などと単純化して反グローバリゼーションを唱えるのも、あまりにも皮相で狭隘なものの見方であるといえよう。

キーワード

冷戦（cold war）

第二次世界大戦後の米ソ関係を指す。一九四七年以降、資本主義体制と社会主義体制との対立は、直接的な戦争状態（hot war）ではないが、軍備拡張により、全世界に緊張をもたらした。

南北問題

第二次世界大戦後に独立を果たした、主として南半球に位置するアジア、アフリカ、ラテンアメリカの国々と、主として北半球に位置する先進工業国との大きな経済格差を問題とした表現。

国際連合と安保理常任理事国

国連は国連総会を中心に、経済社会理事会、安全保障理事会、国際司法裁判所その他の諸機関からなるが、

従来の国民国家 関連→p.70 や国家間関係を前提とした議論（たとえば「国際化 internationalization」という言葉で何事かが語られるときには、主権国家と主権国家との間での irter-nation やりとりが、もっぱら意識されているであろう）とは異なる視点として、グローバリゼーションを考えるべきなのである。私たちの日常生活において、「何かが変化してきたな」と感じたとき、そこに「グローバルな課題としてとらえる」思考が求められているのである。

グローバリゼーションは一国家の枠組みを超えた事柄を意味している。そこに何か課題があるとすれば、その解決の主体や場として、どのようなものを考えることができるだろうか。従来の思考であれば、例えば「国連のような国際的な機関」などをすぐに思い浮かべるのではないだろうか。しかし、現在の国連が紛争やテロの解決の場として十分に機能しえていないことは、イラク戦争や朝鮮民主主義人民共和国の核問題、あるいはイスラエルのレバノン侵攻などに関する国連の活動とその成果を見れば、理解できるであろう。課題文bでは、ＩＭＦ（国際通貨基金）とアメリカ合衆国の後押しする「改善政策」が批判的に取り上げられている。本来であれば、中短期の融資を行う国際金融機関として、国際金融の安定と円滑化を図り、とりわけ途上国の所得水準の向上を考慮

安保理常任理事国の拒否権が強大な特権である。日本は常任理事国に立候補しているが、有事におけるＰＫＯ（国連平和維持活動）と憲法第九条との関係が問題である。

ーＩＭＦ（国際通貨基金）

一九四四年、アメリカのブレトンウッズ国際会議において、ＩＢＲＤ（国際復興開発銀行、世界銀行）とともに設立が決定した。第二次世界大戦後の国際通貨体制を支え、国際収支が赤字の加盟国を融資支援するための中心的な国際金融機関である。内政不干渉の原則を廃し、融資先の国家に対して、政策改善を条件（コンディショナリティー）に融資を行っている。その条件とは、一九八九年の「ワシントン・コンセンサス」に基づき、財政赤字の是正、税制改革、金利自由化、貿

すべきであるＩＭＦが、過度な市場主義の立場で自由化・規制緩和を一律に推進しようとしたため、競争力の低い途上国の経済は、自由市場下での先進国との競争によってむしろ悪化したのである。「構造改革」というとき、改革されるべき旧来の「構造」は、時代遅れな弊害でしかないように見なされがちであるが、課題文ｂの筆者は、それを国内経済の「安定化要因」ともとらえている。このように、ことを経済政策に限って考えてみても、各国さまざまの事情や相違が多くあり、単純な「開放」や「改革」のみによって真の発展や向上がもたらされるというものではなく、ときには逆効果でさえあるのである。だとすれば、何らかの国際的な機関の存在が課題解決のために必要であるとしても、それが一握りの国家や人々の「強いリーダーシップ」や先進国主導の「改革」などをもくろむものであるかぎり、グローバリゼーションの波にさらされた世界の多くの人々にとっては、マイナスの結果を招く可能性のほうが大きいということであろう。

このようにグローバリゼーションが負の側面を強調されるとき、あたかも世界をグローバルに（地球規模で）支配しようとする帝国主義的な主体が存在するかのようにイメージされることがある。現代のアメリカ合衆国、なかでもホワイトハウス周辺は、そうした「帝国イメージ」の

易自由化、直接投資の受け入れ、国営企業の民営化、規制緩和などであり、日本の「構造改革」「郵政民営化」などもこの路線に従ったものである。

市場主義（グローバリゼーションへの評価①）

積極的にグローバリゼーションを推進しようとする。経済秩序を市場の自由な需給調節機能に委ねればよいとする立場。アメリカ型自由主義経済による規制緩和策や「小さな政府」を主張している。社会主義諸国の崩壊後、アメリカの好況と経済のグローバル化を背景として、現在最も支持されている理念である。その極端な立場を批判的に「市場原理主義」と呼ぶ。

代表例であろう。しかし、課題文ｃでは、かつての帝国主義時代とは異なり、グローバリゼーションの時代には、たとえアメリカ合衆国といえども「国境を越えた資本の循環運動に対する国家の制御能力の弱体化の傾向」からは逃れられないと述べられている。「国民国家を越える主権」＝「脱中心的で、脱領土的な支配装置」である《帝国》が立ち現れているという。例えば、我々がハリウッド映画の影響を受けて自らの服装や食事などのライフスタイルを進んで変更しようとするとき、そこに何か特定の権力者集団や巨大企業などの意図的な戦略があって、一方的に働きかけ、我々は操作されているのであろうか。むしろ我々が極めて主体的積極的にそのような行動に出ているのではないだろうか。かりに何らかの意図をもって世界経済を支配しようとする者がいたとしても、そのような人物や集団もまた、グローバリゼーションの動向に左右されるという受動性を免れることはできない。グローバリゼーションをどのように理解し、評価するにせよ、単一もしくは少数の国家や企業などをその推進主体として見ているだけでは、現在世界で起こっていることの本質をとらえたことにはならないのである。この意味でも、課題文ａのいう「グローバルな課題としてとらえる」視点が必要である。

ポピュリズム（グローバリゼーションへの評価②）

保守的でナショナリスティックな保護主義の立場をとる。グローバリゼーションが経済の空洞化や国内の失業、治安の悪化などを招く原因であるとし、外国企業や外国人労働者の流入を否定しようとする。

コミュニタリアニズム（グローバリゼーションへの評価③）

共同体や地域の伝統的な生活・文化を重んじ、グローバリゼーションによってそれらが破壊され、アメリカ合衆国など先進国の経済と文化に一元化されるとして批判する立場。環境破壊や地域文化の衰退をグローバリゼーションに帰し、巨大企業や先進国の経済支配を批判する。

3a「日本人」とは何か

二一世紀の民族と文化の共存を考えるうえで、ある国家内部の先住民族の存在を無視することはできない。それは、日本が「純粋な単一民族国家」であるという考えを反省するうえでも重要であろう。何よりも「日本国民」と「日本人」とは重なりもあるが、ズレもある。国籍法第一条などは、「日本国民」たる要件が「日本の国籍」を有することにあると教えてくれる。しかし、「日本人」とは何かというアイデンティティについては答えてくれない。

自分を日本社会に定住してきた多数者集団の一員とみなす者たちは、日本国籍をもつという法的地位の呼称の日本国民と区別して、「日本民族ないし日本人」と定義される人びとである。これがいわゆる「純粋な日本人」だと自己規定する人びとである。この「日本人」がいつ頃成立したのか、にわかに断定することはできない。ここでは一応、白村江の戦い（六六三年）に敗れた古代国家が対外的な危機意識のなかで「日本人」としての集団的なアイデンティティをまとめる必要があった、という日本史研究の有力な見方を受け入れておきたい。もちろん、「純粋な日本人」なるものが最初からあったわけではない。戦前の民族史学者喜田貞吉は、異人種が接触して雑種を生み、異民族が相寄って「複成民族」ができるように、日本人も同化融合して形成された「複成民族」「複合民族」だったと述べている。これは今から見ても正しい指摘であろう。「すべての住民が一つになって、ことごとく天孫民族に同化融合してできた」というのである。有名な『新撰姓氏録』（八一五年）に皇別・神別・蕃別の区別があったとしても、それは「出自すなわち家柄による区別であって、血においては次第に一つになって来た」というのも間違っていない。「日本民族」や「日本文化」は、一つだけの「純粋な」発展から生まれたわけでもなく、「日本民族」を単一のまとまりとして認識するのはおかしい、と疑問を呈したわけである（「日本民族の構成」一九三八年）。

こうしてみると、血統的にいわゆる「日本民族の血」を引くかどうかを、「純粋さ」をつきつめて議

「日本人」から「非日本人」までの類型枠組

類　型	1	2	3	4	5	6	7	8
血　統	＋	＋	＋	－	＋	－	－	－
文　化	＋	＋	－	＋	－	＋	－	－
国　籍	＋	－	＋	＋	－	－	＋	－

出典：福岡安則『在日韓国・朝鮮人』

論することは不可能なはずである。これは、ロシア人や韓国・朝鮮人など他の民族にしても同じことだろう。そうはいっても、現実に自分も父祖も「日本人」「純粋な日本人」だったと自覚する者たちも多い。こうした人びとの存在をひとまず基準にして、言語や衣食住や習慣などの点で「日本文化」を内面化しているか異文化を内面化しているか、日本国籍をもつかどうか（国籍法における日本国民か否か）などをメルクマールに、日本に住む人びとを区分すると図のように分かれる（福岡安則『在日韓国・朝鮮人』中公新書）。

日本有数の国際港湾都市の横浜にも、中国人一万二五六五人、在日韓国・朝鮮人一万五四四七人はじめアメリカ人二四一二人がいる。ブラジル人三八四〇人、フィリピン人三六四〇人、ペルー人一三七八人が目立っているが、これはとくに外国人労働者として最近来た人びとであろう（一九九五年九月現在）。また、日本全体では、一九九二年には、日本に就労する外国人労働者約六〇万人のうち、専門技術分野に就労する者は約九万人、南米諸国からの日系人出稼ぎ労働者約一五万人、不法就労者は推定約三〇万人となっている。これらは、日本の全雇用労働者の一パーセント以上になると推定されている。

また、日本国民のなかには、日本人のほかにアイヌ人、ウィルタ人など、日本国籍をもつが自分は「A人」「B民族」だというアイデンティティを意識する人びともいる。たとえば、沖縄の人びとの意識は、あえて類型化すれば多数者の一員としての「沖縄県人」と独自のエスニック・アイデンティティをもつ「沖縄人」「琉球民族」(ウチナーンチュ)に分岐するかもしれない。思い切って単純化すると日本列島に住む人びとは八類型に分かれるかもしれない。

①いわゆる「純粋な日本人」

②「日系人労働者」として里帰りした「日系一世」、一九一〇年の「日韓併合」から一九五二年のサンフランシスコ条約発効までの期間に韓国・朝鮮人と結婚した日本人女性たち

③「海外成長日本人」「海外帰国子女」

④「帰化者」

⑤「中国残留孤児」「中国残留婦人」「日系三世」など

⑥民族教育を受けていない「在日韓国・朝鮮人」の若者たち

⑦アイヌ人に代表される北方民族

⑧日本国籍をもたない「純粋な非日本人」としての外国人

②から⑧にあげた人びとが①との間にすべて矛盾があり、対立関係があるといった理解に陥ってはならない。たとえば、⑥のカテゴリーからは、日本人との対立や被害者意識だけをもはや強調せずに、新しい共生の原理を模索する世代も登場している。過去の歴史にたいする批判と反省、未来の歴史にたいする希望と展望、この両者は矛盾しないし、してはならないのである。自ら在日朝鮮人であることを思想の出発点にする竹田青嗣の発言は、国際化の時代における民族と文化の共存のあり方の基本を正しくついている。

「虐げられた人びとの思想はルサンチマン(ねたみ、怨恨)の思想になりやすい。ニーチェが言いましたが、在日の思想にも言えます。自分を支配している

日本人は悪い、日本人は強い、しかし、本当はわれわれの方が正しい、本当は朝鮮民族の方が立派な民族だと逆転しようとする。ぼくに言わせると、日本民族の方がえらいと思うことも、朝鮮民族の方がえらいと思うことも、両方ばかげている」（竹田青嗣「社会批判の根拠」『毎日新聞』一九九四年二月三日夕刊）。

（山内昌之著『文明の衝突から対話へ』（『帝国の終末論』の改訂版）岩波書店　二〇〇〇年より）

3b　国家における個人と民族

近代は、科学技術が発展し、人権と民主主義を尊重するなど、社会はさまざまな形での封建的で前近代的な束縛から解放され、新しい発展があったのは事実ですが、他面では、異民族間で対立を深め、迫害や排除の仕組みも作ってしまいました。そこには、「帝国」の持つある種の宥和策や異民族の共存をはかる寛容さが乏しかったのです。二〇世紀はそれ以前の時代より、人々の移動も多くなり、多民族・多文化の共存のためにもっといい時代になるかと思われたにもかかわらず、逆に異民族に対して迫害的に、また抑圧的に働く装置を作ったのでした。その代表的なものが、ナチスによるユダヤ民族絶滅政策とそのおぞましい実行だったわけですが、それが近代の科学技術の最先端を行ったドイツで出現したことは、何とも象徴的なことと言ってよいでしょう。

そして、その影響は今でも残っているのです。「自由な国家」であるアメリカでさえ、アジア系、アフリカ系の人々への差別や排除はどこかで存在していることは事実です。さらに、「九・一一」事件以後では中東系のイスラム教徒へのある種の排斥的な運動が見られるなど、依然として「民族問題」は解決されていません。

新世紀の世界においても、互いに異なる宗教や民族は共存できるか、これは変わらぬ大きな問題であり、人類全体の課題でもあるのです。これまでのところ、「国家」という枠は、この問題に対しては必ずしも有効に働かなかった面が見られました。近代の合理的世界を築こうとした二〇世紀も、その面では実際は多くのプラス面を創り出したとは言えず、宗教や民族や文化の問題では、「帝国」時代と較べて逆に行くことが多かったわけです。

グローバル化時代での、民族・宗教問題がどうなっているのかというと、紛争や対立が国際化したと見てとることができます。スリランカの民族紛争問題は、タミル人が多く住む南インドのタミル州に飛び火しますし、チェチェン問題はテロのグローバルなネットワークに関係して広がっています。また、言うまでもなくパレスチナ問題は全世界の課題となっています。北アイルランドの問題も、アメリカに多く住むアイルランド系の人々の支持動向と関係があり、大西洋を越えて広がる問題でもあるわけです。中国の新疆ウイグル自治区やチベット自治区の問題も、世界の抱える困難な課題となっていて、中国だけの問題ではありません。

このように、民族・宗教問題は現代の世界にあってとても複雑であるだけでなく、すぐに地域や国境を越えて広がるし、少数民の反抗もネットワーク化して、さらに複雑な方向に展開されていくことを認識しなければなりません。

こうした民族・宗教問題の解決を、国家や国際関係・地域関係の中で捉えるとき、人間を「人」と捉えるか、「族」すなわち集団として捉えるか、そこが一つの鍵になるかもしれません。民族単位で考えるのか、あるいは、ひとりのタミル人とか、ひとりのチェチェン人として考えるのか、ここに大きな問題が存在すると思います。

国家の形態としては、帝国の解体後、各地に出現した国民国家として近代化が進み、そしてさらに、ヨーロッパの海外植民地領土を擁する「植民地帝国」の崩壊の後、植民地から解放されたアジア、アフリカ、ラテン・アメリカの各地に出現した新しい「国家」がいまや世界中に存在しています。新しい「国家」は、ほとんどが「国民国家」をモデルとして国家の形成をはかっています。異民族を征服し、領土を広げていくことが帝国の性格ですから、「国民国家」、近代国家はその逆で、自国の領域を堅く守ることを本質としています。

かつての帝国においては、人間の単位は主としてまず「族」でした。この問題は、集団か個人かといった、一種普遍的な議論にもなりそうですが、「族」と認められればそれなりの扱いを受けられました。同時に、「族」を超えた人材の登用も可能だったことから、その「自由さ」が「帝国」の普遍性を示す「文化」でもあったと言うこともできます。

近代国家では、人間は個人として捉えられ、国籍を有していれば、国内では法の下に権利を有し一定の平等な扱いを受けられます。これは建前である部分が多いことかもしれませんが、充分に機能していれば、大変望ましいことにはちがいありません。けれども、ある人が多数民の人であれば国民や市民とその個人は一致し、自他ともに同一視されますが、少数民の場合は一致しないことが多いのです。この場合に、「族」となってまとまらなければ権利や法の保護を受けられないからと集団で活動すると、社会的対立の要因になるし、逆に個人として生きれば不充分な条件に甘んじることになって、不平等感や差別感が強くなり、国や社会の問題として、とても難しい状況が生じます。

人＝個人としても認められ、族としても認められることになるといいのですが、一つの国や社会の中で、異文化・異民族の独立した存在が認められていなければその実現は難しく、それを認めると国民は二重三重の属性を持つことになり、国家の同一性は揺らいでしまいます。そこで必要なのは、もう一度、国民国家を根本から見直すという作業になりますが、それは「グローバル社会」を実現しようとする前提の下に各国家と社会が構築されなければならない、ということになるでしょう。そうでなければ、こうした問題が国内的にも解決されることは大変困難であるとさえ思うのです。

「人」および「族」という呼び方も、国家のあり方の基本的な部分にかかわる問題を呈示しています。日本は「単一民族」だとつい言ってしまう人がいるわけですが、現在の日本には多民族化社会と捉えるべき状況が見られることを、再度述べておきたいと思います。

（青木　保著『多文化世界』岩波書店　二〇〇三年より）

3c　開かれた共同体へ

多民族・多文化主義が陥りやすい、出身民族・文化ごとに市民を分離する傾向と、普遍主義にしばしば見られる少数派を抑圧する傾向とを同時にしりぞけ、開かれた共同体概念を求めようとする本書の意図にとって、影響に関する以上の知見は少なくとも次の二つの重要な意味を持つ。

第一に、外国出身者を受け入れ社会に編入するためには必ずしも彼ら少数派の文化を抑圧する必要がない。影響は相互に行使されるのであり、少数派が多数派の文化に一方的に吸収されるのではない。相互関係の結果として現れてくる価値・意見・規範は、影響以前に多数派と少数派とがそれぞれ持っていたものとはすでに異なり、新しい世界が構築されている。

外国人の同化と一口に言うが、そもそも何に同化するのかをもう一度考え直さなければならない。居住社会の支配的価値・規範という固定した対象があって、それに外国出身者が同化するのではない。多数派の世界観を外国出身者が受け入れることによって社会に融合されてゆくという単純な構図は誤っている。社会とか文化とか呼ばれているものは、多数派と少数派の相互作用を通して不断に変化と再構成を繰り返す生成物であり、少数派が一方的に多数派に吸収される受け皿のようなものではない。

社会の変遷には少数派がおよぼす影響が必ず関与している。少数派が同化する対象としての社会とか文化といったものが前もって存在しているのではない。少数派が多数派の価値に同化するといった静的なイメージで捉えるのではなく、両者の相互作用が刻々と社会や文化を創り上げていく動的な過程として民族問題を見直さなければならない。

ここで主張しているのは、どのような社会であれ、程度の差はあるものの、必ず少数派は多数派に対して影響を与えるという客観的命題であり、少数派の文化を尊重せよというような規範的立場ではない。

もし少数派が影響を行使する事実を認めないならば社会変化の説明が困難になるということはすでに述べた。しかしその点が了解されても、少数派の立場がそのまま多数派によって受け入れられると考えている間は、社会が変遷する事実の説明はできない。どちらの方向に影響が行使されても、多数派あるいは少数派の考えが踏襲されるだけなら、社会全体にとって新しい価値は生まれようがない。今まで説いてきたように、異なった既存の考えのぶつかり合いから新しい考えが生み出される現象として影響過程を把握しなければならない。

多数派と少数派の関係は流動的かつ力動的に把握しよう。「上」から「下」へという一方的構図を拒否し少数派による影響の可能性を主張するのは、世界各地に存在する支配や抑圧の事実を隠蔽しようと企む反動的意図からなどでは決してない。差別・抑圧状況を非難するあまり、少数派が持つ潜在的な〈力〉を見失うとしたら、それこそ支配側の罠に陥ることになる。少数派影響理論は支配の悪循環を断ち切る可能性を提示しているのだ。

第二に、深い影響が生じる場合ほど、自らの考えが変化した事実に当人が気づかなかったり、あるいは何らかの変化が生じたことは意識しても、それが自ら選択した結果であるかのごとく錯覚しやすい。そもそも人間は外界からの情報に常に身をさらしながら思考し、行動している。他者によって恒常的に影響を受けながらも、自律の感覚が我々に生じている。しかし、そこには何らの矛盾もない。変化すること自体が問題なのではない。変化したくないのに変化を強制されたり、逆に、変化したいのに現状維持を余儀なくされることが問題なのである。

出身を問わず市民全員が異文化受容や同化による変化を自発的に受け入れられるような社会が好ましい。少数派を擁護しようとするばかりに、各自の価値観が変化しないような措置を図るのでは本末転倒だと言わなければならない。

民族は虚構の物語だと一貫して主張してきた。個人心理の機能から社会秩序成立の過程まで、あらゆる次元において虚構が絡み合って人間生活は可能になっている。しかし人間生活の虚構性を繰り返し確認したのは、虚構から目を覚まして自由な存在として生きよと主張するためではまったくなかった。逆に、人間の生にとって虚構がいかに大切な機能を果たしているかを説いたのだった。

しかし、虚構が現実の力を発揮することを最終的に認めるならば、何故、民族の虚構性を執拗なまでに明らかにする必要があったのだろうか。現実を支えているのが虚構ならば、どんなに強固な現実であっても将来必ず変化しうる。その反対に、固有な身体的形質や文化内容を根拠に民族が客観的に存立しているのなら、超えることのできない限界が異文化受容の前に立ちはだかることになる。そして外国出身者が受け入れ社会に溶け込めないならば、各民族を分離しながら共存させる多民族・多文化主義しか我々の未来には残されていないだろう。

しかし単一民族国家と呼ばれる社会も、現実には外部から流入した多様な人々が融合することで成立している。少数派は擁護されねばならない。しかしその方策は彼らを分離する方向で考えるべきではない。確かに、日本を単一民族社会だとする妄想が根強く残る現況を思えば、社会常識を変革する戦術として、多民族・多文化主義の主張が一応の有効性を持つかもしれない。複数の民族や文化の共存を真摯に願う精神は評価しよう。しかしそこに待ち受けている罠を見落としてはならない。

象徴的価値を通して主観的に感知される民族境界が保持されるおかげで、他の集団の文化価値を受け入れながらも自らの同一性感覚を失わずにすむ。そしてまた自らの同一性を維持しているという感覚が保証され、無理矢理に変身させられる危惧がないときに、影響あるいは異文化を抵抗なく受け入れられる。このように議論してきた。逆に言えばこのことは、少数民族のいない〈純粋な社会〉などというものはそもそも建設できないということを意味している。倫理や政策技術を問題にしているのではない。外部が存在しなければ内部は存在し得ない。同一性が内包する論理からいって、〈純粋な社会〉の建設は原理的に不可能なのである。

どんな社会でも「異人」を内部に抱えている。それは彼らの存在こそが人間の同一性を生み出す源泉をなすからだ。「異人」のいない社会では人間は生きられない。もし〈純粋な社会〉が樹立されたとしたら、人間はどんなことをしてでも、「異人」を捏造することだろう。「異人」は我々の外部にいるのではない。「異人」は人間生活にとって不可欠な存在なのである。

「異人」の消滅が不可能なのは異文化受容や同化に限界があるからではない。言語・宗教・道徳価値・家族観などを始め、どんな文化要素でも時間と共に必ず変化してゆく。民族や文化に本質はない。固定した内容としてではなく、同一化という運動により絶え間なく維持される社会現象として民族や文化を捉えなければならない。あるいはこう言ってもよいだろう。もし文化と時代を超えて人間存在を貫く本質があるとすれば、それはまさしく、本質と呼ぶべき内容が人間には備わっていないということに他ならない、と。

（小坂井敏晶著『民族という虚構』東大出版会　二〇〇二年より）

【発展】他の参考図書

アンドレア・センプリーニ『多文化主義とは何か』（白水社）

［難］多文化主義の歴史的背景を具体的な争点を通して解説

網野善彦『日本とは何か　日本の歴史00』（講談社）

［標］従来の国家像・国民像を検証して新しい日本像を提示

姜尚中『反ナショナリズム』（講談社＋α文庫）

［標］日本におけるナショナリズムの活性化を歴史的に検証

小論文のポイント②　課題文（資料）の読解・分析力

与えられた資料の文章（課題文）や図表などの要点を、的確に整理・要約することが必要である。原則として、資料の要点を答案中にまとめとおくこと。書いておかないと、答案を採点する人はプラスの評価を下せないからだ。ただし、設問が分かれていて、一つの設問が要約などを求めている場合は、他の設問で繰り返し要約をすべきではない。

資料が文章（課題文）の場合、以下の点に注意して読み取りと要約の作業を行おう。

1　課題文の要点は、通常、答案全体の二割～三割の字数でまとめる。
2　課題文の要点は、設問の主題と関係の深い箇所に着眼してまとめる。
3　具体例や細かい内容はカットし、本質的な内容に絞る。具体例前後の抽象論に注目する。
4　課題文の論理構成、特に対比構造などに注意して全体の骨格をとらえる。
5　「要するに」「つまり」などの要約表現や、「第一に」「第二に」などの要点並列表現に注目する。
6　「重要」「大切」「注意」など、重視・強調の表現に注目する。
7　課題文の要旨をまとめた部分と、自説を述べている部分との区別が読み手にわかるようにする。「課題文によれば～」「～以上のように資料では述べられている」などと断り書きを入れる。要約部分と自説部分とで段落を分けると書きやすい。
8　自説と課題文の要約とが無関係にならないよう、答案全体の一貫性に注意する。

論点の整理

冷戦終焉後の九〇年代 関連↓p.38 から加速化したグローバリゼーションによって欧米の文化の普及が進む一方で、移民や難民による多文化化も進行し、人々は以前にもまして自分たちの民族や文化を意識するようになり、各地で民族と文化をめぐる紛争が多発するようになった。そこで、異なる民族と文化がいかに共存していくかが切実な課題として問われるようになった。

民族と文化の問題を考える場合、まず、既成の民族・文化についての観念を問わねばならない。例えば、私たちは「日本人」「日本文化」「日本」を自明なものとして受け止めているが、日本人とは誰か、日本文化とは何か、日本とは何かと問われたとき、きちんとした答えを出せるだろうか。自明なものとして問題にしないのは、均質化された「一つの日本」という観念にとらわれているからではないだろうか。

課題文aでは「日本民族」や「日本文化」が一つだけの「純粋な」発展から生まれたわけではないと指摘している。民族や文化を「純粋な」ものと見なす見方は、たった一つの起源を設定し、異民族・異文化との交流・影響を一切排した上で純粋な発展を称揚するものである。文化の

キーワード

人種
人種は、人間の集団を「皮膚の色、頭形、目の色、身長」などによって分類する生物学的概念であるが、分類基準の曖昧さ・恣意性・相互矛盾などを抱えるため、生物学では使用されなくなった。

民族
民族は、「言語・文化・宗教・歴史」などを共有する同属意識、もしくは「祖先が同じ」という主観的信念に基づく集団と定義されている。「人種」「民族」概念は、近代的な純粋性の観念にとらわれたものであり、ともに自然な実体として存在するものではない。「国民」同様、近代になって人為的に作られた虚構である。

純粋化は、すべての民族・文化が異民族・異文化との相互交流・相互影響を通して発展してきたという歴史を無視するとともに、文化内の多様性を否認し、文化を均質化してしまう。異民族・異文化との共生を進めるには、「純粋性」の観念に呪縛されず、民族・文化の根本的な雑種性、混成性を認めることから始めねばならない。

課題文aでは、国民国家 関連→p.70 の観点からも日本を「純粋な単一民族国家」とするのは幻想だと述べている。日本の国内には、日本人以外にアイヌ人や朝鮮・韓国人、中国人、琉球民族など、複数の民族が混在してきたが、日本は近代国家を建設する過程で、異民族の文化を奪い、日本人に同化させることによって国民として統合した。戦前の日本の支配層は植民地経営のために、天皇家を中心とする「複成民族」説を利用したが、戦後植民地を失うことによって「単一民族国家」という幻想が作られた。しかし、日本は実態としては混成的な多民族国家であることに変わりはない。

国民国家の抱える矛盾については、課題文bでも、近代国家が人権と民主主義を尊重する一方で、異民族を迫害、排除する仕組みを作り上げたと述べている。多数民族では、国民・民族・個人が一致し、市民的権利が保障されるが、少数民族では一致せず、権利保障がなされない。民

文化相対主義
いかなる文化も独自の自律する価値を有するとして、一つの文化で成立した価値観で他の文化を一方的にとらえては異文化理解はできないという考え方。西欧文化中心主義による異文化理解を批判する。

普遍主義
人権・民主主義といった、西欧近代が生み出した価値・理念・制度を人類の普遍的価値とすべきであるという考え方。欧米諸国で、自分たちの生み出した価値を過度に相対化する「文化相対主義」的傾向に対する反動として、西欧的価値の普遍性を主張する。

多文化主義
複数文化の共存を目指す政策、運動。同化政策に基づく国民国家内部での民族紛争、グローバル化に伴う文

族として集団で活動すれば、多数民族と対立し、個人として生きれば、不平等感や差別感を持つようになる。

このように、国民国家は支配民族による少数民族の同化もしくは排除という異民族・異文化を抑圧する構造を有している。したがって、国民国家において、複数の民族・文化が共生していくためには、多数民族による同化主義や排他主義を廃し、少数民族を独立した存在と認める多文化主義へと転換せねばならないという考え方が出てくる。しかし、多文化主義は異民族・異文化の共生のための真の解決策となるのだろうか。

課題文Cは、多文化主義の陥りやすい欠点について問題にしている。多文化主義は、多数民族による同化を否定し、少数民族の文化の独自性や独立性を保証するものである。日本において、明治政府はアイヌ人に日本語と日本人名を強制し、狩猟を禁止し、農耕を押し付け、彼らの文化を剥奪した。これは国家権力による強制的な支配民族への同化である。こうした場合、多数民族には少数民族の文化を回復させる支援を行い、その文化の独自性、独立性を保証する責務がある。この点では多文化主義は有効な方策となる。

しかし、多文化主義も、その前提である文化相対主義も、差異という特殊性に固執し、互いの文化の固有性を守ることを目的としている。だ

化摩擦を解決するため、同化主義による国民統合政策を否定し、政治的、社会的、経済的、文化的、言語的不平等をなくし、人種・民族の多様性を認めながら社会の統合をはかる。

ナショナリズム
自己の属する民族、国家を他から区別して意識し、その統一・独立・発展を志向する思想・運動。ナショナリズムは、民族的共同体にアイデンティティの拠り所を求めるため、自文化や自民族を絶対的な優位に置き、異文化や異民族を否定・抑圧・敵視する「エスノセントリズム」に陥りやすい。

単一民族神話
日本は単一民族国家であるとする主張。日本の国は古来、日本人（日本民族）だけで構成され、日本語と日本文化だけが日本の言語・

からこそ、多数民族の文化に少数民族の文化が吸収されることはあってならない事態なのである。多文化主義は互いの文化の独自性、独立性にこだわるあまり、文化間の相互影響を極度に否認する傾向がある。課題文cでは、身体的形質や文化内容を根拠に民族が客観的に存立しているのなら、異文化の受容は不可能であり、各民族を分離しながら共存させる多文化主義しか残されていないと述べている。

一つの国家内に複数の民族・文化が混在すれば、相互影響は避けられず、影響による価値観や規範の変化は必然的に生じる。異文化接触による文化変容、民族の融合を民族や文化の同一性を揺るがす脅威と見なす考え方があるが、それは同一性を「永久不変」で「純粋な」ものと見なす本質主義的な考えにとらわれているからである。民族や文化に本質があるという考えを克服するには、虚構としての民族という考え方が必要であると課題文cは提案している。民族は虚構であるからこそ、互いの民族の境界を保持しつつ、他の集団の文化価値を受け入れながら、同一性を維持していくことができる。ただし、民族の境界や同一性は固定的なものではなく、可変的なものとしてある。民族や文化の同一性を開かれた可変的なものと規定することによって、はじめて開かれた共同体としての国家が可能となるのである。

文化であるとする。「単一民族神話」は植民地を失った戦後になって作られたものとされる。アイヌ人、在日朝鮮・韓国・中国人などの国内の異民族の存在を無視し、歴史的事実と実態に反した虚構にすぎない。

文明の衝突

アメリカの学者ハンチントンが提起した、冷戦後の世界では、イデオロギー対立に代わって、文明の対立が紛争の主要原因になるという考え方。例えば、西欧キリスト教文明と、イスラム文明や儒教文明などの非西欧文明との価値観の衝突により、深刻な戦争の危険があると指摘した。九・一一テロ事件の際にさかんに使用された概念であるが、西欧対非西欧の二項対立的な見方に立脚している。

4a 「近代」——五つの特質

近代性の構造は五つの柱からできている。

①世界の機械化。近代を近代として特徴づけるものは、何よりもまず、機械化である。自然を機械として見る、人間を機械として見る、全体としての世界を機械として見る。機械論的世界像は、傾向として、近代人の精神と行動を方向づける。人間は機械ではないと言ってもはじまらない。我々は、好むと好まざるにかかわらず、自分を機械として見るべく強制され、そのように行動している。西欧近代の初期に確立した機械論的世界像は、決して古いものではなく、現代においても、いや現代においてこそ、その圧倒的作用力を発揮している。世界の機械化の観点から見るとき、現代はモダンの絶頂期、最盛期とさえ言えるだろう。臓器移植、遺伝子工学の隆盛はその端的な例証である。生態系の破壊は自然機械論の帰結である。

②前望的時間意識。「前へ！」の時間意識。近代の時間意識の特徴は、単に直線的・等質的時間であるというよりも、前方へ跳躍することに極端なアクセントがかけられていることにある。近代人は、定かでない未来の暗闇に向かって、何事かを「企てる」（プロジェ、プロジェクト、エントヴルッフ、エンタプライズ）。未来に向けての「投企」は、不確定の暗闇への飛躍であるから、「投機」であり、賭である。この投企＝投機の観念は、前進、発展、向上、完成可能、進歩などの観念群をひきつれている。歴史意識としての進歩史観、発展史観はこの前望的時間意識の帰結である。人は啓蒙史観は古いと言うかもしれない。しかしそれは本当に古くなっているだろうか。現在ますます猛威を振るっているのではないか。進歩などは古い観念だと言いながら、人々は投企・投機に狂奔しているのが実情であろう。この柱もまた我々を金縛りにしている。

これら二つの柱——機械としての世界、プロスペクティブ・プロジェクトの時間意識——を土台としてさらに三つの柱が加わる。

③対自関係。近代人が自分に向かう精神のあり方は、理性とよばれる。世界を対象化し表象すると

同時に、自己を対象化する。自己内反省と分析的理性。この理性は、傾向として、計算・計量中心の理性である。近代合理性は、世界を計量的に客体化する。あらゆるものの質を捨象し量として測定すること、量へと還元された要素を量的比率に即して構成すること、こうした操作は機械論的世界像なしにはありえない。世界を製作しうるものと決断した精神のみが、近代理性にふさわしい。反省と分析による内部の対象化と外部世界の対象化は同時に起きるが、それは世界の機械化とひとつながりのものである。

④対他関係。人と人とをつなぎ交通させる近代特有の対他関係は、市民社会である。近代社会の各領域で人々はそれぞれの利害関心につき動かされて行動する。関心はいつも自己への関心である。これを抽象化すると、対自関係としての計算的理性となり、この理性は自己と他者を対象化する。理念的には、近代人は、どの場面でも自分自身と環境を「表象」としてとらえ、表象を伝達して、交通しあう。市民社会では、対象化し表象する人間関係の媒体は、つねに物体的なものである。経済では貨幣であり、政治では国家権力であり、日常生活では様々な物的メディアである。対象化する理性がこれらの物的媒体を生産する。市民的交通は、自己、他人、関係のすべてを物化するし、またこうした物化なしには合理性も成立しない。物化は近代の交通の根本特徴である。

⑤対自然関係。近代では、人間の自然に対する関係行為は、なによりもまず、労働である。近代人の労働の特質は、そのエトスと労働観にある。労働のエトスは、世俗内禁欲に支えられた勤勉であり、直接的消費の断念である。この労働観の特質は、自然に対して支配と管理の観点から関わることにある。自然は機械であり、作ったり解体したりできるという世界観（世界の機械化）は自然を実験にさらし、自然をいわば暴力的に処理する精神の構え方を用意する。この自然に対する計算合理的にして暴力的な関係を物質的に体現するものが、近代技術である。

近代性の構造は、それを構成する柱のどれひとつを欠いても完全ではない。それぞれが相互に緊密に関連しあっている。それは近代世界を根底において構成し、歴史を動かす原動力であり、つまりは近代が近代であることの根拠なのである。それぞれの柱ないし要素をとりだして、それぞれの利点と難点を吟味し、ひいてはそれの歴史的意味を考察することはきわめて大切であるが、同時に構造全体との関連を見る視点を落としてはならない。

私たちは、歴史の変動期に生きていると言っていいが、まさにそのゆえに、近代という大いなる時代を部分に即して、あるいは全体的構造に即して考えるべく要請されていると思われる。近代性の構造(右に要約して述べたことはとりあえずの図式でしかないが)のあらゆる領域を隈なく経めぐること、叩いたり揺すったりすること、そうしたことが、モダンを横断することである。それは終わりなき作業であり、またそれが思考することの本来のあり方であろう。トランスモダンは、モダニズム/ポストモダニズムの対立が演じられる芸術・思想の様式の問題ではない。それはかつての人々がかれらのモダンを生き考えたものを何度も現在において批判的に反復しつつ、我々自身のモダンを思考することである。先輩たちの思考には優れた遺産もあれば限界もあるだろう。それらをまるごと考え直していくなかで、我々はふっと過去の境界をこえることもあるかもしれない。境界に立つべく努力し、できれば境界から一歩踏み出す冒険を冒してみる、それが多分トランスモダンの実践となるだろう。

(今村仁司編『格闘する現代思想—トランスモダンへの試み』講談社現代新書 一九九一年より)

4b　国民国家の統治体制

資本主義経済が発達し新興ブルジョワジーが台頭すると、経済活動の発展のために領域内の各種規制や障壁と貴族的特権階級を打倒せよという要求が強まった。その要求を正当化したのが啓蒙主義である。人間のもつ生得的自由と平等の実現を求めて身分的特権階級の廃止と自由な政治参加が要求されると同時に、人民主権概念と社会契約観念が発達して、王権神授説などを否定する急進的な人民主権論が台頭しはじめた。王権によってこの動きが抑圧されると、市民革命が発生して特権的身分階級と絶対王制が廃止される。この結果、一般市民の意思を反映した議会制民主主義体制が成立し、国家の主人は国王ではなく平等な市民によって構成されるという近代国民国家が生まれる。イギリスの場合は、国王を処刑するような事態があったものの結果的には立憲君主制に落ち着いたが、フランスの場合は国王の処刑の後人民主権を貫徹して共和制国家となった。

このように、人民主権に基づく近代国民国家が形成されるに至ってはじめて、旧絶対王制国家の領域内の臣民に市民、すなわち国民（民族）の自覚が芽生えたのである。こうした国民国家をもちたいという思想・イデオロギーがナショナリズムだが、ここで問題が生まれる。

つまり、絶対王制の時代では、主権者は国王一人であったので誰が政治決定に加われるのかということはあまり問題にはならない。その代わり、誰が王位継承者になるべきかの問題は頻繁に生じた。他方、人民主権国家では政治決定に加われる人民（市民）とは誰なのか、そもそも国民とは誰かということが問題になってくる。つまり、近代国民国家では、主権が人民に移るのと同時に、政治的決定に参加できる人民（市民）の資格と国家の境界が厳格に規定される必要が生じる。その結果、主権者である市民には自由・平等、民主主義の政治的価値観の共有と、文化・言語的同質性が強く要求されるようになる。

もっとも、米国の独立革命やフランス革命によるフランス国民国家誕生に際しては、打倒すべき敵は同じ文化・言語集団（民族）に属する旧支配者や特権階級であり、文化的・言語的に異質な人々であったわけではない。そのため、新しい市民社会と人民主権・自由・平等というリベラルな政治理念に賛同し民主主義体制を支持するものなら、その市民（国民）になれると考えられていた。文化・言語の共通性に基づく民族的特質の共有は、革命当初あまり強調されなかったのである。実際、自身は聖職者身分ではあったが、シエースは『第三身分とは何か』のなかで、平民の第三身分こそ国民であるとし、第一身分の貴族、第二身分の聖職者に対して、外国人とさえ呼んだのである。

民族（国民）やナショナリズムは当初、政治的理念を同じくするものを等しく国民とみなすリベラルなものとして成立したにもかかわらず、後に、民族（国民）は一文化・一言語の同質集団でエスニックなものであるべきだという、むしろ現代多くの日本人には馴染みの民族観念が発達していく。この過程はナショナリズムの第二の波に相当する。この変化には大きくみて二つの理由がある。

まず第一の理由は、近代国家が合理的な一元的統治体制を前提とし、中間的な貴族・領主勢力を排除して市民の直接管理を目指していたことと関連がある。絶対主義王制の成立が国内人口の同質化を進める契機となり民族形成が進んだことは既に述べたが、その動きは市民革命を経た後に、産業化・資本主義の発展による工業化が進む産業革命のなかでさらに展開する。それを、筆者なりに整理すると以下のようになる。

（1）巨大工場の運営には共通言語・労働態度が必要である。大量生産された商品・サービスの販売には、同質文化・言語社会に基づく国内市場の拡大が好ましいため、国民には、労働者や消費者として文化的・言語的同質性が要請される。

（2）国民国家防衛のための軍隊の充実、および全国レベルの行政官僚機構の効率化のためにも文化的・言語的同質性が要請される。

（3）文化的同質化と教育レベルの向上による労働者の陶冶のためにも、義務教育が実施され、公用語（国語）が洗練されていく（標準語の制定）

のに反比例して、方言が駆逐され文化・言語的同質化が進む。
（４）とくに出版資本主義の発展は共通言語の普及を必要とする。そして、共通言語によるマスコミの発展は逆に人々の言語・文化的共通性を強め、同じ運命の下に同じ言語・文化の人々が一つの共同体を形成しているとの想像を容易にさせる。
（５）国民国家への人々の忠誠と祖国愛をより確かなものとするために、国民的英雄の認定と神話の創出、独立や解放運動の記念碑の設置が行われる。これには国民的祝日の制定なども含まれる。
（６）交通機関と産業化の発展により、ヨーロッパ地域内の国際移民が多くなり、外国人である移民と国民との区別が明確にされる必要が強まったことから、市民権（国籍）概念が明確に規定されるようになり、国民（民族）意識を強化した。
以上をまとめれば近代国民国家は、工業化・資本主義の効率的発展と近代国民国家の行政管理の効率化、そして軍事防衛の観点から、国民の文化・言語的同質化と祖国愛の強化を要請したということがわかる。このような理由から、「想像の共同体」に過ぎない国民とその国家がより強く意識されて強固になると、一つの民族は国家をもつべきだとの民族自決の観念が浸透しはじめる。と同時に、工業化と都市化により伝統的な地域的・宗教的共同体を失った大量の都市住民にとって、国民（民族）は伝統的共同体に代わる新しい物的・精神的拠り所となり、運命共同体と意識され忠誠の対象となるのである。

ただしこの場合、民族が宗教に取って代わるのではない。立派な国民国家をつくることや、民族のために死ぬことが神の意にかなうと唱えられるようになり、民族のなかに宗教が取り込まれるのである。そうなると、民族の同質的血縁的性格への自覚や民族を神聖なものと思う気持ちも強くなる。この結果、フランス革命後のヨーロッパには、各地に民族形成と国民国家達成のための民族自決の動きが、宗教の伝道活動のごとく広がった。

第二の理由は、フランスの近隣諸国内の民族意識の強化である。既述のようにフランス革命は、旧体制の破壊と国民国家の成立を求めていた。その革命理念はフランス国家内にのみ適用されるのではなく普遍的なものだと思われていた。その結果、周辺諸国民を旧体制から解放することもフランス人の使命と認識され、ナポレオンによるヨーロッパ征服という事態が生じた。周辺諸国のなかには、ナポレオンの征服を解放戦争として歓迎するものもあったが、人民主権を求めるものにとって、それはフランスによる支配と抑圧を意味していた。そのためドイツやイタリアでは、それまで同じ文化・言語をもつ集団でありながら、個々の領邦国家に分かれて群雄割拠していたのでは、フランスに対抗できないとの意識が強まり、ドイツ人やイタリア人の統合が叫ばれるようになったのである。

（関根政美著『多文化主義社会の到来』朝日新聞社　二〇〇〇年より）

4c　戦後日本の「近代化」

戦後日本を今日あらしめた最大のイベントとして、戦後改革と高度経済成長の二つをあげることに、だれしも異存はないであろう。そしてこの両者の関係を考える場合、決定的に重要なことは、まず戦後改革が行なわれて、しかるのちに高度経済成長が到来したことが、高度経済成長の果実を国民に*均霑せしめ、高度経済成長そのものを促進したということである。もし農地改革や財閥解体なしに日本に高度経済成長が到来していたとしたら、高度経済成長の受益者は大部分寄生地主と財閥同族に限られ、その果実はあのようなかたちですべての階層の日本人を潤してはいなかったであろうし、したがってまた高度経済成長そのものも、高度大衆消費を実現する方向においてはなされ得なかったであろう。

戦後改革と呼ばれている民主化革命は、すべて敗戦後の占領下において、総司令部が日本政府に指令を発することによってなされたものである。これほど大きな経済的・政治的・社会的・文化的変動をもたらした改革は、敗戦とこれにつづく占領という空前絶後の状況のもとでなければ、とうてい不可能であったことはまちがいない。総司令部の占領政策は、日本政府が単独ではけっしてなし得ない徹底的な改革を、的確に行なったというべきである。ここでは、戦後改革の個別項目の詳細に立ち入る余裕はないが、その主要な項目をまずあげておこう。

（一）　新憲法における国民主権の明示
（二）　思想・言論・結社の自由
（三）　婦人参政権
（四）　「家」制度の解体
（五）　地方自治
（六）　教育改革
（七）　労働改革
（八）　農地改革
（九）　財閥解体
（一〇）　独占禁止法

これらの諸項目のうち、はじめの七つはいずれも新憲法の制定とこれにともなう政治制度の民主化改革にかかわるもの、そしてあとの四つ（労働改革は両方ともに含めて考えておく）は経済制度の民主化改革にかかわるものである。新憲法の制定によって、明治憲法と教育勅語のなかに盛り込まれていたいっさいの伝統的価値体系は、破棄された。また経済制度の民主化改革によって、寄生地主制と財閥資本主義のもとで形成された極度に不平等な分配システムが、完全に解体された。こうして、戦後改革をつうじて、新憲法の制定を出発点とする戦後民主主義の実現と、経済制度の民主化改革による分配の平等化とのレールがあらかじめ敷かれていたことによって、一九五五年以後の高度経済成長は、高度大衆消費を導く方向にすすむことができた。そうして、戦後民主主義と高度経済成長と高度大衆消費の三つが掛け算されたことによって、日本の戦後社会は平準化された大衆社会になった。

戦前的価値体系の崩壊、戦争指導者の退場、そして軍部の解体のあとに登場してきたのは、日本にわずかに残っていた大正デモクラシーの価値体系の遺産と、かつてそれの担い手であって昭和ファシズムのもとで抑圧され沈黙を余儀なくされていた自由主義的な政党人政治家と知識人、そうして日本を占領した総司令部と米軍によってもたらされた「アメリカニゼーション」の力、この三つであった。だから、敗戦はまた、戦前期の日本を特徴づけてきた、非西洋の後進国に特有な西洋先進諸国にたいする劣等感に由来する西洋文化の拒否や排外的なナショナリズムを、完全に過去のものにした。

伝統主義の価値体系が敗戦とともに崩壊したので、経済的領域のみならず、政治的領域でも、社会的-文化的領域でも、西洋的価値のストレートな伝播を妨げるものは何もなくなった。そこで、明治前期の「欧化熱」に匹敵するような「アメリカニゼーション熱」が広まった。これには行き過ぎもあったとはいえ、戦争に敗れた日本の文化に比して、戦争に勝った西洋先進諸国、とりわけアメリカの文化の優越性は明らかであったから、これは当面必要なことであると国民の大部分は感じていた。すぐれていることが明白な外来文化にたいしては、これを受容することに強く動機づけられるのが日本の文化的伝統であるということが重要で、これが大化改新の時および明治維新の時にも、日本の進歩の原動力になってきたのである。ただ今回は明治維新の時と違って、敗戦という未曾有のショックと、総司令部の徹底した占領政策によって、それが経済だけでなく、政治・社会・文化の全領域に及んだことが重要である。すなわち、もはや「東洋の道徳、アメリカの技術」などということを唱える人はいなかった。それどころか、アメリカの経済力と並んで、アメリカの民主主義とアメリカ的な自由・平等と合理主義こそが、正当性の中心を形成した。すべての領域において、日本の伝統的価値はすでに正当性を奪われていたから、アメリカ的価値の受容がそれらとコンフリクトを生ずる可能性はもはやなかった。こうして、西洋先進諸国からの価値体系の伝播に関して、その伝播可能性、それを受容しようとする動機づけ、およびその受容にともなう国内的コンフリクトの克服可能性は、いずれも高まった。これが、日本の戦後社会を、戦前社会から区別する基本的な特徴である。

（富永健一著『日本の近代化と社会変動—テュービンゲン講義』講談社学術文庫　一九九〇年より）

◆編集注
均霑《きんてん》…等しく恵みを受けること

【発展】他の参考図書
山本雅男『ヨーロッパ「近代」の終焉』（講談社現代新書）
［標］ヨーロッパ近代が生み出した思想を分かりやすく解説
藤原帰一『戦争を記憶する　広島・ホロコーストと現在』（講談社現代新書）
［難］戦争の記憶と意味について国民国家の観点から考える
山下範久『世界システム論で読む日本』（講談社現代選書メチエ）
［難］日本の近代化を新たな世界システム論からとらえなおす

論点整理

現代社会は近代化によって作られた近代社会の延長にある。近代化は政治、経済、社会、文化などあらゆる領域に及び、社会はそれ以前とはまったく異なる原理、構造、価値観で動くようになり、人々の生活を根底から変えた。近代化は自由で豊かな生活を実現する一方で、環境、人権、民族など、現代社会のさまざまな問題を生み出した。それゆえ、近代化の原理や近代社会の構造についての知識は、現代社会が抱える問題を考察するには不可欠のものとなる。

課題文ａでは、近代を創出した合理主義の原理が説明されている。まず、機械論的世界像は対象を機械としてモノ化することにより、自然や人間を暴力的に扱う姿勢を生み出し、生命の尊厳や倫理、人間性などを軽視する風潮を作り出した。こうした発想は環境問題や合理的機構の中での疎外を生み出した大きな要因となっている。次に、近代人の新しい時間意識は「進歩」「発展」「成長」などを絶対化する価値観を作り出した。この価値観は経済の分野では、資本の自己増殖を目的とする資本主義を支えるものとなったように、私たちの経済や教育、歴史などの見方に深く影響を与え続けている。最後に、計量的理性は、例えば、自然を

キーワード

近代化の指標

近代化は、宗教革命・市民革命・産業革命を経て成立した西欧近代をモデルとする。近代化は多様な側面を持っているが、以下に掲げるのは、何をもって近代と見なすかの指標を社会の領域別に示したものである。

政治―民主主義と国民国家の実現
経済―資本主義の発展
社会―都市化と共同体の解体
文化―個人主義と合理主義の価値観の浸透

機械論

自然、人間、世界全体を機械と見なす考え方。すべての存在物が生命的なものを有しているという古代ギリシア以来の有機的世界観に代わり、自然は原子のよう

量的要素に環元し、単なる物質的レベルでしか扱わなくなったように、あるいは文化を商品として貨幣に還元するように、対象が固有に持っている質を捨象し、量だけで評価する。

このように、近代を支える合理性の原理は自然や人間のみならず、それらの関係を絶えずモノ化し、暴力的に解体し、再構成する働きをしているのである。

課題文bでは、国民国家の体制について説明されている。近代国家の形態である「国民国家」は絶対王制を打倒した市民革命によって誕生した。国民国家は、特権的身分階級を廃止し、平等な市民によって構成され、人民主権に基づき、市民の自由な政治参加を原則とした。国民国家は諸民族を統合した国民に基盤を置くが、主権が王から人民に移行するにつれて、政治的決定に参加できる市民の資格と国家の境界が規定される必要が生じた。平等な市民によって構成されるとはいえ、国家内に居住する者は誰もが「市民（国民）」になれたわけではない。まず、自由・平等、民主主義など関連→p.110の政治的価値を共有するか否かが問われた。次に、同じ文化と言語を共有することが要求された。さらに、移民などの外国人と国民を区別するために、市民権（国籍）を制度として確立した。こうして、旧支配者や特権階級、外国人を排除し、国

な量的存在によって構成されており、数学的に定式化でき、量的要素に還元できると考える。世界を分解・再構成する近代的精神の源泉となった。

本質主義

合理主義によれば世界は理性的・論理的に認識可能であり、真理は合理的なものでなければならない。それゆえ、世界に生起するいっさいの現象には論理的・必然的な根拠があると考える。根拠はあらゆる現象・事物の起源・中心となり、普遍性を有し、現象・事物の純粋性・同一性を保証するものとなる。性差、民族、人種、国民、文化などの近代的観念を支えるものとなっている。

国民国家の枠組み

国民国家（nation state）は近代国家のことを指す。国民

境内に居住する同質な市民によって構成された国民による直接管理を目指す一元的な統治体制が構築された。

　国民国家は国民の同質化を推し進めたが、それは政治体制の変化によるものだけではなかった。文化と言語の同質化は、資本主義の効率的発展、行政管理の効率化、軍事防衛の観点からも要請された。さらに、工業化と都市化は伝統的な地域共同体を解体し、共同体という故郷を失った都市住民にとって、国民は伝統的な共同体に代わる心の拠り所となり、愛国心と運命共同体への忠誠が芽生えることになった。こうして自由で平等な市民によって構成されるはずの国民国家は、民族（国民）は一文化・一言語の同質集団でエスニックなものであるべきだという民族観念を発達させ、一民族一国家を追求する排他的なナショナリズムを生み出す矛盾を抱えることになるのである。

　課題文Ｃでは日本の近代化を扱っている。日本の近代化は、明治維新から第二次大戦前までと、戦後以降の二つの時期に分かれるが、いずれも「上からの改革」でしかなかった。明治においては国家が、戦後においては占領軍総司令部が、それぞれ近代化の主体となって国民に強制した改革であった。市民自らが改革の主体となりえなかったことは、日本の近代化に致命的な影響をもたらした。

国家は、近代以前の封建制や絶対主義に基づく国家を統一もしくは解体することによって生まれた。西欧では市民革命の結果生まれた市民社会を基盤として成立した国家のことである。その一般的な枠組みを示しておこう。

民族の統一→国民の成立
市場の統一→国民経済の成立
中央集権的体制と民主主義の制度的確立
言語と文化の統一

集団主義

個人の自由・人格よりも、集団の「和」を重んじ、集団の利益を個人の利益より優先する。身内の内部での結束を求めるため、同調性・同質性を重視し、集団の価値基準とは異質な個人を排除する閉鎖性・排他性を有する。個人の自由・人格を抑圧するため、近代的明治においては、産業主義が近代化の中心となり、政治の民主化や自由・平等・合理主義などの社会的・文化的価値の浸透が遅れた。つまり、産業革命だけが先行し、民主革命と精神革命が遅れたのである。西洋列強の植民地主義に対抗し、アジアへの進出を計るための殖産興業富国強兵を国家政策として推進した結果であった。

戦後においては、政治、経済、社会の領域で民主化が進展し、文化の領域では戦前の伝統的な価値体系が崩壊し、その結果、高度経済成長が到来した。これらの改革は主に「アメリカニゼーション」の力によるが、だからといって日本的な前近代性が完全に払拭されたわけではない。自由を追求する個人主義が浸透する一方で、組織や集団への依存、身内意識への固執など、個人としての主体性の未熟さが顕著に見られる。こうした前近代性は民主主義の未成熟や日本的経営となって現れているが、しかし、こうした前近代性も、市場原理 関連↓p.40 の拡大や多文化化を推進するグローバリゼーションによって消滅の圧力をかけられている。市場原理は、自己責任を迫り、個人の主体性をよりいっそう求めるものであり、多文化化は同質性を打破する。残存を求める集団主義的な体質と変革を求める外部からの圧力のせめぎ合いが、日本の社会構造の性格を規定するものとなっている。

な自立した個人が育成されず、他律的で権威に服従する人間を生み出す。

世間
「世間体を気にする」「世間に顔向けができない」「世間を騒がせた」など、日本人にとって「世間」とは、自己の言動を監視し、評価する他人の視線であり、礼儀や常識として実体化されている。

日本的経営
終身雇用、年功序列、企業別組合を柱とする。企業を家族的な共同体と見なして労使協調路線を取る。経営者は従業員に温情をかけ、従業員は企業に忠誠を誓うことを特徴とする。

5a インセンティブの適否

人々の生死というのは経済変数とは関係なく決まっていて、自分では変えられないものの代表例として考えられてきた。死亡時期でさえ、金銭的な損得によって変化するのであれば、人々のたいていの行動は、金銭的なインセンティブ*で動かされているのかもしれない。この金銭的なインセンティブに反応することから、市場メカニズムによって需要と供給が一致するという経済学の大原則が導かれるし、罰金制度が機能するのもこのためである。「そんなことは当たり前だ」と思う人は、十分に経済学のセンスがある。

ある製品の価格が高いと、人々はその製品の購入量を減らして、他の製品を買うだろう。逆に、企業は値段が高くても売れる製品があれば、その製品の生産量を増やすだろう。消費者も企業も価格という金銭的なインセンティブに反応しているのである。

自動車を運転していて急いでいる時には、スピード違反をしてでも早く目的地に着きたいと誰でも思う。しかし、スピード違反をして摘発された時に、支払う罰金が非常に高額であれば、人々はスピード違反を控えるはずだ。つまり、人々がスピード違反をするという行為も金銭的なインセンティブでコントロールできるということが、罰金の存在意義なのである。

現実には、この当たり前のことが理解されないことも多い。地方の高速道路の利用者が少なくて道路経営が赤字になっていると、通行料金の値上げが検討される。国鉄時代には、赤字が累積すると、鉄道料金の引き上げをしばしば行った。もし、道路が一本しかなかったり、交通手段が国鉄しかない場合で、価格の変動に対して人々が国鉄や高速道路の利用頻度を変えないのであれば、利用料金の値上げという政策変更は、予想通り収益を好転させる。

逆に、代替的な交通手段が多い場合にこのような政策をとると、人々は少々時間がかかっても他の交通手段を選んでしまう。そうすると、利用料金の値上げによって需要量が低下してしまい、ますます赤字が増えてしまう、という悪循環に陥ることもある。

しかし、市場メカニズムを経験的によく知っている民間企業は、人々の価格に対する対応をよく理解しているのでこのような馬鹿なことはしない。

政府をはじめとする公共部門や規制産業では、このような価格に対する人々の当然の行動を理解していないことが多い。これはもともと政府などが提供するサービスには、代替的なものが存在しなかったために、どのような価格を設定しても需要量はあまり変わらないという前提があったためであろう。しかし、交通網が整備されて鉄道以外の代替的手段が発生したり、フレックス勤務制度や裁量労働制が普及すると、交通料金の変化に対して人々は通勤時間を変えたり通勤ルートを変えることで対応することができる。

交通料金が輸送需要量に大きな影響を与えるようになると、人々の金銭的インセンティブを利用して、混雑対策を考えることができる。つまり、ラッシュアワーの交通機関の利用に対して、「混雑料金」を課すことで鉄道や道路の混雑の解消が可能になるのである。最近では自動改札や自動料金徴収システムが普及し、混雑料金の徴収が技術的に簡単にできるようになっているので、混雑料金の徴収は経済学者の夢物語ではなくなっている。

環境問題においては、二酸化炭素の発生を抑えるために、環境教育や規制に頼ろうとすることが多い。経済学者は、炭素税を課すことや排出権取引によって解決することを好む。それは、人々が金銭的なインセンティブによって行動を変えることを重視しているからである。もちろん、環境を大事にすべきだという非金銭的な価値観を、教育によって人々に持たせることが簡単であれば、そのほうが効率性が高くなる。しかし、人々の価値観や倫理観を変えることは簡単ではない。教育を受けている過程にある子供には、教育を通じて価値観や倫理観に影響を与え、倫理的なインセンティブで環境問題解決のために行動するようにしむけることは可能だろう。しかし、環境よりも快適さを重視する価値観や倫理観をすでに形成してしまった大人に対して、環境教育を行っても効果は限られたものにしかならないのではないか。その意味で、経済学者は人々の価値観を変えるよりも、金銭的インセンティブによって人々の行動を変えるほうが確実だと考えている。

　死亡時期でさえも、経済的インセンティブによって変わってしまうという分析結果を示したスレムロッド教授たちの研究は、金銭的インセンティブ設計の重要さを示してくれている。しかし、実務的な制度設計においては、人々の価格、賃金、税に対する感応度がどの程度大きいのかという点が重要である。死亡時期の決定においては、相続税の差といった金銭的なインセンティブと並んで、宗教的な祭りといった非金銭的なインセンティブも重要であった。制度設計上は、金銭的なインセンティブと非金銭的なインセンティブのどちらで人々はより影響を受けるのか、非金銭的なインセンティブの設計がどの程度容易であるかをうまく見極めることが重要だろう。

　この視点は、会社のなかでの人事制度のあり方にも適用できる。会社のなかで特定の仕事をすることや特定の役職に就くこと自体が、人々に満足という大きな非金銭的価値をもたらしているのであれば、昇進や人員配置をインセンティブに使うことができる。しかし、人々の価値観が多様化し、必ずしも多くの人に仕事やポストが非金銭的価値をもたらさないのであれば、金銭的なインセンティブに頼るしかない。逆に、人々が非金銭的なインセンティブで仕事をする傾向が強い時に、不十分な金銭的インセンティブ制度を導入すると、人々はやる気を失ってしまう。つまり、仕事そのものに価値があると思われていたところに、不十分な成果報酬制度が取り入れられると、非金銭的なインセンティブも金銭的なインセンティブも失われてしまう。

　一九九〇年代末から日本企業で盛んに導入されてきた成果主義的賃金制度の多くが失敗したといわれるのも、非金銭的なインセンティブと金銭的なインセンティブのバランスを間違えたためではないだろうか。

（大竹文雄著『経済学的思考のセンス』
中公新書　二〇〇五年より）

◆編集注
インセンティブ…［論点整理］参照のこと。

5b 「構造改革」の本質論

バブル崩壊後、財政出動中心の景気対策が効かず、不況が長引く中で、景気が回復しないのは構造問題が原因ではないか、という見方が広がった。90年代前半から規制緩和の議論が高まったのは、過剰で時代遅れの規制が、日本経済の活力を奪っている、と思われたからだ。

なるべく規制をなくして、自由な競争をした方が経済の活力が高まるという論理を頭から否定する人はいないだろう。

90年代の経済政策の現場では、「規制を少なくして、何でも民間の好きにできるようにするべきだ」という意見が強まった。その結果、政策を考えるより、「政府が何もしない」ことが正しい、という雰囲気すら生まれた。

しかし、この考えには二つの落とし穴があった。

一つは、規制緩和は経済の供給構造を効率化するので、非常に長期的には経済成長を高めるが、必ずしも短期的・中期的な不況を解決するわけではない、ということだ。失業や倒産が増える不況という現象は、経済の需要（消費や設備投資）が供給能力に比べて小さすぎることから起きる。供給構造が効率化するということは、供給能力が大きくなるということでもあるから、現在の需要と供給のギャップを縮めることにならない。むしろ需要と供給のギャップは大きくなり、短期的に不況が悪化する、という可能性すらあるわけだ。例えば、規制緩和によって供給構造が効率的になると、当然、生産された商品の価格は下がる。これは90年代半ばまで「価格破壊」と呼ばれ、規制緩和の成果として、肯定的な出来事だととらえられていた。ところが、価格破壊がいつのまにか物価全体の下落になり、デフレという病的現象だと見なされるようになった。

もう一つは、規制を緩和しても、制度のゆがみがなくなるとは限らないことだ。それは、特に、不良債権問題を考えれば分かる。最初、不良債権問題は、自由な市場競争のメカニズムで自然に解消する、と思われていた。ところが、会計制度や銀行破綻《はたん》制度が不備だったために、不良債権の処理は、90年代を通じて、際限なく先延ばしされてしまった。

この問題は、規制を少なくすることで解決するものではなかったのだ。政府は不良債権問題への干渉を長い間避けようとしてきたが、90年代末には、結果的に公的資金による資本注入や、当局による厳しい検査など、実質的な規制強化で解決せざるをえない状況に追い込まれた。

要するに規制緩和、あるいは規制改革は、いわば経済の体質強化のための「漢方薬」のようなもので、当面の病気（不況）を治す「手術」の役割はなかったと言えるのではないか。不況から脱却するためには、やはり、不良債権処理などの外科手術的な政策が必要だったのではないかと思われる。

ただ、今後は、規制改革の重要性が増すことは確かだ。不況からの完全な脱却が近づき、次の課題は、長期的な社会の活力を高めることだからである。

だが、規制改革には激しい抵抗がある。今後の最大の争点は、社会的規制の問題だ。医療や教育などの社会的規制は、経済効率性とは別次元の価値を追求するためにあると説明される。例えば、医療規制は「生命の尊厳」を守るため、農業規制は「環境や自然」を守るため、教育規制は「子供の人格形成」という価値を守るために、それぞれの規制が存在している、とされている。

社会的規制の緩和に対する反対論は、「規制緩和をして、生命、環境、人格形成などの価値を経済効率のために破壊するのか」という議論だ。

経済効率と生命・環境の二者択一なら後者が勝つに決まっている。

だが、二者択一の問題設定自体が間違っているのではないか。経済効率と生命・環境などの価値は、背反するのではなく、やり方次第で、互いに補完することが可能だ。

例えば医療なら、患者無視のコスト削減は正しい規制改革ではない。生命の尊厳を大前提とした上で、医療が救える患者の数を最大限にするのが、規制改革による効率化の意味だろう。生命や環境などの高次の価値を守るために、手段として経済効率を高める、というのが規制改革の趣旨であるはずだ。ところが、規制改革に反対する論者は、経済効率を高めることと、生命や環境などの社会的価値とが、根本的に背反すると思い込んで議論しているのだ。

あるいは、そう思い込んだふりをしているのかもしれない。何らかの社会的価値を守るため、という大義名分で存続している規制は、多くの場合、既得権益者に経済的な利益をもたらしている場合が多いからだ。そのようなケースほど、既得権者が利益を得ている分だけ全体の効率が悪くなって、守るべき生命や環境などの価値も守れなくなっている可能性が高い。「生命や環境といった社会的価値を守るため」と言いつつ、本当は既得権益者が自分たちの経済的利益を守るために、規制改革への反対を主張している場合もある。そのことを、よくよく頭に入れておく必要がある。

いずれにしても、これからの規制改革論議では、間違った問題設定にのって、不毛な二者択一の議論に陥らないよう、注意することが必要である。

（小林慶一郎著『経済ニュースの読み方』朝日選書　二〇〇五年より）

5c 自由競争の功罪

競争的な経済は人間に合理的選択を迫るということ、この合理性こそが論理的な分析に耐えうるという認識から、経済学における人間行動の分析が始まるのである。

他方、この合理性と表裏一体をなす競争の概念とは別の、「遊戯としての競争」への意欲を、人間という社会的動物はもっている。遊戯が人間にとって不可欠なものであるか否かは、議論の分かれるところかもしれない。しかし遊戯が人間にとってきわめて重要な何物かであることは否定できない。遊戯はたとえ空しくても、心を広げる何物かであり、遊ぶことをまったく知らない人間に何らかの欠落を感じることがあるのは確かである。

「遊戯」にもさまざまなタイプがある。R・カイヨワによれば、次の四つに分類することができる。球技やチェスのように相手と競争して負かすというタイプのもの、ルーレットやサイコロ遊びのようなまったくの運（luck）を楽しむもの、人形遊びのように空想の中で演じて遊ぶという形態のもの、そしてジェット・コースターやスケートなどのようにめまいや危険な感覚を楽しむタイプのもの。現実の遊びの中には、これらのコンビネーションが多く存在すると考えられる。現実の社会における経済競争は、第一と第二の型を組み合わせたような性格を含み持っているのではないか。それはたんに生き残るための、合理性の徹底としての競争という面だけではなく、「のための」という合目的性を超えた遊戯への欲求から生まれてくる競争心である。

このような点を念頭に置くとき、競争システムそれ自体を再考するためには、合理性や効率という視点だけでは不十分だということに気づく。競争は、その報酬の体系があまりに刺戟的すぎると、不正やゆがみを生み出す可能性をはらんでくるからである。このことは実体経済についてもあてはまる。経済の競争システムは運営の仕方次第で、このシステムの長所そのものを致命的欠陥へと転化させてしまうような危険を含んでいるのである。

その第一の問題点は、この競争システムの評価・

報酬の制度があまりに（たとえば嫉妬や怨望を燃え上がらせるほど）極端であれば、「ゆがみ」や不正が必ず発生するということである。現代のスポーツでも、ゴルフやテニスの場合よく知られているように、一位と二位の賞金差は実に大きい。ファイナルに勝てば、二位の数倍の賞金を手にするように報酬の制度がデザインされているから、それだけ選手は必死にならざるをえない。その必死の闘いを、観客は観て楽しむという構図がある。

経済学の一分野では、こうした競争の報酬構造と参加者のインセンティブの関係の分析が近年徐々に発展してきた。どのような報酬の格差をつけると、参加者からより多くの闘争本能を引き出すことができるかという問題である。プロ・スポーツ同様、実体経済でも報酬格差が大きいほど競争が激しくなる。しかし一位と二位の差、あるいは企業内のたとえば社長と副社長の報酬の格差を大きくすればするほど、勤労意欲をより多く引き出せるということには必ずしもならない。競争刺戟的システムも、報酬格差をただ大きくすればよいというような、単純な論理だけでデザインされることには限界がある。格差だけを大きくすると、ルール違反が（露見しにくい形で）起こる確率が高くなる。あるいはプレーヤー間の実力がほぼ等しい場合は、共謀して八百長試合をして、裏で賞金を山分けするというような不正が起こるからだ。オリンピックにおけるドーピングとか、フランスのサッカーで四、五年前に起こった八百長試合などはその例である。

つまり人参をぶらさげて、人間の競争本能を刺戟するという一元的なシステムだけの追求には明らかな限界がある。人間はそれほど直線的な精神構造をもっているわけではないし、ひとつのシステムを出し抜くだけの（悪）知恵も同時にもっている。だから規範や規則を（何とかかいくぐりながら実質的には）破るという行動に走ってしまうのである。競争の結果に対する適正な報酬制度がデザインされていないかぎり、競争は不正を生み出す。

第二の問題点は、競争が自己目的化してしまい、まさしく「ゲーム」のような競争と化して、目的と手段の倒錯が起こるケースである。実体経済における競争は、本来は衣食住をはじめ名誉にいたるまで、何らかの目的をもつものであり、競争に入る前に、まず「野心」が存在したはずである。ところがその野心がいつの間にか消滅してしまい、とにかく激しい競争に勝つこと自体に満足を覚え、競争の終了した時点で、競争の本来の目的は跡形もなく消え去る。勝利は失うために求められ、競争から目的としての野心が剥離《はくり》してしまうのである。こうした現象が、遊戯の世界だけではなく、現実の経済競争の中でも起こる例はすでにいくつか観察される。学生時代に試験で勝ち抜きつづけてきた秀才が、いつまでたっても定形的な学習ばかりに精を出し、とにかく競争一本で勝つことだけに驚くほどのエネルギーを消耗するという現象が、日本のエリート組織の常態となりがちではないか。こうした空虚な上昇志向は大人だけに限らない。教育社会学者竹内洋氏のいう入学試験における「欲望なき競争」もその典型であろう。大学受験において、とにかく難しいところだから受験するという若者が多い。しかし合格した暁に、「合格したい」という欲望は充足され同時に消滅してしまうのである。こうした「ゆがみ」や倒錯は、実体的な経済競争が遊戯へと転化してしまうことによって、教育が本来的に担っている役割を一部無化してしまったことを意味する。

以上述べたことは、生存と遊戯という二つの意味で競争が人間と社会にとって重要であるにもかかわらず、競争の徹底がいくつかの危険性をはらんでいることを示している。経済競争を封殺する社会主義計画経済が歴史的に見て途方もない愚挙であったのと同じように、競争を効率性の観点からのみ礼讃することもかなり愚かしい。有効な競争を掣肘するような奇妙な規制は、有害であれば取り除く必要がある。しかしすべての規制は不要であると主張することに経済理論的な根拠はあったとしても、理論をそのまま政策として適用すればよいというほど現実社会は単純に出来上がってはいない。理論がこうだから政策もこうあるべきだと主張できるほど、理論と政策は直接的な関係にはない。あるバカげた規制をはずすことによって、その規制のグレーゾーンで裁量権を発揮していた行政官の権力は弱まるかもしれない。その結果、許認可権を背景として起こってきたタイプのスキャンダルは起こりにくくなるだろう。しかしこれは一面の真理にすぎない。というのは、別の力が働く可能性もあるからだ。規制がなくなると、経済はより競争的になり、あるところまでは効率性の達成が実現されよう。しかし競争が過度に刺戟されると、先に述べたような不正や愚行が頻発する危険が高くなる。

それはあたかも二つのシステムの両極端が、奇しくも親近性を持つことと似ている。社会主義体制はつねに強い政治と行政と司法を必要とした。高度に競争的なシステムも、起こりうる不正や争いに対して、強い裁定者を必要とする。たとえばビッグ・バンで国際的にも競争が激化するとするなら、その過程で発生する不正な金融取引をどう摘発し、罰するのかという点で、強い司法を不可欠とするはずだ。あるいは激しすぎる競争から生まれる嫉妬や怨望をどう冷却するのか。この問題は、競争を排除し、統制と平等分配を目指そうとした社会主義社会で起こった問題と実はきわめて似ている。経済競争を封じ込めようとした結果、激しくなった政治闘争の過程で生まれる嫉妬と怨望こそ、共産主義下における不正・犯罪そして粛清を不可避にしてきた元凶だったはずである。その意味で嫉妬や怨望は自由が束縛されたところで生まれると説いた福沢諭吉（『学問のす丶め』第十三編、「怨望の人間に害あるを論ず」）は、二十世紀の社会主義の破綻を正確に予言していたといえよう。

（猪木武徳著『自由と秩序―競争社会の二つの顔』
中公叢書　二〇〇二年より）

【発展】他の参考図書

山岸俊夫『社会的ジレンマ 「環境破壊」から「いじめ」まで』（ＰＨＰ新書）
［標］ジレンマ問題とゲーム理論の平易な解説書

神野直彦ほか『経済危機と学問の危機』（岩波書店）
［標］経済学の専門家六人の論考とシンポジウム

友野典男『行動経済学　経済は「感情」で動いている』（光文社新書）
［標］経済学と心理学の新しい結合についての入門書

論点整理

かつて、社会の不平等をなくし、貧富の格差も不況もない理想社会を目指す思想があった。それによれば、ひとにぎりの資本家が工場や土地などを独占し、大勢の何も持たない労働者を安く働かせ、搾取しているという。また、資本家たちは利益を得るための生産を無計画に行っているので、品物が大量に売れ残ったり、必要な品物が不足したりするという。そこで、物を作るための土地や工場を特定の個人が独占的に私有しているのが問題であるから、それらを国有化・国営化し、必要とされる物を必要なだけ作り（計画経済）、必要とする人全員に平等に分かち合えばよいと考えられた（社会主義）。

しかし、必要なものが必要なだけ手に入る社会が可能だと仮定すると、必要なものを作るために一所懸命に努力して働いても手を抜いて働いても、得られるものは変わらない。そうすると、苦労して「労働」するのは避けたくなるだろうし（モラル・ハザード）、そもそも「必要なもの」は、「よりよいもの」「売れるもの」とは違うから、いろいろな工夫や努力をしようとする動機づけ（誘因、インセンティブ）がなくなってしまう。

キーワード

インセンティブとモラル・ハザード

モラル・ハザードは、もとは火災保険への加入が火事への注意を怠らせる要因となるような事態をいう。インセンティブとは、「誘因・刺激・動機」と訳され、アメの期待とムチの恐れとを与えてモラル・ハザードを回避し、経済主体を経営努力など、適正な経済行動へと向かわせる誘因を意味し、「環境税」などが典型的な事例である。

経済人（ホモ・エコノミクス）

アダム・スミス以来、経済理論の前提として採用されている人間観。自分の利益を最大にすることだけを基準に、合理的に行動する人間。近代の市場経済下で経済行為を行う個人を、同質課題文aでは、このようなインセンティブを重視し、適切に活用することの重要性を説いている。インセンティブという考え方は、さまざまな経済主体（企業・家計・政府）の経済活動だけではなく、環境問題の解決や、交通規制など法的な罰則規定の問題にも該当する。「金銭的インセンティブ」という言葉は、「アメとムチ」や「ニンジンをぶら下げる」という発想と同様に、道徳的には望ましくない印象を与えるかもしれない。しかし、課題文aにも述べられているように、人間は何かに対して一所懸命に努力するために、何らかの動機（自分が価値を見出して行うための「やる気」）が必要である。そして、「非金銭的なインセンティブ」もまた、インセンティブであることを忘れてはならない。民間企業のような営利目的の主体に対しては、金銭的インセンティブは有効であり、そこで働く人々にとっては、収入も大切であるが、さまざまな働きがい、生きがいが行動に影響している。インセンティブが働くことによって努力や創意工夫が積極的に行われ、よりよい商品やサービスが低価格で市場に登場したり、合理的な経営が実現したりすることで、経済が活性化されるのである。

経済の活性化を図るには、自由市場でのフェアな競争が必要となる。さまざまな規制ががんじがらめに敷かれていては、既得権益にしがみつ

的かつ功利主義的にとらえたもの。

市場主義
すべての商品の価格は需要量と供給量の関係によって変化し、市場価格に需給は一致するようになる。この需給調節機能を市場メカニズムといい、経済秩序を市場の自由な需給調節機能に委ねればよいとする立場を市場主義という。自由主義経済による規制緩和策や「小さな政府」を主張している。

公共投資
政府部門による投資。特に公共の利用に供する土木建設事業を公共事業という。公共投資は個人の力で不可能な分野の投資というに限らず、不況対策としても利用される。収益性が検証されないため、圧力団体や政治家の集票に利用されたり、

く旧態依然とした勢力の市場支配が続くであろう。そういう意味では、「構造改革」「規制緩和」「民営化」などというスローガンの方向性自体は誤りではないだろう。しかし、課題文bが指摘するように、規制緩和をするだけで経済が活性化され、景気が回復するというほど、経済は単純ではない。「リストラ」と「価格破壊」は相関する。不況で失業率が高いところにさらに生産コストを抑えるために人件費を抑制すれば、消費者の購買力が低下し、需要がダウンするから、さらに商品価格を下げざるを得なくなり、価格破壊のいっそうの進行と、そのための失業や賃金カットの増大により、再び需要が低下するという悪循環（デフレ・スパイラル）に陥りかねない。また、「小さな政府」「民間の活力に任せる」ではすまされない問題や領域がある。課題文bの例示する不良債権問題のように、経済に対する公的な介入が必要な問題もあるし、医療や福祉、教育など、公共性の高い分野では、価格の低下や利潤の増大など、経済合理性の視点だけでは是非を判断できない側面が大きいのである。

　以上は、金銭的インセンティブや自由競争だけでは十分ではない、という考えを述べたものであるが、一方で、自由競争それ自体の問題点を考える課題文cの論点もある。もともと経済学が古典的に定義してきた人間の姿は「経済人、エコノミック・マン」と呼ばれる。「経済人」は

無駄な投資が膨らんだりしやすい。

計画経済と自由経済

社会主義経済においては、原理的には市場メカニズムを否定し、経済活動を国家が集権的に計画化し、規制する。資本主義経済では、私有財産制に基づき、市場が経済活動の基本的な制御システムとなり、市場における自由な売買の総体が自動的な調整機能を示すとされる。

大きな政府（福祉国家）**と小さな政府**（夜警国家）

市場メカニズムと自由競争を信頼する立場では、国家の役割は国防や司法、公共事業に限られるべきであるとされ（小さな政府）、他方、市場メカニズムに任せていれば、恐慌や失業が発生し、さらに、新自由主義的な競争社会では所得格差

ひたすら自分の利益の拡大を追求し、目的のためにはあらゆる手段を合理的に講じる利己的かつ理性的な存在である。抽象的な経済学理論を数学的モデルで構築するには都合のよい明快な人間観であるが、「人間はそれほど直線的な精神構造をもっているわけではないし、一つのシステムを出し抜くだけの（悪）知恵も同時にもっている」（課題文C）。競争が激化すると、自由市場で勝つためには法律ぎりぎりの限度まで、何でもやろうと考えることが「合理的」になってしまう。さらに、何のための経済活動なのか、何のための利潤なのかが分からなくなる、「マネー・ゲーム」に狂奔する人々も出てくる。

経済とは、人間がよりよい生存を確保していくための、人間による営みであり、そのために必要とされる富を、いかにしてうまく産み出し、いかにして公平に分かち合うかを考えていく不断の活動である。単純な理念や、それに基づくシステムやルールひとつですべて解決するようなものではなく、また、身も心も社会性も備えた人間存在への理解抜きには適切な処方は編み出せないであろう。

の拡大や教育の荒廃など公共部門の後退が懸念されるとして、国家による福祉の実現と経済介入を積極的に肯定する立場（大きな政府）がある。

市場の失敗

近代経済学では、自由競争が完全であれば、市場は最も望ましい所得配分、すなわち最適解をもたらすと考えられている（「パレート最適」という）。しかし、完全競争は理想状態であって、現実には市場自体が存在しない「公共財」や「経済の外部性」、存在しても十分に機能しない「独占」や「情報の非対称性」がある場合、市場の自動調節機能は働かない。

6a　新しい権利と憲法

憲法一四条から四〇条までに列挙された一群の権利は、「人類の多年にわたる自由獲得の努力の成果であつて……過去幾多の試錬に堪へ」（九七条）て、現在に生きる私たちに与えられたものです。これらの権利は、現行憲法の中核的規範である「個人の尊厳」を保障するために不可欠であることが、歴史的経験を通して実証済みだといえるでしょう。

しかし、時は流れるという角度から眺めれば、これらの権利はいずれも「過去の社会」において必要とされ、獲得された権利でした。したがって、今の時代に必要とされる権利が憲法に記されていないという問題が当然出てくる。たとえば、環境権は憲法には記されていません。そしてこのことは、憲法が文書のかたちで存在する以上、宿命的であるといえます。

過去の社会が作り出した憲法を現在の社会に対応させるための方法がいくつかあります。以下、それを見ていくことにしましょう。

まず「憲法改正」という方法が頭に浮かびます。社会の変化に応じて憲法の内容を変えていくことは、憲法の中に改正規定をおいていることから見ても、憲法自体が予定しています。

しかし、この方法にはいくつか難点がある。まず、改正のために必要な要件が厳しい。各議院の総議員の三分の二以上の賛成によって国民に発議し、国民投票の過半数の賛成を必要とする（憲法九六条参照）ので、数字の上で難しいのです。

それだけではなく、そもそも新しい権利とは、社会の多数者から抑圧されている少数者にとってこそ必要なものです。圧倒的多数の人々にとっては、その権利に反対であるか、あるいは無関心であることが多い。とすると、そもそも国会で多数の賛成が得られるのか、さらに国民の多数の賛成が得られるのか疑問です。

また、実際に憲法改正がなされたとしても、その時点で社会はそれよりも一層変化していきますから、憲法改正と社会変化の「いたちごっこ」になってしまいます。またかりに頻繁に憲法改正がなされたならば、憲法自体の重みがなくなり、権利そのものが軽視される風潮が生じるおそれもあります。

憲法は、逆説的に言えば、むしろ改正されないことによって人権の中核的部分をしっかり守っていると言うこともできるのです。

第二の方法は、個別の人権規定の条文を解釈し直すことで、新しい状況に対応していくというものです。憲法の一四条から四〇条までには具体的な権利が列挙されています。これを「人権カタログ」などといいます。この方法は、条文解釈を通して、新しい権利をそれに当然含まれている権利として再構成していく方法です。

いくつか例を挙げます。憲法二一条の保障する「表現の自由」から「知る権利」を新たに導き出すという解釈があります。「表現の自由」は、文言上は、何かを表現する者の自由、つまり情報の「送り手」の自由を保障しているように見えます。けれども、その自由は、それを見たり、聞いたり、読んだりする人がいて、初めて意味をもつものです。ですから、情報の「受け手」の自由も二一条は保障している、と解釈できる。このような「受け手」の自由を、「知る権利」（または「知る自由」）といいます。さらに、情報を送ろうとすれば、当然その前提として、送る情報を収集する必要がありますから、情報収集の自由、つまり「取材の自由」も二一条は保障していると解することができるのです。

環境権もこのような解釈方法によって導き出すことが可能です。環境といっても、空気・水・森林・日照などの自然環境から、遺跡・寺院・城郭などの歴史環境、それから教育・公園・商店などの社会環境まで、さまざまな次元の環境があります。これらすべてを環境権の中に含めてしまうと、その内容が広がりすぎてあいまいになるので、とりあえず自然環境に限定しようとするのが一般的です。しかし、環境権を一番広い意味でとらえても、憲法二五条の保障する範囲に含まれると解釈できる。二五条一項は、「すべて国民は、健康で文化的な最低限度の生活を営む権利を有する」とし、二項も「国は、すべての生活部面について、社会福祉、社会保障及び公衆衛生の向上及び増進に努めなければならない」としています。一項が、人間として生活していける、自然環境・文化環境を含む、最低限の生活環境を保障し、二項は、さらにより快適な文化・生活環境の構築に向けての義務を政府に課していると解することができるのです。

そのほかにも、妊娠中絶、人工授精・体外受精など家族の形成方法に関する自由は、家族生活における個人の尊厳を定めた憲法二四条の解釈問題として考えることができます。

ようするに、人権カタログの中にある権利がどうして規定されたのか、その理由を原理的に検討し、そこを出発点としながらも、社会の実態に合わせていくために、合理的に考えられる範囲内でその内容に変更を加えたり、拡げたりしていくという方法です。この方法は、憲法の原理・原則を維持しつつ、その内容に現代的な意味内容を盛り込んでいくための、最も有力な方法です。

しかし、この方法でもうまく権利が構成できない場合も出てきます。そこで、第三の方法は、憲法の「包括的基本権」条項とされている一三条の規定「生命、自由及び幸福追求に対する国民の権利」(幸福追求権)という文言から、新しい権利を導き出すものです。

この規定は、当初は、一四条以下の諸権利の総称にすぎず、ここから具体的な権利を導き出すことはできないと考えられていました。けれども、人権カタログにある権利は、歴史的に政府によって侵害されることが多かった重要な権利・自由を例示的に列挙したものです。ですから、人権カタログにのっていないということが、他の権利・自由を否定する根拠とはならない。つまり、一三条が人権の「一般法」的規定で、一四条から四〇条までが、人権の「特別法」的規定と見ればいいのです。

極端に言えば、一三条ひとつでも、そこからさまざまの具体的な権利が導き出せる。けれども、それではその中身がわかりにくく、またつかみどころがなくなってしまうので、一四条以下に例示として、具体的な権利を掲げたと見るわけです。

では、どのような権利がここから導き出されるのでしょうか。人間のあらゆる行動、たとえば、服装・髪型（茶髪・長髪・パーマなど）・飲酒・喫煙・散歩・昼寝・登山・海水浴・乗馬・ドライブ・スポーツ観戦・尊厳死・安楽死・自殺などといった自由も、一三条から導き出されるのでしょうか。

憲法上の権利は、そもそも「個人の尊厳」を一番重要な基本的価値としているのですから、そこからはずれるものは、権利として保障されないとも考えられます。個人の人格的生存、つまり人間が真に人間らしく生きていくのに不可欠な権利のみがそこに含まれていると解すべき、という考えもあります。

ところが、「人格的生存」といってもその内容を正確にとらえることは困難です。人間の価値観はさまざまで、ある人にとってはつまらない、ばかげた行為のように見えるものでも、他の人にとっては、生きる目的そのものであることもある。現行憲法はそのような価値観の多様性をお互いに認めましょうということから出発しているのですから、人格的生存の内容を具体的に決めてしまうのは、それこそ特定の価値観の押しつけになってしまうおそれがあります。

このように考えてくると、先に列挙したいろいろな自由は、新しい権利としては、「多様な生き方の自由」と括った方がよいのかもしれません。その中心には、尊厳死や延命医療の拒否など自分の生死にかかわる事柄を決定する自由、服装・髪型や生活様式を選択する自由が位置づけられます。一三条の「生命、自由及び幸福追求に対する権利」は、アメリカ独立宣言の中にある言葉をそのまま訳出したものです。今こそ、「生命に対する権利」とは何か、「自由に対する権利」とは何か、「幸福追求に対する権利」とは何かを、憲法の原点と、科学が発達し個人の意識も変わった社会の状況との相関関係の中で原理的に洗いなおす必要があります。

（渋谷秀樹著『憲法への招待』岩波新書　二〇〇一年より）

6b 法の規範性

ヨーロッパの法の歴史を振り返ると、法は神の意志や人間の理性にもとづく自然法によって妥当するものと捉えられる時代が中世まで長く続いた。これに対して、今日の法のあり方の原型であるいわゆる近代法は、その後の絶対主義王制下で近代国家が形成されるとともに登場した、比較的新しい法形態である。それは、本来の意味での法とは自然法ではなく、人が意思的に定立した法、つまり実定法であるとする新しい見方にもとづくものであった。

この見方は、程度の差こそあれそれまで未分化の部分を残していた法と道徳を、いっそう分離させることになった。法はそれをこえる自然法や道徳によって妥当するのではなく、それが法として決定されたがゆえに妥当するという捉え方が、それによって広まることになった。それと同時に、みずからをこえる基礎を失った法は、その妥当性・実効性を維持するために、主権者の権威や物理的強制力との結びつきを強めた。そのため、近世以降、法は強制的な命令であるという理解が広く行き渡ることになった。

この見解を典型的に代表しているのが、イギリスの分析法学の基礎を築いたベンサムやJ・オースティンらである。ベンサムは、刑罰の威嚇により有害行為を防止することが立法者の任務であるという功利主義的な見方に立脚し、そのような刑罰賦課が立法者の命令により行われるものであると考えた。また、「あるべき法」ではなく「現にある法」の分析に法学の任務があると説き、徹底した法実証主義の姿勢を貫いたオースティンは、実定法とは「主権者または主権者集団が直接または間接に創設した一般的命令」であると定義づけた（主権者命令説）。さらに、ドイツでも、『権利のための闘争』の著者として知られるR・v・イェーリングが、法を「国家権力による外的強制を手段として実現される規範の総体」と捉え、「法的強制を欠いた法規は自己矛盾であり、燃えざる火、輝かざる光である」と説いた。

法を強制秩序とみる見方は、法を刑罰や強制執行に結びつける一般的な法イメージにも支えられ、人々の間に根強く残っている。しかし、この見方にはいくつか問題点がある。まず第一に、法のもつ強制的・命令的な性質があまりに一面的に強調されており、法が強制権力を統制し、恣意的な権力行使を防ぐはたらきをもつことが見過ごされている。H・ケルゼンが指摘しているように、法は強制権力が発動される条件を定める規範であり、実力行使という意味での強制そのものではない。法が行為規範性のみならず裁決規範性をももっていることや、刑法における罪刑法定主義を挙げるまでもなく、これは明らかであろう。

第二に、人々が法に準拠しつつ互いに主体として行為しているという法の日常形態が、法と強制の結びつきを強調する見方では見逃されやすい。法の重要な役割の一つは、人々に対して行為の準拠枠組みをルールとして提供することにある。人々の行為を規制するどころか、人々にさまざまな権限を積極的に付与する規範も数多い。人々はそれらをみずから依拠すべき規範として受け入れ、それに準拠しつつ相互行為することを通じ、みずからの利益や価値を実現するのである。契約締結や企業活動など私法上の法律行為の大部分がその典型である。法は、最終的には実力行使を中核とする強制権力によって担保されているのは事実だが、しかしそれとともに、人々の自発的な遵法意識によりそれが実施運用されるという面も重要な意義をもっているのである。

それゆえ、第三に、法を強制とみる見方は、人々を法的強制の客体としてしかみておらず、このように人々が主体的に法を用い動かしていることを見落としやすい。そして、法が主として人々の主体的な行為によって動かされているというこの側面は、法が国家権力の強制よりもむしろ人々の合意にもとづいて形成・運用されるということをも意味しているのである。

その際に注目しなければならないのは、法を強制秩序そのものから独立させ、法の自立的な存在構造を支えているのが法規範であるということである。法規範とは、法共同体の成員が自己の行動の規準として受容し、自己の行動の正当化の理由や他人の行動に対する要求・期待あるいは非難の理由として公的に用いる社会規範の一種である。こうした性格をもつ法規範が、各種の法制度、法曹集団、法的思考方法と並び、法システムの中心的要素をなし、一方では国家権力からの、他方では道徳・宗教・習俗など他の社会規範からの、法システムの自立性を支えているのである。

法規範は、いうまでもなく「規範」の一種である。規範とは、行為や判断や評価を行う際の基準である。規範にはその内容上、「すべての人は嘘をつくべきではない」のように一般的な判断の形をとるものと、「Xはその家屋を明渡すべきだ」のように個別的な判断の形をとるものがある。いずれの場合でも規範は、「べし（ought, Sollen）」という当為の様相をとり、その点で、「ある（be, Sein）」という存在の様相とは区別される。法規範は、他の諸規範とそのような性格を共有する社会規範の一種である。

法規範は、古代・中世には道徳規範や宗教規範などとは未分化の状態にあった。しかし、社会生活や統治機構が複雑化する近代になると、法の制定・運用の国家化が進むにつれ、道徳・宗教などの社会規範から法規範が次第に分化独立するにいたった。そのような展開とともに、法規範は、究極的には国家が掌握している物理的強制力を背景に、人々に対して一定の行為を命令ないし禁止することを通じ、人々の行為を規制するという性質を強めることになった。

それによって、法を強制的な命令そのものと同一視する見方が、法理解の主流として広がることになった。しかし、先に述べたように、法の支配などの自由主義的統治原理が支配している今日では、法を強制秩序と同一視する見方は不適切である。というのも、法規範が、国家の政治権力の命令・強制から相対的に自立し、法が独自の空間を形作る上で、きわめて重要な要素を形成しているからである。

その際、法が自立性を保つ上で重要なのは、法規範独自の「規範性」である。規範性とは、規範がもつ拘束力であり、一定の行為・判断・評価をするようその名宛人を義務づける力である。ただし、拘束力とか義務づけ力といっても、それは物理的な強制力を意味するのではない。規範性とは、そうした物理的強制力に支えられながらも、それに還元されることのない指図的な要求である。

法規範による人々の義務づけの様態は、道徳規範や宗教規範の場合とは異なる。後者の諸規範は、人々の内心に受け入れられ、いわば良心からの動機づけにより、人々を規範に従った行為へと義務づける。これに対して法規範の場合は、良心のレベルでの受け入れまでをも求めるものではない。法規範は、あくまでも法の文脈にかぎって、当該法規範の名宛人とされる者がどのように行為・判断・評価を行うべきとされているかを定めるにすぎないのである。したがって、人は、個々の法規範ないし法秩序全体に対し、深い内心レベルでそれにコミットする必要はなく、あくまでも法的な問題処理のために、それらに準拠して行為・判断・評価を行うということさえなされれば、法の規範性としては十分なのである。

（平野仁彦・亀本　洋・服部高宏著『法哲学』
有斐閣アルマ　二〇〇四年より
引用箇所は服部高宏氏の文章）

6c 基本的人権と「正義」

ロールズは全員が取り結ぶであろう社会編成の基本原理として、以下の正義の2原理を示す。

第1原理（平等な自由原理）

各人は、他の人々の同様な自由と両立する、もっとも広範な基本的自由に対する平等な権利をもつべきである。

第2原理

社会的、経済的不平等は、それらが(a)あらゆる人に有利になると合理的に期待できて（格差原理）、(b)すべての人に開かれている地位や職務に付随する（機会の公正な平等原理）、といったように取り決められるべきである。

この2原理の関係についてみれば、第1原理は第2原理に優先し、第2原理のなかでは、(b)が(a)に優先する。このことは具体的にいえば、第1原理で問題となる基本的自由（各種の市民的・政治的自由）が、社会的・経済的利益の観点から侵害されてはならないことを意味しており、この点に多数者の経済的利益のために少数者の基本的権利が侵されてはならないという、功利主義批判の論点が表現されているのである。基本的人権の不可侵性はこの原理の憲法的表現でもある。

さてロールズの正義論でもっとも問題になるのは、第2原理における格差原理*（difference principle）であるが、これがもっとも平等主義的性格の濃い原理だといえるであろう。われわれが生きている競争的な自由市場社会では、なかば必然的に各人の取り分が生来の才能や運などにより、不自然に拡大してゆく傾向があるが、そのような傾向を社会でもっとも不利な立場にある人の観点から、規範的に制約しようとするのが格差原理なのである。

もっとも不利な立場にある人の便益を増大させる限りにおいてでなければ、格差は是認されないという考えは、平等論の問題としてみれば、「機会の平等」から「結果の平等」への転換を含意するものであるが、より根本的には社会的結合の条件、すなわち万人が協力しあえる条件を確保しようとするものである。ロールズが、格差原理が博愛の精神の表現であるといっているのは、そのような意味においてなのである。

格差原理はたんに「結果の平等」の単純な哲学的正当化ではない。その根底には、ロールズの深い能力観、人間観が隠されている。まず人間の自然的才能の配分は偶然的なものであり、よい才能に生まれついたからといって、特別の利益を要求する権利が与えられているわけではない。だからといって、才能の差を不正義といって否定することもできない。そこで才能の偶然的偏差から人々を守る取り決めとして、格差原理が求められているのである。

この考えの重要な前提となっているのが、個人の才能は社会の共有資産であるという、アダム・スミス以来の非個人主義的才能観である。個人が偶然に与えられた才能は、もともと社会的互恵関係のなかで評価されるべきものなのであり、特別な待遇を合理化するものではないのである。才能に対するこのような観点は、「補償原理」（principle of redress）を重視するロールズの考えに反映している。この原理は、社会は生まれながら才能に恵まれなかった人に対して、より多くの注意を払うことを求めるものであるが、これは才能の偶然の偏りを平等の方向に正すことを意味しているのである。

補償原理は、才能に恵まれない人に対しては、恵まれた人に対してよりもその教育により多くの資源を費やすことを要求するが、そのことは、たんに両者を公正な競争のスタート・ラインにつけるためではない。万人に文化の享受と社会参加を保障し、そのことによって、各人が自己の価値についての感覚を育てるためなのである。自尊心はすでにみたように、自由や富と並んで社会的基本善に含まれていたのであるが、正義の2原理は、まさにこの自尊心の確保にもっともかなう原理として提唱されているのである。

かくして万人の自尊心が満たされるとき、社会的協同は効率的となり、社会秩序はもっとも安定したものとなるのである。自尊心を問題にするとき、ロールズが、カントの「目的としての人格」の概念を念頭に浮かべていることは間違いない。ところで自尊心は、自分自身の善の観念をもつこと、すなわち自分の人生の設計図をもつことによって、その内容を与えられることになる。結局ロールズの個人主義的自由は、好きかってな恣意的自由では毛頭なく、自らの人生を合理的に導くことのできる道徳的存在にとっての自由なのである。そして、そのような自由人が他者に干渉することなく、自己の善と信じることに従って生きる社会が、正義にかなった社会なのである。

ロールズが自由を何よりも優先する背景には、ハートの指摘するように、次のような人間観が暗黙の前提として存在している。それは社会生活の主要な善のなかでも、政治的な活動や他者への奉仕に高い価値を認め、たんなる物質的財や満足のために、このような活動の機会を交換することに耐えられないと考えるような、公的精神に満ちた市民の姿である。その意味でロールズは、人間性に関しての楽観主義者であるとみることができる。

（雁井敏正著『現代正義論』青木書店　一九九八年より）

◆編集注

ロールズの正義論…ジョン・ロールズ（一九二一〜二〇〇二）はアメリカの哲学者。一九七一年に公刊された大著『正義論』は、哲学の分野のみならず、倫理学や政治学、さらには経済政策や社会政策などの公共政策の領域においても、大きな反響を呼んだ。この著作において、ロールズはカントの道徳哲学のなかから、特に自律の思想と、正義についての義務論的アプローチとを、自らの正義の理論の正当化のために採用している。

【発展】他の参考図書

渡辺洋三・甲斐道太郎・広渡清吾・小森田秋夫『日本社会と法』（岩波新書）

［標］　法の目で現実社会を見る

伊藤正巳・加藤一郎編『現代法学入門』（有斐閣選書）

［難］　現代法学の入門書

葛生栄二郎・河見　誠『いのちの法と倫理』（法律文化ベーシック・ブックス）

［難］　先端医療の諸問題を法と倫理の視点から考察する

小論文のポイント③　特殊な資料の場合

資料の分析・関連づけの能力に大きな比重を置く問題がある。複数の図表や文章を組み合わせた資料を提示する問題などは、その典型例である。また、膨大かつ難解な資料を提示する場合も、読み取り能力が問われている。このような場合には、設問の立てられ方にもよるが、分析・読解力を評価する部分の配点が高くなると考えてよいので、ここを簡単にすませて、えんえんと自分の意見ばかり書いていては、不合格になるだろう。

特殊な資料（課題文）を伴う問題について、以下にまとめておこう。

1　難解・長大な資料や、複数資料、図表資料などの場合、読解・分析面への配点は高くなり、合否への影響がより大きくなるので、字数も多め（四割〜五割）にとって、しっかり要約する。

2　資料が図表のときは、際立った変化・無変化や、全体の大きな動向、特徴に着眼し、数値は概算でわかりやすく整理してから、客観分析と推論との区別をつけてまとめる。細かい数値の羅列にならないように注意する。

3　複数資料のときは、資料相互の関係（対比や因果、共通点と相違点）を意識してまとめる。単なる資料個々の要旨まとめの羅列に終わらないよう注意する。

4　資料が詩や小説など、文芸素材のときは、心情表現や比喩表現などに着眼し、論文にふさわしい表現に置き換え、感想文風にならないよう注意してまとめる。

5　課題の明示されていない論文問題では、資料の要旨把握と志望学部の特性とから自説の文章テーマを設定する。枝葉、表面にとらわれた底の浅いものにならないよう注意する。

論点整理

日本国憲法は、国民主権（主権在民）、平和主義とならび、基本的人権の尊重を三大原則としており、憲法九七条は「この憲法が日本国民に保障する基本的人権は、人類の多年にわたる自由獲得の努力の成果であって、これらの権利は、過去幾多の試練に堪へ、現在及び将来の国民に対し、侵すことのできない永久の権利として信託されたものである」としている。

人権思想は近代市民革命により具体化され、当初は、国家を初めとする公権力からの不当な侵害を抑制する原理であり、自由権が中心であった（国家からの自由）。その後、国家が責任をもって国民の生活を保障しなければならないという社会権として、生存権、教育を受ける権利、労働基本権などが保障されるようになった（国家による自由）。さらに、現代社会の急激な変化にともない、知る権利、環境権、リプロダクティブ・ライツ、広義の自己決定権などの新しい人権の保障の必要性が議論されるようになった。科学技術の発達や個人の意識の変化、さらには、高度情報化・消費化、環境問題の発生という憲法制定当時とは大きく変わった今の時代に必要とされる権利を、我が国においてはどう保障する

キーワード

憲法

近代憲法は、その歴史的経緯からも、国家権力を制限するために国民が突きつけた規範であり、強大な権力をもつ政府を制約するものである。日本国憲法もこの近代憲法としての性質をもち、「法の支配」を基盤とするものであるという理解が一般的であるが、近年、憲法を国民の行為規範として機能させる必要性を主張する見解も現れている。

人権の根拠

かつては神や自然法に求める考え方があり、法実証主義の立場からは人権の根拠は実定法に求められた。現代では、「人間性」「人間の尊厳」とするのが一般的である。「人間の尊厳」は個別的な人権の根拠としての

か。この方法を紹介しているのが課題文ａである。

しかし、こうした新しい権利については、まず、それが権利として保障されるべきなのかが問われねばならない。そもそも人権は、人間がただ人間であることに基づいて当然に有するものであるとして、現代では、人権の根拠を「人間の尊厳」に求めるのが一般的である。では、そもそも「人間の尊厳」とは何か。ヒト・クローン個体産生の反対の根拠としてもしばしば掲げられる「人間の尊厳」であるが、この実質的内容について十分に議論することが必要となっている。

ところで、国政に関する参政権は国民主権に由来して認められる権利であり、人間であることに基づく権利ではなく、国民であることに基づく権利である。したがって、国籍を有しない外国人には保障されない。しかし、地方自治体に関する参政権はどうか。地方自治体における参政権は、地方自治体の住民であることに基づく権利であるとすれば、国籍に関係なく、その地方自治体の住民として永住もしくは定住している住民であれば、国籍に関係なく認めていくべきではないかという議論もある。

権利を権利として認め、それを保障し、またある場合は、それを公共の利益によって制約するのは法である。また、人間が共同生活を送るた

「個人の尊厳」と重なる部分もあるが、同時に、種としての人間の尊厳の次元で語られる場合もある。

自己決定権（personal autonomy）
一定の個人的な事柄について、公権力などから干渉されることなく、個人自ら決定することができる権利。権利内容や関連する領域に問題は残るが、幸福追求権（憲法一三条）の一部とされている。

リプロダクティブ・ライツ
生命の再生産システムにおいて、各人が自由に責任をもって制御・決定する権利。人間の生殖システムすべての事柄に関する自己決定権や自由権の総称である。

環境権
健康で快適な環境において生活する権利。生命の安全

めには一定の秩序が必要であり、秩序を維持するためには規範が必要となる。法はこうした規範の一つであり、風習、しきたり、道徳などと比べて強い強制力を持つ。法と道徳の区別については、さまざまな議論があるが、社会における組織された力による強制、典型的には刑罰や損害賠償などと結びつく点で、法は道徳などと区別されるという主張もある。これに対して、課題文bは、法は強制秩序と同一視する見方は今日では不適切であることを指摘し、道徳との違いとして、法規範による義務づけが内心レベルに及ばないことをあげている。

　法の基本的な役割は、先に述べたように社会の秩序維持であり、法の支配により、社会に正義を実現し、それを維持し、失われた場合には回復することが要請される。では、そもそも正義とは何か。ロールズの正義論は、全体の利益を重視し、個人及び少数者の利益を犠牲にする傾向のある功利主義を批判的に克服するものであり、財の公平な分配を確保するために必要な規制を提案する。課題文cで紹介されているのは、社会的に不遇な立場にある人々の利益が最大になるように、資源の分配を行うことにより（補償原理）、才能の偶然的偏差から人々を守る（格差原理）という格差是正である。これは、カント的な道徳的人格観に基づいて展開された正義原理であり、道徳哲学的側面をもっていたが、後に

確保、健康な生活の確保、快適な環境の確保と多義的な内容をもつ。空港の騒音公害訴訟、火力発電建設差し止め訴訟など多くの公害裁判で損害賠償を求める根拠として主張されている。

知る権利
国家やマス・メディアの情報独占に対して、国民が情報開示を請求する権利であり、自由権・請求権・参政権としての側面をもつ。

プライバシーの権利
私事、私生活を他人に知られることを拒絶しうる権利だが、現代の情報社会では「自己に関する情報の流れをコントロールする権利」と定義される。

規範とサンクション
規範はそれが規範である以上、それぞれ固有のサンクションをもっている。サン

ロールズは、「政治的な手続き」論として政治的諸価値を構築する「政治的リベラリズム」へ移行することになる。そして、ロールズ的リベラリズムへの批判として、共同体が正義の源泉であり、正義とは、共同体の中で慣習的に形成されてきたさまざまなルールを反映したものにすぎないとする共同体主義が登場する。

現代社会においては、人間の尊厳や正義概念そのものが自明なものではなくなっている。人権を保障し、法によって正義を実現していく制度構築を考えると共に、人間とは何か、その尊厳性とはいかなるものか、正義とは何かなど原理的な考察が求められている。

クションには心理的、経済的、物理的サンクションなどがあり、規範によってサンクションの種類程度は異なる。規範を破った場合には負のサンクションが、規範を守った場合には正のサンクションが科される。刑罰は法規範の負のサンクションである。

コミュニタリアニズム
人間は特定の共同体の中で人格やアイデンティティを形成し、共通善を学ぶ存在であることを強調し、倫理性と共同性の根拠を共同体に求める考え方。ロールズのリベラリズムなどに対する批判として主張されるコミュニタリアニズムは自由主義を否定するものではなく、自由主義の伝統をふまえつつ、共同性・倫理性を復興して、思想的均衡を保とうとする思想である。

7a　住民投票をどう見るべきか

まずとり上げたいのが、直接民主主義を求める市民の運動である。一九九六年八月には、新潟県巻町《まき》で原子力発電所の立地をめぐって、翌九月には沖縄県で米軍基地の存続と日米地位協定の見直しをめぐって住民投票が行われ、国政にも大きな影響を与えた。今までの仕組みにおいても、地方自治法によって、リコール（解職）や条例の制定・改廃に対する直接請求など直接民主制の規定が置かれていた。しかし、地域における重要な政策課題について、住民自身で投票を行って意思表示することや、ましてそれが国政にも大きな影響を与えるということは、今までの日本の政治にはなかった。賛成・反対、両方の立場から、住民投票は大きな反響を呼んだ。住民投票を求める声がなぜ生まれ、それがこれからの政治にどのように影響するのか、日本の民主政治にとっての意義という観点から検討してみたい。

新潟県巻町の住民投票の経過はおおよそ次のようなものであった。巻町では原子力発電所の誘致をめぐって町を二分する論争が続いていた。前町長は推進派で、町議会では推進派と反対派が伯仲していた。商店主、主婦など普通の町民の有志の中から、町の命運を決める重要な案件は住民投票によって決めよう、という運動が盛り上がり、自主住民投票が行われた。しかし前町長は、自主住民投票には制度上の根拠がないことからその結果を無視し、原発の誘致を進めようとした。そこで住民は、住民投票を可能にするための条例を直接請求によって提案し、議会で可決された。これに対して、前町長は条例を改正し、住民投票を先送りしようとした。そこで住民は前町長のリコール運動を行い、前町長はリコールの賛否を問う投票の前に辞職した。そして、次の町長選挙で、住民投票賛成派の現町長が当選し、九六年八月に住民投票が行われた。

この住民投票には、さまざまな角度から意見が寄せられた。最も理論的な問題の核心は、選挙で選ばれた町長や議会の決断を、住民が直接、住民投票を行うことによって覆すことができるかという問題であった。

抽象的な言い方をすれば、それは、間接民主主義と直接民主主義の関係をどう理解するかという問題でもある。直接民主政治が暴走した例は、古代ギリシャの陶片追放《とうへんついほう》（オストラシズム：陶器のかけらを投票用紙にして、政治家の追放を決めるために行われた投票）から、一九世紀フランスのナポレオン三世の皇帝推戴《すいたい》まで、長い歴史を持っている。したがって、直接民主主義はしばしば、デマゴーグや独裁者が大衆の支持を誇示するための道具として使われ、衆愚政治と結びつけられるのである。本来の民意の発露の投票を「レフェランダム」とよび、独裁者を翼賛する投票を「プレビシット」と呼んで区別する議論もあるが、実際に何がレフェランダムで何がプレビシットかを識別することはむずかしい。

現在でも、ヨーロッパ連合のマーストリヒト条約の批准《ひじゅん》をめぐる西欧各国の国民投票、アメリカの州レベルでの住民投票など、重要な政策を決定する際に、直接民主制は多くの国で実際に機能している。欧米では、プレビシットの経験を経ながらも、議会政治を主としながら、国民（住民）自身による決定も必要と考えられているのである。

確かに、人々が感情の赴《おもむ》くままに、不確かな象徴によって衝き動かされるような場合、住民投票は衆愚政治をもたらす危険な仕組みとなる。巻町の場合には、原発反対という科学的根拠のない感情によって、沖縄の場合には反戦、反基地という県民感情によって、それぞれ投票の結果が規定された――というのが批判派の主張である。

しかし、住民投票の背後にあった住民たちの実際の運動の中身を見ることなく、「住民投票＝衆愚政治」という図式を振りかざすとき、「衆愚政治」はそれ自体がきわめて扇情的な象徴となるのである。つまり、一握りの政治家や官僚が決定したことに対してまっとうな疑問を唱える人間の存在を彼らが恐れるとき、衆愚政治というレッテルを登場させるのである。

（山口二郎著『日本政治の課題―新・政治改革論』岩波新書　一九九七年より）

7b　民主的決定と個人の自由

リバタリアニズムも国家を必要悪として認める限りは、民主主義が政治の形態として一番ましなものだと考えるだろう。しかし、それは決して政治参加がそれ自体として万人にとってよいことだからではない。すべての国民が政治的な意思を表明でき、民意に反する支配者が排除されるような制度は、それ以外の政治システムよりも人々の権利の保護や平和や繁栄に資するだろう、少なくとも全体主義に陥りにくいだろう、という理由によるものである。理論的には貴族制であっても君主制であってもこれらの目的の役に立つならば構わないのだが、事実問題としてこれらの政体よりは民主制の方が効果的である。しかし、民主制もへたをすると権威主義的独裁をもたらすおそれがある。民主制の主権者は全体としての国民であって、基本権の持ち主である個々の国民ではないから、基本権が民主的決定によって侵害される可能性は否定できない。それを妨げるための制度として、政治的決定によっても変えられないような人権宣言や、権力分立の制度がある。要するに、民主主義や人民（国民）主権以上に、基本的人権が重要なのである。人権は国家主権に優先する。

これに対して、公民的共和主義者のように民主的政治過程を自己目的化する人々は、人権と国家権力との衝突の可能性を真剣に考えない傾向がある。そのために彼らは、政治権力は民主的でありさえすれば、どんなに強大でどんなに広範囲にわたってもよいと考えてしまう。つまり、主権者が誰であるかばかりを重視して、いかなる主権にも制約を課さねばならないという問題関心に乏しいのである。

民主主義、特に参加民主主義には、国民を国家と一体化させ、忠誠心を強要するおそれがある。前近代の多くの国家は、国民に税金を納め社会秩序を守る以上のことは要求しなかった。人々がその義務を果たしている限り、国は彼らの生活に介入しなかったのである。ところが近代的な国家は、国民が自分の属する国家の歴史と文化に心情的に同一化し、愛国心を持ち、国家的目的に協力するように強制する。その典型的な例が国民皆兵であり、民族主義的歴史教育である。国民と国家の同一化の傾向は民主主義国だけに限られないが、民主制において一層正当化しやすいように思われる。そこでは国民が主権者であり、あらゆる国民が政治に参加する権利を認められているからである。

しかしいくら民主的な国家であっても、そのような一体化への強制は正当でない。なぜなら国家は自発的な加入と脱退が不可能とはいえなくても極めて難しい団体であり、また個人の政治的活動が政治に影響を与える可能性もごく限られているからである。人が自分から推進したわけでもない国家の行動に、同一化するいわれはない。

民主制における主権者と被治者の同一性を論拠として、これに反対する議論は簡単に言えば次のようなものである。——人がある政策、あるいはそれを支持する政党に選挙で一票を投じたならば、その政策に対して責任を負う。だがもし棄権したならば、あとになってその政策を批判する資格はない。また反対の一票を投じたとしても、投票者は投票することによって、民主的決定に従うという意思を表明したのだから、自分が反対した政策についても民主主義国の一メンバーとして責任を負う——。かくして人が投票時に何をしても、民主的に選ばれた政府のあらゆる政策に責任を負わせられるのである。だがいくら理想的な民主制においても、一つの意思を持つ主権者として見られた国民全体と、被治者として見られた個々別々の国民とは別物なのだから、国民に積極的な国家への忠誠と同一化の義務を負わせるために民主主義の理念を持ち出すべきではない。

政治思想におけるリバタリアニズムの大きな特徴の一つは、国家への人々の心情的・規範的同一化に徹底して反対するという個人主義的要素にある。リバタリアニズムの観点からすれば、国家や政府は諸個人の基本的権利を保護するといった道具的役割しか持たない。それ以上の価値を認めることは個人の自由だが、それを他人にまで強いるのは不当な介入である。

（森村　進著『自由はどこまで可能か＝リバタリアニズム入門』講談社現代新書　二〇〇一年より）

7c　自由主義と民主主義

戦後の日本を含む先進国の政治体制は自由民主主義体制である。

自由民主主義体制は自由主義（liberalism）と民主主義（democracy）の二つの原理によって支えられているが、この二つの原理は、そもそも歴史的な起源も思想内容も大いに異なったものであった。

歴史的起源は民主主義の方が古く、古代ギリシャ時代にさかのぼる。当時、民主主義は政治的決定への民衆の直接参加、つまり直接民主主義を意味していた。その意味での民主主義は、実のところ、あまり積極的な評価を受けていなかった。古代ギリシャの哲学者アリストテレスによる政治体制の分類においては、民主主義は堕落した政治体制だとされた。つまり、無知蒙昧《むちもうまい》な民衆による支配として否定的にとらえられたのである。こうした見方は長らく続き、プラスの評価が定着するのはようやく二〇世紀に入ってからである。

自由主義の起源は中世にある。貴族、僧侶あるいは都市の商人たちが、自ら組織する団体の特権を国王権力の介入から守ろうとして起こした動きのなかから生まれた。近代に入って、それが興隆する市民階級によって引き継がれ、権力の恣意的な行使を排するとともに、権力が介入できない個人の自由の領域を守り、広げようとする考えとして発展していった。

思想内容としても両者の間には、政治権力の見方や一般民衆の政治的能力の見方において、対立的ともいえる違いがある。自由主義は政治権力の発動を抑えることに重きをおく。権力は悪であって、権力が小さければ小さいほど自由の領域が広がる、という見方をとる。その考え方は「権力からの自由」として表現される。制度的には、権力の恣意的行使を防ぐための立憲主義ないし法の支配、権力の集中を防ぐための権力分立、そして個人の自由の領域を確保するための自由権、などとして具体化された。

これに対して民主主義は、政治権力の形成・執行への民衆の参加を重視する。権力は必ずしも悪ではなく、民衆の平等を実現するためには権力の積極的な行使も肯定される。その考え方は、「権力への自

自由主義と民主主義

	自由主義	民主主義
意　味	個人の自律の尊重	民衆の自己統治
起　源	中世	古代
権力観	権力からの自由 権力の集中の否定	権力への自由， 権力の集中の肯定
民衆の政治的能力	多数者意思への懐疑	多数者意思の肯定
制度的具体化	立憲主義（法の支配）， 権力分立，自由権	参政権， 社会権
支持層	中・上層階級	下層階級

由」として表現されたりする。制度的には民衆の政治参加を保障する参政権や、民衆の平等を実現するための社会権として具体化された。

民衆の政治的能力については、自由主義は懐疑的である。無知蒙昧な民衆の政治参加が理性的な少数派の意見の抹殺、つまり「多数者の専制」につながることを恐れる。これに対して民主主義は、民衆の政治的能力について楽観的に見る。民衆は政治参加を通じて市民として成長していくもの、と考える。そして、多数者の意見の方が少数者の意見よりも尊重されるべきだとして、多数決を当然のこととする。

これらの、本来は異質な二つの原理を両立させ、統合させたものが自由民主主義（liberal democracy）であり、最終的にそれが確立したのは二〇世紀のことであった。すなわち、まず一九世紀までに、中世の伝統を引き継ぎながら立憲主義、権力分立、自由権が確立され、ついで二〇世紀に至って、参政権、社会権の確立が続いたのである。

とはいえ、二つの原理を両立可能にするためにはそれぞれの原理の修正が必要であった。あるいは、両者が統合されたことによってそれぞれの本来の意味が変化した、ともいえる。民主主義に関しては、直接民主主義だけでなく間接民主主義、すなわち代議制をも含むものとして意味が広げられることになった。あるいは間接民主主義こそが民主主義のノーマルな形態だ、とされるようになった。現代の先進国の政治体制を論ずる場合、基本的には国民国家を念頭においており、そのような大規模社会では直接民主主義を通常の政治形態として制度化することは無理があるからである。

自由主義に対しては、民衆の声が参政権の拡大を通じて政治に反映されるにつれて、そもそも貧困のために自由を享受しえない民衆にとっては「権力からの自由」は無意味だ、という見方が現れた。そして、権力によって自由の前提条件の保障あるいは自由の障害の除去が行われることこそが必要である、という主張が登場してきた。つまり「権力による自由」、より適切にいえば「国家権力による自由の諸条件の保障」を求める考えであり、それは現代自由主義（アメリカではリベラリズムという）と呼ばれる。

自由民主主義体制の下では、とくに第二次世界大戦後においては民主主義の考え方と親和的であるがゆえに現代自由主義の考えが重視されるようになっていった。またその結果、自由民主主義体制は、民衆の平等化を目標とする福祉国家としての性格をもつようになっていった。

東欧・ソ連の崩壊以降の一時期、西側資本主義国では「資本主義・自由主義の勝利」が声高に叫ばれたことがあった。たしかに自由民主主義という正統性原理それ自体は、かつてよりも安定性を高めたことはまちがいない。だが、その原理をどう制度化するかをめぐっては、今日においてかえって自由主義と民主主義の間で矛盾が激しくなってきているところもある。

たとえば、一九六〇年代後半以降、国民・住民投票や地方分権を通じて市民の参加と自治を広げようとする、参加民主主義の台頭が各国で見られた。あるいは一九七〇年代後半以降、従来の福祉国家＝「大きな政府」の行き詰まりの中で、規制緩和や民営化を通じて小さな政府をめざそうとする新自由主義が、とくに先進大国において勢いを得た。こうした二つの流れは、自由民主主義の枠組みを前提にしながらも、前者は民主主義をより強化しようとし、逆に後者は自由主義をより強化しようとする動きだと理解しうる。

前者についていえば、今日において支配的な政治形態である代議制の下では、民衆の通常の政治参加は政策決定に当たるエリートの選出、つまり選挙に限定されている。自由主義の立場からすれば、民衆の政治参加は必ずしも望ましいことではないので選挙への限定は問題ではない。けれども、民主主義の立場からすると、逆に民衆の政治参加の拡大こそが望ましいので大いに問題がある。参加民主主義は、代議制が形骸化しつつある中にあって、民主主義の本来の形態である直接民主主義をより強化しようとする考えである、といえる。

後者についていえば、現代自由主義の考えにも支えられて福祉国家＝大きな政府は、経済のコントロールをはかりながら貧富の差の是正や生活不安の解消をはかってきた。しかし、他方でその過程で政治権力の膨張そして社会・経済への権力介入の増大が進んだ。新自由主義は、「権力による自由」によって本来の自由主義の考えが歪められたとして、「権力からの自由」という元々の自由主義の考えに立ち戻り、小さな政府の再現をはかろうとする主張であると理解しうるのである。

（加茂利男・大西仁・石田　徹・伊藤恭彦著『現代政治学〔新版〕』有斐閣アルマ　二〇〇四年より

引用箇所は石田　徹氏の文章）

【発展】他の参考図書

文部科学省『あたらしい憲法のはなし・民主主義』（展望社）

［易］戦争に対する反省に基づき発行された教科書の復刻版

長谷部恭男『憲法とは何か』（岩波新書）

［標］憲法の本質と立憲主義についての解説

藪野祐三『ローカル・デモクラシーⅠ　分権という政治的仕掛け』（法律文化社）

［難］新しい社会状況におけるデモクラシーのあり方

論点整理

フランス国旗のトリコロール（青・白・赤）は、フランス革命の精神を象徴し、それぞれ「自由・平等・博愛」を表している。フランス革命に先立ち、これに影響を与えた「アメリカ独立宣言」も、「すべての人間は平等につくられている」「生存、自由、そして幸福追求を含む、侵すべからざる権利を与えられている」と述べ、基本権（人権）としての「自由」と「平等」とをともに謳っている。このように、自由と平等とは、近代市民社会建設のための基本理念である。元来民主主義（democracy）は、絶対君主などによる専制に対立する近代社会の統治システムとしての「多数の意思による支配」、すなわち民主的な政治制度（民主制 democracy）の確立をもって、その基本的な意義とする。人々の生きる権利（自然権）を守るために、主権者を定め、法の支配によって統治を行うことが前提である。したがって、自由権や平等権、参政権などの基本権を有する国民が代表者を選んで（代表民主制、代議制）定めた法律に基づき（法の支配）、国民の自由、生命、財産を守るために国政が行われるという、現代の多くの国民国家 関連→p.70 が備えた理念とシステムの原型は、すでに近代西欧社会に現れている。このように、

キーワード

民主制・民主主義（デモクラシー）

君主制・貴族制とならぶ政治形態の一つであり、人民が自らもつ権力により支配するという思想でもある。市民革命期、社会契約の理念により、人民の代表たる議会に最高権力を認め、これが最良の政治とされたが、ロックの論に従えば民主主義は多数決に還元され、ルソーの論に従えば近代国家原理の代表制は仮構にすぎなくなる。

多数決原理

多数者の意向をもって全体の意思と推定する意思決定の原理。価値相対主義を前提とした少数者尊重の原理でもある。それぞれの意思は同等の意義をもつという前提に立って、少数者にで

歴史的にも理念的にも、本来「自由」と「平等」とは両立すべきものであった。

しかし、フランスの思想家トックヴィルがアメリカのデモクラシーに予見したように、平等の進行は個人の自由を抑圧する可能性がある。現代の民主的な意思決定システムは、多数決を最終的な決定方法とする。多数者が少数者の権利を「民主的な決定」の名の下に侵害する可能性は否定できない。しかも、その「多数者」は、しばしば代議制における政治家の多数を意味するから、例えば、国政選挙で選出された議員の多数派による立法では、特定地域の住民という少数者の意思などが十分に反映できるという保証はない。このため、課題文ａで述べられているように、原子力発電所や米軍基地の立地などについて、住民投票のような住民参加による直接民主制のシステムが採用されるにいたったのである。このような、民主制の欠陥に対する補完的な仕組みに対して、「衆愚政治」「住民エゴ」などのレッテルを貼る者は、そもそも個人の自由や生命や財産を守るためのシステムである民主制の基本をはきちがえている。民主制は全体のために個を犠牲にすることを正当化するシステムではないからである。

しかし、代議制のみが問題なのではない。「自由」と「平等」とのジ

きる限り発言の機会を与えるとともに、少数意見が結果的に否定されたとしても意思決定の内部にその観点を組み込むことによって多数意見は重みを増し、それが誤りであることが明白となった場合には迅速な対応が期待できることになる。

自由と平等のジレンマ
個人の自由を尊重し、一人一人の活動を最大限に容認すれば、結果として、個人間の差異は拡大する。例えば、自由競争化で営利追求の自由を認める以上、所得の不平等は必然的に結果する。逆に、平等原則を最重要視して、個人間の差異を均していこうとすれば、結果として、個人の自由な行動は相当程度の制約を受けざるを得なくなる。自由と平等とは原理的には両立しないという考え方をいう。

レンマは、課題文cが示すように、「自由主義と民主主義」という政治思想上の対立を生じる。個人の自由を追求すれば、私有財産の自由によって貧富の格差を肯定することとなる。すなわち、平等の理念に抵触する事態を自由の理念が導く。たとえ自由競争下で「チャレンジする自由」がすべての者に与えられている（機会の平等）とはいっても、すでに極めて貧しく、社会的に不利な立場に置かれている者は、恵まれた境遇にある者と対等な競争などできない。そこで、人間としての最低限度の文化的な生活の保障（結果の平等）や、実質的な機会の平等を実現するには、生活保護やアファーマティヴ・アクションのような、公的な保障や介入が必要であるとされる。豊かな人から税を多く徴収し、貧しい人に再配分する所得の移転などは、こうした平等重視による国家の介入の典型例である。課題文cに述べられている「福祉国家＝大きい政府」と「新自由主義」の目指す「小さな政府」の対立は、まさしくこの「自由」と「平等」のジレンマを意味しており、これが自由主義と民主主義のイデオロギーや政策論的な対立の原点である。そして、この意味では、「リベラル・デモクラシー」という概念は、矛盾に満ちたものと見られるであろう。しかし、現実的な政治においても、「自由」と「平等」とは、前述のように、本来その両立が目指されるべき理念なのである。

自由主義（リベラリズム）

ホッブス・ロック・ルソーなどの社会契約説にはじまり、自然権としての自由・平等を根底に、国家権力からの自由と国民主権を主張する。二〇世紀には、原義とは異なり、J・ロールズなどの主張により、福祉を重視して富の再配分を求める社会民主主義的な傾向を増したため、「リベラリズム」は左派的イメージで見られ、今日では古典的な自由主義は「新自由主義」と呼ばれる。

保守主義・新保守主義・新自由主義

保守主義とは、過去・現在・未来の連続性を維持しようとする考え方であり、伝統・歴史・慣習・社会組織のあり方を固守しようとする立場である。今日では、かつての「革新」勢力の退潮により、「保守／革新」

個人の「自由」を徹底的に推し進めるならば、課題文ｂで解説されているような、国家の役割を極限まで縮小することを求める「リバタリアニズム」の思想に行き着く。現実の「自由主義（リベラリズム）」論者はケインズ派の福祉国家観に傾斜しているため、「リベラル」であると言われると、「福祉国家論者」であることを意味し、むしろ平等を重視する社会民主主義に立場が近い。そこで、今日では「新自由主義（ネオ・リベラリズム）」という表現で「小さな政府論者」の立場を表し、簡単にいって、これに伝統文化の重視など保守的側面を強めれば「新保守主義（ネオコン）」、自由の理念を徹底すれば「リバタリアニズム」ということになる。デモクラシーのかかえる矛盾は、かつては米ソの対立のように政治的、軍事的領域の対立にまでいたった。しかし、本来人々の自由と安全を保障する社会を確立するための理念であり制度であるデモクラシーは、これを現実的に超えうる代替をもつことはないであろう。したがって、デモクラシーの抱える現実的な問題を調整しつつ、いかにしてよりよい政治と社会を実現していくかが真の課題なのであり、逆に、社会状況の変化に対応した新しいデモクラシーのあり方が模索され続けていかねばならない。

という対立よりも「新保守主義・新自由主義／リベラル」という対立が先鋭化している。個の自由を尊重し、国家による福祉を目指すリベラルに対して、新保守主義は個よりも共同体とその伝統秩序の維持を尊重し、福祉国家ではなく、「小さな政府」を目指す。

アファーマティブ・アクション

積極的な差別撤廃措置。マイノリティ（少数派）や社会的弱者に対する優遇措置。社会的差別を是正するために、あえて単純な平等ではなく、不利な立場にある人々を優遇する。少数者や被差別者の積極的人材登用・雇用などがそれにあたる。

8a　社会福祉を支える原理

社会福祉を支える原理は、人間尊重にその根本があるといえましょう。つまり、どのような状態であろうとも、個々の人間はその尊厳を認められ、より良く生きる権利をもっている、ということをまず深く認識する必要があります。

それでは、人間尊重の原理とは、具体的にどのようにして実現できるのでしょうか。それは「基本的人権の尊重」と「ノーマライゼーション」、「自立支援」、「参加と連帯」の四つの柱に支えられていると考えられます。

まず第一に「基本的人権の尊重」です。日本国憲法第二五条には社会福祉が次のように表現されています。

> 第二五条　すべて国民は、健康で文化的な最低限度の生活を営む権利を有する。
> ②　国は、すべての生活部面について、社会福祉、社会保障及び公衆衛生の向上及び増進に努めなければならない。

この条文は、国民の基本的人権として「生存権」を保障すると同時に、国の保障義務を示しているもので、その解釈には諸説があるものの、社会福祉が戦前のような同情や恩恵ではなく、すべての国民に普遍の権利であるということを宣言しており、その意味で社会福祉の基盤とされています。

第二に「ノーマライゼーション」です。人間は地域社会で暮らして初めて基本的要求の充足ができるのですが、社会福祉の歴史の中では、貧困者や障害者は地域社会から隔離され保護される処遇が中心でした。これに対し、「精神遅滞者にできるだけノーマルに近い生活を提供しよう」というのが、一九六〇年代に北欧に起きたノーマライゼーションの考え方です。

日本では一九七〇年代後半から用いられるようになり、今では社会福祉を支える理念となっています。これに基づいて、地域での生活を支える体制を実現するためには、福祉施策の充実だけでなく、医療・

保健、教育、住宅、街づくりなど、人間の生活を支えるすべての施策が一人の人の生活の場に統合される必要があります。

第三は「自立支援」を行うことです。社会福祉の援助の目的の一つは、個々の人々が可能なかぎりの自立を獲得することにあります。誰でも自分の人生の手綱を自分で握り、日々の生活や人生の決定を、自らの納得・合意によって行うことを希望するでしょう。しかし、障害や高齢のゆえに自ら意志決定を行う機会が失われる現実がしばしばあります。たとえば「一人暮らしは危ないから老人ホームへ入所するほうがよい」とか「子どもと同居するべきだ」などと安易に決めつけることは、一見その人のことを案じているようにみえながら、実は周囲の都合が優先されているにすぎない場合が多いのです。

一方、自立の原則を打ち立てることは、援助の利用者に対しては自己決定と意志表明を迫ります。人間らしい生き方を求めて選択する自由は、自分の望むことを明確に表現する意志の力をもつことや、その決定から生ずる自己の責任を引き受けることと一体と考えられます。

第四に「参加と連帯」の重視です。地域社会での生活とは、連帯して共に生きる社会の実現に向けて、自らも参加することを意味しています。異質な者同士が、その違いを認め合って共生すること抜きに、地域での生活は実現しません。生産効率に目を奪われて異質な者を排除する社会は、決してたくましい社会でもなければ、文化的な意味での先進国でもないのです。地域社会に連帯できる基盤を共に培うことが大切なのです。連帯の前提は自立であり、自立する主体が自発的に行動を起こすところに真の連帯が生まれます。自立と参加と連帯は相互に支え合う概念であり、そのどちらもがそろって初めて人間らしい生活といえるでしょう。

（一番ヶ瀬康子監修・大久保秀子著『社会福祉とは何か　新版』一橋出版　一九九九年より
引用箇所は大久保秀子氏の文章）

8b 少子高齢社会の課題

人口の高齢化や人口減少にはプラス面もあると論じる者もおり、また先進国の少子化対策は地球社会における「持続可能な開発」にそぐわない、という批判もある。だが、高齢者が全人口の三割以上という比率が適正なバランスだとも思えない。高齢化を少しでも止めることは高齢社会の第一の課題であろう。そのための政策としては、移民を受け入れるか、出生率を上昇させる（または低下を止める）などが考えられるが、ここでは出生率の問題のみ検討する。

政府が出産を勧めることは、リプロダクティブ・ライツ（性と生殖に関する権利、とくに女性の性的自己決定権）にかかわることであり、また日本では戦時中の戦力増強のための出産奨励策が思い起こされて評判が悪い。したがって政府の役割は、産みたい人が産めるようにすることに限定される。少子化先進国の政策をみると、母親による育児を重視する伝統主義的な家族政策（長期の育児休暇など）を行っている国よりも、男女がともに仕事と育児を行う両立支援策（保育所の充実など）を講じている国のほうが出生率の低下は少ないという（阿藤、二〇〇〇）。ただし、それが家族政策の効果だとは立証できないし、その効果は大きくはない。日本での家族政策は女性の育児退職を前提とした専業主婦優遇策など伝統主義的なものから、男女共同参画を謳う両立支援策へと変化しつつあるといわれる。だが、なお政策全体からみると税制など専業主婦優遇的な政策も多く、首尾一貫していない。職業と育児の両立支援策に政府も企業も真剣に取り組み、産みたい人は安心して産めるように、しかし、それが子どもをもたない人への圧力とならないようにと政策を切り替えていく必要がある。

さらに地域レベルでは、人口移動を促すことと合わせて高齢化の防止を考えることができる。過疎地では若い夫婦の定住や出産に対して報酬を出す地域もある。また結婚仲介に乗り出す自治体もあり、これは農家の跡継ぎづくりと人口高齢化を防ぐ両方の効果をねらっているのだろう。しかし、根本的に町おこしに成功すれば別だが、少子化対策だけが劇的な効果をあげることは望めそうもない。

人口高齢化に劇的なブレーキをかけることができないとすれば、高齢社会の課題は多数いる高齢者の自立性を増大させて社会の負担とならないようにすることである。「社会の負担」を数値的に考えるために「高齢者一人を何人の若者で支えるのか」を示す従属人口指数という指標がある。この指標は、人口を年齢別に年少人口（一五歳未満、若年人口ともいう）、生産年齢人口（一五～六四歳）、老年人口（六五歳以上）の三つに分け、生産年齢人口が子どもと老人を支える、という考え方からなっている。まず、子どもの負担については

$$年少人口指数=\frac{年少人口}{生産年齢人口}\times100=\frac{15歳未満人口}{15\sim64歳人口}\times100$$

で表現され、高齢者の負担については

$$老年人口指数=\frac{老年人口}{生産年齢人口}\times100=\frac{65歳以上人口}{15\sim64歳人口}\times100$$

で表現されるから、その両者を合わせた負担は

$$従属人口指数=年少人口指数+老年人口指数=\frac{15歳未満人口+65歳以上人口}{15\sim64歳人口}\times100$$

となる。この指標を参考に高齢社会の負担を減らす対応を考えるなら、分子を小さく、分母を大きくすればよい。生産年齢人口を六九歳までにするという議論もあるが、数値の上で操作をすることより重要なのは、現実に高齢者が働くこと、それによって年金などで支えられる側から支える側にまわることである。そのためには「新しい高齢者像の構築」が必要である。これまではえてして高齢者を弱く、貧しく、支援すべき存在として画一的にみた政策がとられてきたが、現実には高齢者は多様であり、元気で活発な高齢者も多いことを認識する必要がある。近年このような高齢化をさして「アクティヴ・エイジング」「プロダクティヴ・エイジング」（ロバート・バトラー、ハーバード、グリーソン）などといい、高齢者の社会的貢献を評価し、また促進しようとしている。ここで強調されているのは、あくまでも高齢者の多様性であって、すべての高齢者が元気で活発である

ことを意味せず、介護や治療の問題をなおざりにしてよいという意味ではないことは注意を要する。

もう一つは医療、介護の負担を減らすこと、すなわち、できるかぎり身辺の自立をして生活できるようにすることで、これは従属人口指数の分子にはとどまるものの、その負担の量を引き下げる効果がある。自立して生活できることは高齢者にとっても望ましいことであろう。リハビリテーションの普及、環境の整備（バリアフリー、ユニバーサルデザインの普及）などによって多少の障害や病気のある高齢者も普通に暮らすことができれば、社会の負担は増大しないことになる。

なお、日本の従属人口指数の推移をみておく。年少人口指数は、大正から一九五〇年頃まではだいたい六〇前後であるが、六〇年四六・八、七〇年三四・七、八〇年は三四・九、九〇年二六・二、二〇〇〇年二一・四となり、少子化にともなって減少してきた。現実には日本は高学歴化して一五歳で独立する子どもは少ないが、この指標でみれば子どもを扶養する負担は高度経済成長期の半分まで低下したのである。老年人口指数は、大正から一九六五年頃までは一〇に満たず、七〇年一〇・二、八〇年一三・五、九〇年一七・三、二〇〇〇年二五・五と増大した。日本がまだ貧しかった高度経済成長期以前の子どもの負担に比較すると、高齢者の負担というのはまだ小さいことがわかる。そして、この両者の負担を合計した従属人口指数は、戦後は一九六〇年の五五・七から七〇年四四・九、八〇年四八・四、九〇年四三・五、二〇〇〇年四六・九とかなり低い水準で推移している。ただし、人口将来推計をみると、従属人口指数は二〇一〇年五六・一、二〇年六六・七、三〇年六九・〇、四〇年七九・三、五〇年八六・七と今後急速に上昇して戦争直後の水準を超えていく見込みである。すなわち、高齢社会の負担が真に重くなるのは、あと三〇年、四〇年後であって、現在はまだそれほどではない。二一世紀初頭は高齢社会に見合った社会システムを余裕をもって整備できるほとんど最後のチャンスなのである。

課題二をうまく解決できたとしても、高齢社会においてはやはり多数の高齢者が生活問題を抱えることになるだろう。生活問題とは、①経済的問題（生計の維持が困難になること）、②身体的問題（病気にかかりやすくなり、心身の機能が低下し治療や介護を必要とすること）、③精神的問題（孤独や不安、生きがい喪失）などである。とくに「高齢者の高齢化」という現象が起きて、医療、介護の問題が深刻になることが懸念されている。これは高齢者を前期高齢者（六五～七四歳）と後期高齢者（七五歳以上）に分けた場合、後期高齢者の比率が増えていくことを指す。日本では二〇二〇年には後期高齢者人口が前期高齢者人口を上回ると予測されている。

高齢者の生活問題を解決していくための仕組みは多岐にわたるが、ここではそれを総称して「福祉システム」と呼んでおく。これは問題解決のために、①家族・親族、②国や地方自治体、③企業、④互助型組織（ＮＰＯ、ボランティアなど）など複数の主体が相互にうまくネットワークを組み、補い合って高齢者を支えるものとしてその全体を総称したものである。高齢者の生活問題解決のためにこれらがどのような役割を果たしてきたのか、どう補い合うのかをみてみよう。

これらの問題は日本では戦前の家制度のもとで、長男夫婦が老親と同居して扶養、介護をすることで家族内で解決され、社会的には顕在化しなかったという。戦後は家制度の廃止、工業化による農家世帯の減少と雇用者世帯の増大などによって高齢者と子どもとの同居率は一貫して低下したものの、一九七〇年においてまだ八割近く（未既婚計）であり、それが日本型福祉社会論（同居は家族の含み資産で、日本では北欧諸国ほど福祉にお金をかけなくてもすむという説）の背景にあった。しかし、その後も同居率は低下し続け、二〇〇一年には四八・四％と初めて半数を割り、既婚の子どもとの同居率は二七・四％まで低下した。今後も同居率の低下は避けられないうえに、親子の同居世帯のなかでも共働き世帯が増え、また、人口の高齢化にともなって必然的に「家族の高齢化」も生じていく。生活問題を家族のなかで解決できずに社会的に解決しなくてはならないことが増えていくだろう。家族の役割は主として精神的支援に特化され、可能ならばサポート・ネットワークをコーディネートする、あるいはそのネットワークに組み込まれることになっていくと思われる。

このような家族機能の縮小に対応して、国や地方自治体は多様な制度を整備してきた。たとえば経済的問題に対しては年金制度（一九八六年に改革）、身体的問題に対しては介護保険制度の実施（二〇〇〇年）などである。しかし、今後、高齢者の増大にともなって、年金、医療、介護などに必要な費用はますます増大し、また国や自治体だけで十分なサービスを供給していくことは困難である。そこで公的介護保険制度では財源は強制加入で公的に整備するが、介護サービスは営利企業やNPO*が供給することになった。そしてケアマネジャー（介護支援専門員）という専門職がこれらのコーディネートをすることになった。このように福祉供給主体が多様になることを「福祉の多元化」とか「福祉ミックス」といっている。国や自治体の役割は保険者であることと全体状況の把握、サービス評価、苦情処理などを通じて真に必要なサービスが必要な人に必要な量だけ届くような、サービス供給体制の監督に特化していくだろう。

介護保険を機に営利企業が福祉サービスに乗り出したことは供給を増やす効果があったが、さらにボランティア団体も介護保険を利用した介護サービスの提供をするようになった。NPO法（一九九八年）の制定によって、不特定多数の利益の増進を図る運動体の活動がしやすくなった。このように介護保険によって家族、行政、企業、ボランティアなどが連携して介護にあたることが可能になったが、多様な供給主体からのサービスをネットワーク化することはそう簡単ではない。また保険によるサービス量は一人暮らし高齢者を支える量には足りない一方で、スティグマや利用料金の負担から利用をためらう家族もあり、今後制度のいっそうの改善が望まれる。

課題二が劇的に成功して、よほど多くの高齢者が働くようにならないかぎり、生産年齢人口の減少と労働力の高齢化は避けられない。その対策としては、労働力の供給源を広げるしかない。すなわち、国内では学生、専業主婦、高齢者など現在の非労働力を労働力化する、外国人労働者をもっと受け入れるなどである。国内で最も期待できるのは女性の労働力化であり、これは男女平等の理念のほかに現実的要請でもある。しかし、M字型就労の名で呼ばれるように、日本では女性の育児退職が多く、若い女性の労働力化は少子化と連動する恐れもある。それを防ぐためには、育児休業や保育所整備にとどまらず、男女ともに残業時間を減少させるなどの強力な育児支援策が求められる。

学生を労働力化することには一定の限界があるが、より根本的には学業から労働へ、退職から余暇へと一定年齢で移行する現状の変革を考えてもよい。すなわち「年齢から自由な（エイジフリー、エイジレス）社会」を構築して、学習、労働、余暇を年齢にかかわらず配分していくような社会の構築である。たとえば短時間就労、週に数日の就労、在宅勤務など多様な勤務体制の選択が可能になることは、とくに高齢者、勤労学生、育児期間の男女などに歓迎されるだろう。

（古城利明・矢澤修次郎編『現代社会論〔新版〕』有斐閣Sシリーズ　二〇〇四年より
引用箇所は直井道子氏の文章）

◆編集注
NPO（non-profit organization）非営利民間組織。

8c　福祉と経済の両立を考える

　ところで、これからの社会保障を考えていくにあたり見落としてはならない論点として、近年論じられることの多くなった〝福祉の経済効果〟という点がある（ちなみに、ここで言う「福祉」は、文脈にもよるが、年金や医療と並ぶ社会保障の一分野としての「(社会) 福祉」ではなく、社会保障全体を指した広い意味での「福祉」である）。その趣旨は、「福祉」と言うと一般に経済や経済成長にとってマイナスないし「負担」である、と考えられる場合が多いが、実質的には福祉がむしろ経済に対しプラスに働く、ないし福祉と経済が「相乗効果」をもつ場合がある、というものである。

　この論点は、先にもふれた「戦後合意」における「福祉と経済の相乗効果」というのとはまた異なる文脈で、近年ヨーロッパ諸国においても新たに議論され始めている点である。例えばＯＥＣＤが一九九四年に発表した『社会政策の新たな方向』と題する報告書では、社会保障を「社会への投資(investment in society)」としてとらえる、という視点が示されているし、また、欧州委員会の最近の報告書では、「生産的要因としての社会保障 (social protection as a productive factor)」というコンセプトが提示され、社会保障の経済成長への (プラスの) インパクトについて検討を進める必要性を指摘している。

　筆者はこうした議論の趣旨には基本的に賛成であるが、ただ、「福祉の経済効果」という場合、少なくとも次の三つのレベルを区別して考えていく必要があると思われる。

　第一の場面は、いわば「公共投資の分野論 (ないし配分論)」としての「福祉の経済効果」論である。現在のような産業構造のあり方や、高齢化に伴う福祉分野への〝潜在需要〟を考えると、道路・ダムといったいわゆる伝統的な土木・建設分野への公共投資よりは、例えば老人ホーム建設といった「福祉」のインフラ整備等の方が、経済波及効果ないし「乗数効果」が大きい、といったことが現に生じている。これはまさにケインズ的な有効需要刺激策としての「福祉への投資」論であり、議論の枠組み自体は新しいものでないが、視点として重要なものである。

第二の場面は、いわば「家事労働の外部化による（福祉の）経済効果」論である。これは、特に介護や保育について、これらを従来のように家庭の主婦などに委ねておくよりは、むしろ公的な介護や保育サービスとして対応し、その「社会化」を図っていったほうが、経済全体にとってプラスである、というものである。

ここで言う「経済にとってプラス」という点には、次のふたつの側面があると思われる。ひとつは、「労働力需給」に関するもので、今後は出生率低下のなか構造的に労働力不足の時代となっていくが、介護・保育等の福祉サービスの充実を図っていくことは、特に女性を家事労働から解放してその就業率を高め、労働力供給増加を通じて経済成長にとってプラスに作用する、というものである。

いまひとつは、いわば「インフォーマル・コスト」論とも言えるものである。つまり、私たちは経済全体の効率性というものを考えるとき、市場に表れた部分のみならず、市場に表れないコスト（社会的コスト）とも言うべきものを視野に収める必要がある。こうした文脈で考えると、高齢者介護の負担といったものは、いわば〝高齢化の社会的コスト〟とも言うべきものである。これを女性の家事労働として対応すると、例えば一人の女性が一人の要介護者に常時付き添う、といった形になり、かつ義務的なものであるので心理的な負担も大きいが、これをプロの介護職に委ねると、例えば一人のホームヘルパーが数人の要介護老人を担当し、しかも良質のケアを提供できる、といったことが可能となり、サービス全体の効率性を高め、インフォーマル・コストを含めた社会全体のコストを減らすことができる（先ほど述べた労働力需給論の場合も、家事労働を代替することで効率性が高まることが前提とされているので、結局両者は同じことを別の側面から言っていることになる）。

いずれにしても、以上のような点が、「家事労働の外部化による（福祉の）経済効果」の内容ということになる。ちなみに、保育サービスや介護サービスの充実が女性の労働力率に与える影響についての実証分析として、医療経済研究機構『福祉充実の経済的効果に関する研究』（一九九六年）がある。そこでは、例えば保育所入所定員の充足率が一％増加すると、二〇～三九歳の女性の労働力率は〇・二九％上昇する、といった推計結果が示されている。

　最後に、「福祉の経済効果」の第三の場面であるが、これは第一、第二の場面に比べるとやや理念的なものである。それは、筆者なりに表現すると、いわば「福祉（社会保障）と経済の持続的発展（sustainable development）」とも言うべき考え方であり、ちょうど、「環境と経済」の関係についての議論のアナロジーで考えられるようなものである。

　つまり、環境（保護）と経済（成長）との関係について、以前は両者は基本的に対立関係ないしトレード・オフの関係に立つものと考えられていた。ところが、環境問題とりわけ地球レベルのそれについての認識が深まるにつれて、十分な環境への配慮を行わないことは、「公害の社会的コスト」や自然資源の枯渇等を通して、長期的なタイムスパンで見ると、結局は経済そのものにとってもマイナスになってくることが自覚されるようになり、八〇年代から「持続的な発展」というコンセプトの下、「環境と経済」との相乗的な関係というものが唱えられるようになった。こうしたことが、「福祉と経済」との関係についても同様に考えられるのではないか、というのがここでの筆者の論点であり、すなわち「福祉の経済効果」の第三の場面、ということになる。

（広井良典著『日本の社会保障』岩波新書　一九九九年より）

【発展】他の参考図書

金子　勇『少子化する高齢社会』（ＮＨＫブックス）
［標］少子高齢社会の課題解決のための提言

鈴木　勉・塩見洋介ほか『ノーマライゼーションと日本の「脱施設」』（かもがわ出版）
［標］ノーマライゼーションの理念と日本の現実

金子光一『社会福祉のあゆみ　社会福祉思想の軌跡』（有斐閣アルマ）
［難］社会福祉の思想と制度の歴史的変遷を解説

小論文のポイント④　主題についての自分の結論

論文試験では、通常、何について書くのか、つまり、「主題（文章テーマ）」が出題者によってあらかじめ決められている。これを無視してしまうと、答案としては失格（0点）である。自分が書いている文章が、最初から最後まで、あくまでも「○○○について」という主題について論じたものになっているかどうか、特に気をつけなければならない。

この「○○○」というのは、「情報技術革命」「遺伝子診断」「環境問題」など、大学入試問題にふさわしいテーマ群（大学人が取り組むべき研究課題）であることに注意したい。また、同じテーマであっても、それに対して、どういう立場でどういう切り口から論じるべきかは、入試であるから、学問を学ぶ意志があるという大前提（人文・社会・自然系学部の差を越えた共通性）の上に、さらに学部差が反映する。学部によって出題テーマが固定しているのではない。例えば、同じ「環境」というテーマが、文学部でも農学部でも出題されている。テーマは同じでも、評価のされ方が学部の系統によって、ある程度異なってくる点に注意したい。志望学部の特色についての理解がまずは必要である。

未知のテーマについて、あなたはどう考えるかと突然聞かれて、理路整然と考えを論じることができる人は少ない。それと似たことや関係深いことについて知り、今までにつきつめて考えたことがあるというのでなければ、入試本番の限られた時間内で考えを述べることはできない。できたとしても、極めて不完全な、論理的にも現実的にも甘い考えになってしまうだろう。ふだんから類題についてじっくりと自発的、主体的に考えているから、その成果を本番で活用し、自力で合格答案の作成ができるのである。

論点整理

厚生労働省の人口動態統計によると、二〇〇五年の日本の出生数は約一〇六万人で、前年と比べて約四万八千人減少し、人口の自然増加数（出生数から死亡数を減じたもの）は約二万一千人のマイナスとなり、明治三二年以降、初めて出生数が死亡数を下回った（昭和一九〜二一年はデータなし）。また、高齢者（六五歳以上）の全人口に占める割合である高齢化率は、世界第二位のデンマーク（一五・〇二％）を大きく引き離し、世界第一位（二〇・〇四％）である。この数字は、二〇四〇年には三三・二％になると推計されており、要するに、約三〇年後には日本は三人に一人が高齢者で占められる社会となるというのである。もちろん高齢者が多くなるということ自体が問題なのではない。むしろ、これは医療や経済の発展、公衆衛生の改善、健康教育の向上などの結果であり、飢餓やエイズの影響で国民の平均寿命が三〇歳代の国々がサハラ砂漠以南のアフリカに存在することを思えば、世界第一位の平均寿命を日本が誇っていることは、すばらしく幸福なことであるといえよう。また、有性生殖で繁殖する生物種では、産卵や出産の後、比較的早期に個体の老いを迎え、死に至る場合が多いことを考えれば、「ヒト」という

キーワード

高齢化

高齢化は、全人口の中に占める六五歳以上の高齢人口比率が七％以上であれば高齢化社会、一四％以上になると高齢社会と称し、二一％以上を超高齢社会とするともいわれている。二〇〇六年現在、日本は高齢社会の段階にあるが、高齢人口比率は二〇・〇四％に達し、最高水準の高齢化率である。高齢化の直接原因は、出生率の低下による年少人口の減少（少子化）と、高齢者の死亡率の低下による高齢人口の増加である。

少子化の要因

合計特殊出生率が約二・一（人口置き換え水準）を下まわり、子どもの数が高齢者人口よりも少なくなった

生物が子育てを終えてなお人生を長く送り続けるということは、ヒトが他の生物とは異なる「人間」であることの証左ともいえるのであり、高齢社会、超高齢社会を生きるということに、我々はネガティヴなイメージを抱かず、むしろ、人間としての誇りを抱くべきであろう。問題の核心は、高齢者の絶対数ではなく、人口比率であり、少子化にある。

　高齢社会・超高齢社会の「問題点」として、介護問題、独居老人の生活支援、過疎地域の高齢化問題、生産年齢人口の減少と負担増、労働力の低下による経済の沈滞化と税収の減少、年金問題や医療費問題等々、数多く挙げることができるが、これとても、どのような性質の社会であっても、それら特有の「問題」を抱えているのであり、例えば、仮に若年層人口の占める比率が突出した社会にあっては、経験豊富なリーダーや教育者、熟練した職能を持つ者や的確な助言者の不足が深刻な問題となるであろう。高齢社会だけが「問題点」を多く抱えていることにはならない。しかしながら、だからこそ、日本社会の特質として高齢化率の高さを挙げることができるのであるから、少子高齢社会の抱える諸々の問題点の解決に対して、我々は主体的に取り組まなければならないのである。**課題文b**は、そのような「解決課題」について、具体的に解説している。そして、こうした課題への取り組みは、今後は他の多くの社会

社会を少子社会という。日本は一九九七年に少子社会となった。その原因は、直接的には晩産化や無産化であり、その諸要因として、経済負担の大きさ、子育てより自分たちの生活を楽しみたいと考えるカップルの増加、出産・子育てが女性の自立の障害となること、保育施設・育児休暇などの不整備、男性の意識の低さなどが考えられる。

定常型社会
経済成長を絶対的な目標としなくても十分な豊かさが実現されていく社会。経済成長の鈍化と少子・高齢化や環境問題をその要因としており、高齢社会と環境親和型社会という二つを結びつけるものとして提案されている。

介護保険
超高齢社会に向けて策定さ

においても少子化・高齢化が地球規模で進行すると推定されるため、日本の取り組みは世界に対するモデル・ケースを提供することになるであろう。それが望ましいモデル・ケースなのか、失敗例となるのかは、今後の我々の賢明さと努力とにかかっているといえよう。

こうした少子高齢社会の課題への取り組みを考えるうえで、前提とされるべき基本的な理念や方向性を明らかにしておく必要がある。社会状況の変化は、当然ながら、目指すべき目標をも変えていく。仮に今後とも人口の自然減が続き、高齢化率の上昇回避、出生数の増加が当面は困難であるとするならば、従来のような「右肩上がりの経済成長・経済発展」を望むのではなく、持続可能な発展関連→p.22や、新しい循環型社会・定常型社会を理念として推進していかなければならないであろう。生産年齢人口の減少による経済の沈滞化を考えれば、やはり新たな経済振興策も必要となる。これらの点で、課題文ｃは、「福祉と経済の両立」を説き、相乗効果が期待できるとしている。従来、環境保全や福祉の実現要求は、経済活動の抑止や増税に結びつくため、経済の活性化にとってはマイナス要因であると考えられてきた。福祉は経済発展とトレード・オフ（二律背反）の関係にあると考えられてきたのである。それがもし、経済効果をもたらすのであれば、少子高齢社会の「問題点」

れた福祉制度。四〇歳以上の国民が保険料を払い、六五歳以上で介護が必要とされる高齢者に対し、社会保険方式で包括的な介護サービスを提供する仕組みである。二〇〇〇年度から実施されているが、介護欲求を満たす量と質の確保、要介護認定における公平性の確保などの問題点が指摘されている。

ノーマライゼーション（normalization）

高齢者も若者も、障害者も健常者も、すべて人間として普通（ノーマル）の生活を送るため、ともに暮らし、ともに生き抜く社会こそ、ノーマルであるとする考え方。この理念から、地域福祉の拡充、医療・教育と福祉の統合化などの動向が生まれてくる。

の解決を考えるうえで大きな期待が持てるであろう。
ただし、こうした「課題」の解決は、経済学的視点だけから、赤字を解消したり、収益を上げたりすることだけを目的としては、十分な成果を得られないであろう。そもそも介護や医療・福祉の理念は、課題文ａで明確に示されているように、「人権の尊重」「ノーマライゼーション」「自立の支援」「参加と連帯」であり、これら理念の実現を目指すところに解決の方途を見出さなければならない。公的介護保険によって介護サービスを提供する民間ビジネスが、競争原理によって活性化され、低価格で良質の介護サービスを提供するのだとしたら、それは望ましいことである。しかし、市場メカニズム 関連↓p.83 に福祉のすべてを委ねてしまうことは、教育や医療のすべてを委ねてしまうことができないのと同様に、不可能なことである。解決困難な問題に民間の活力を導入することはぜひとも必要ではあるが、少子高齢社会の課題の多くは公共性の高い問題であるだけに、基本的な理念の確立とその確認のもとでの限定された市場原理の導入でなければならないであろう。

バリアフリー（barrier free）
ノーマライゼーションの理念に基づいて、身体的・精神的な障壁（バリアー）を取り除こうという考え方。この考え方を実現するためのハートビル法では、公共的性質の強い建築物について、高齢者が円滑に利用するための建築基準を定めている。

ユニバーサルデザイン
できる限り最大限すべての人に利用可能であるように、製品、建物、空間をデザインすること。障害者、高齢者、女性、子どもなどの自由と自己決定権を尊重し、誰もが使いやすいものを作ることを目指す。高齢社会白書でもその必要性が指摘されている。

9a　結婚しない理由

人生の浮き沈みをルーレットに託すタカラの「人生ゲーム」。一九六八年の発売以来、販売総数は一千万個を超えた。

二〇〇三年に発売された「人生ゲームBB（ブラック&ビター）」で変わったことがある。最短コースで百十一あるマス目の二十四番目──《結婚するなら、相手を車に乗せる》。ここで誰も乗せずにそのまま進んでもよい。これまではプレーヤー全員が必ずすることになっていた結婚を、初めて「選択制」にしたのだ。開発責任者の小林弘志は「晩婚化や非婚化という現代の世相を反映させた」と説明する。

「自分が結婚に何を求めるのかよく分からないから、していないんだと思う」。千葉市に住む会社員、工藤明子（31）は考える。短大を卒業後、都内の不動産会社に就職し、今も親元から通う。時間やお金を自由に使える今の暮らしに「一二〇％満足している」。決して結婚したくないわけではないが、何かと制約が多そうな新しい生活を、積極的に選ぶ理由が見当たらない。

二〇〇二年に内閣府が実施した世論調査によると「結婚する、しないは個人の自由」と考える人の割合が男女とも七割。二十代、三十代では九割に達する。結婚はかつての「必ずするもの」から、「選ぶもの」に変わった。

婚姻数の減少には底が見えない。二〇〇三年は七十四万組で、過去最高を記録した七二年と比べると七割の水準にまで落ち込んだ。二〇一五年には直近のピークだった二〇〇一年（八十万組）の半分程度に減るとの予測もある。少子化や意識の変化で結婚が減り、減る結婚で少子化に一層拍車がかかる。

東京・東中野にある「日本閣」。椿山荘や目黒雅叙園などと並ぶ結婚式場の老舗が二〇〇四年七月末、いったん幕を閉じた。一九二〇年に開業し、最盛期には年間二千組を超えていた利用者が九〇年代後半から漸減。十三の宴会場と滝のある日本庭園を備えた自慢の〝器〟は、次第に経営の重荷に変わって

年齢別未婚率の推移

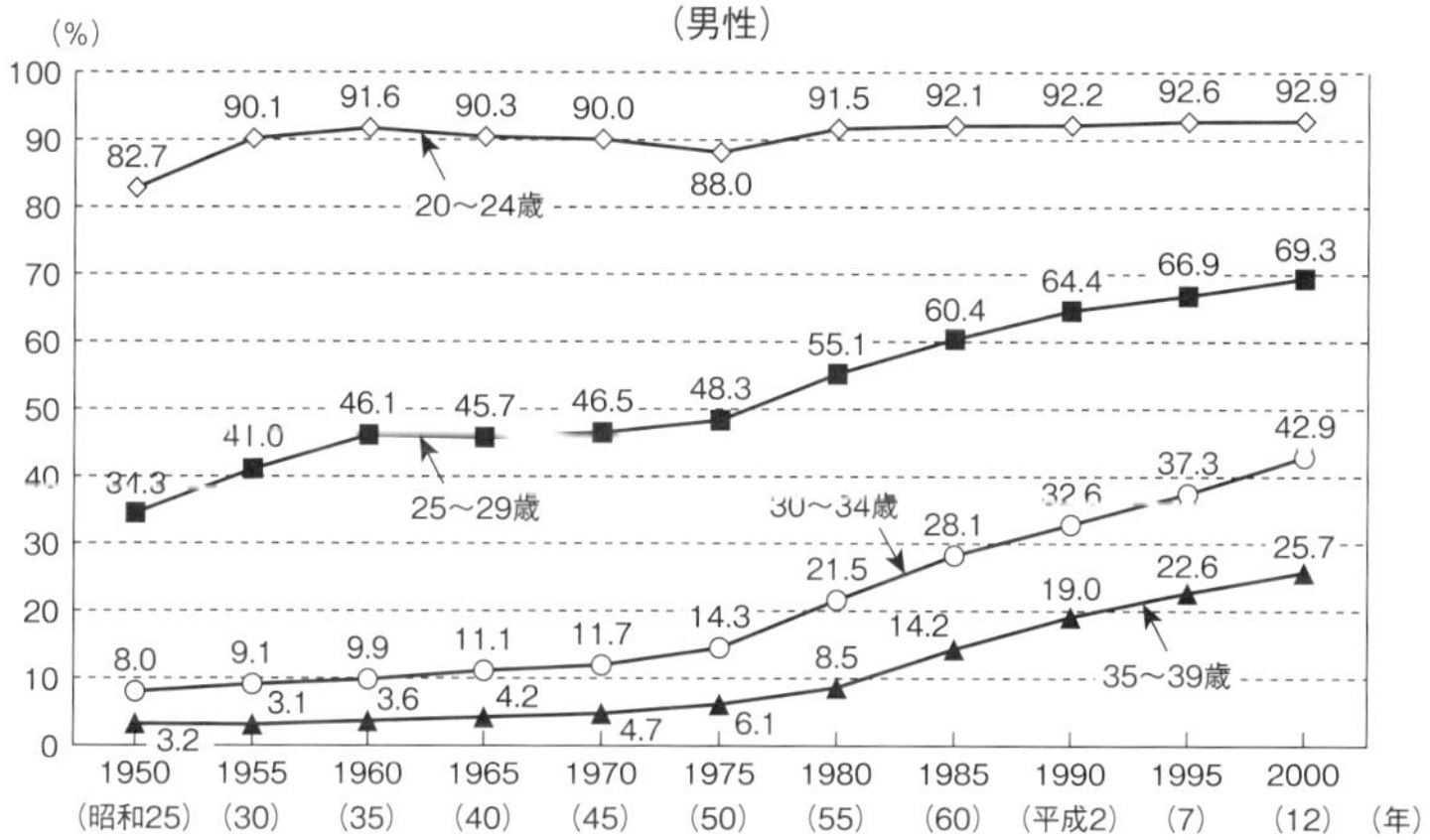

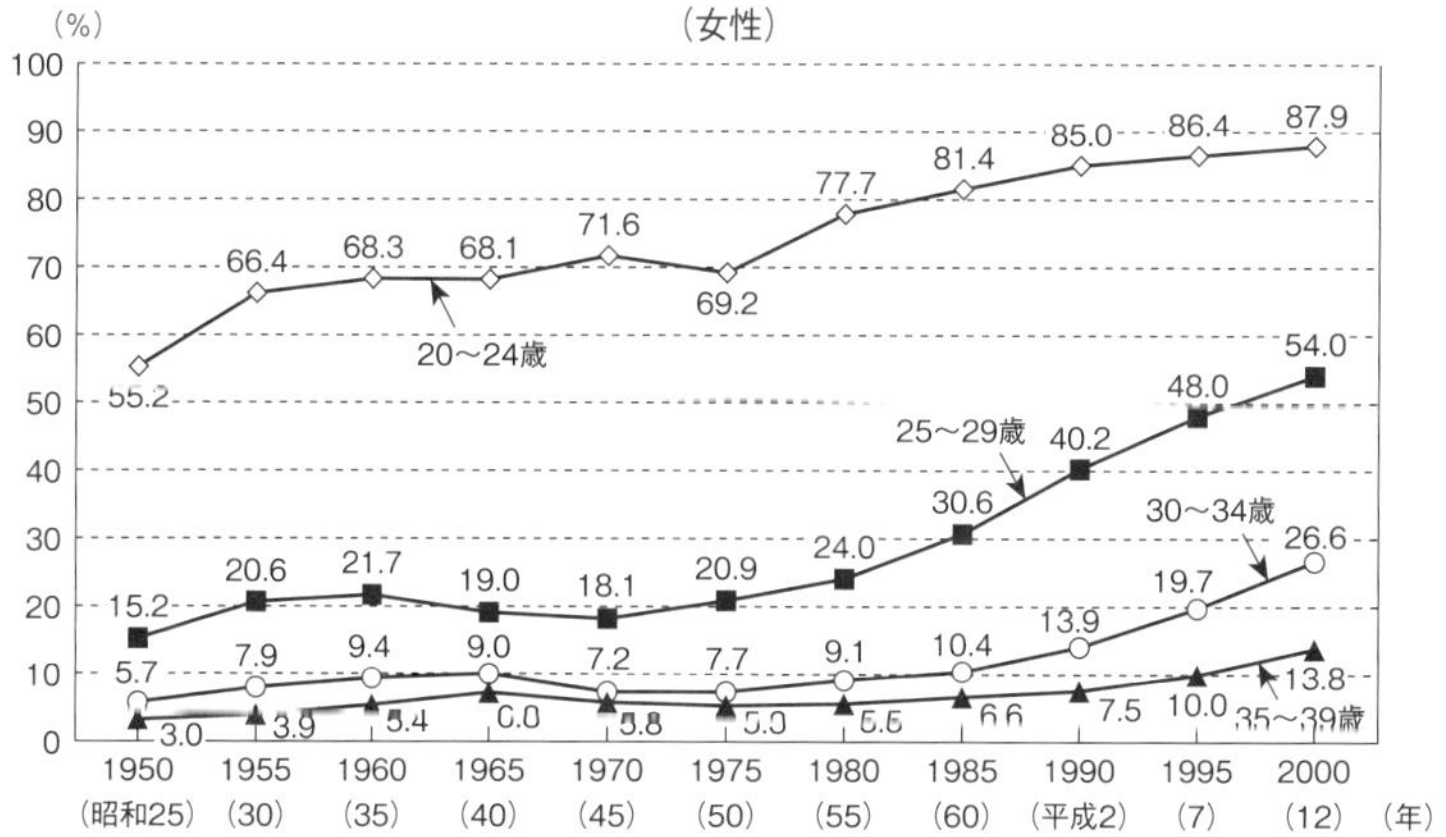

総務省統計局「国勢調査」

いった。約九千平方メートルある跡地の七割はマンションとして再開発し、残りに小規模ながら高級感のある式場を建てる。宴会場は三つに減るが、「これが適正規模」と社長の鈴木宏侑（63）は言う。

人生ゲームの四十九マス目。最初の選択で結婚を選ばず、「適齢期」を逃したプレーヤーにも、もう一回選択のチャンスがある——《結婚するなら、相手を車に乗せる》。

イエスを選んでコマを進めてみると、「結婚相手の誕生日」にプレゼント代を五万ドルも支払うこともある。子どもが「ケータイを使いすぎ」て、六千ドル払う羽目に陥る場合もある。ゲームの世界でも、結婚後の人生がすべてバラ色というわけではない。いったん見送った結婚を改めて選ぶ理由は、なかなか見つからない。

二〇〇四年の七月初め。東京・新宿の貸し会議室で親同士の〝お見合い〟が開かれた。参加したのは二十代後半から四十代前半の未婚の子どもを持つ六十二人。「息子さんは、どんなお仕事をされていらっしゃるの」「うちの娘はちょっと背が高いんですけど、おたくの息子さんと釣り合うかしら」。年老いた親たちが、わが子の写真を手に交渉を繰り返す。

札幌市の結婚相談室「オフィス・アン」が主催する「親の縁は子の縁交流会」の風景だ。この会が開かれたのは十三回目。九九年にスタートして以降、これまでに全国から延べ千三百人以上もの親が参加した。

もっとも、目的を達成してゴールインを果たしたカップルは二十組にとどまる。相手に求める条件が厳しくて、なかなか踏み切れないのは当人同士だけではない。「早く結婚してほしい」という真剣な言葉とは裏腹に、「少しでもいい条件の人と」と、妥協を渋る親は多い。「『理想の相手が見つかるまでは、家にいればいい』」。そんなふうに、子どもの前で〝理解ある親〟を演じようとする人が多いのも一因です」と、主宰する斉藤美智子（60）は指摘する。

再び「人生ゲームＢＢ」。結婚だけでなく職業の選択も、かつてより現実的になった。「サラリーマン」や「スポーツ選手」といったおなじみの職業に加えて「フリーター」の人生も用意されている。三人に一人が正社員ではなく、契約社員やパートなど非正規の従業員という最近の雇用実態を反映したものだ。そんな働き方は結婚の選択にも大きな影響を及ぼす。

「今の状態では家族を幸せにする自信はない」と言うのは、都内の証券会社で契約社員として働く今坂昌央（35）。結婚を前向きに考えてはいるものの、収入など将来への不安がぬぐえないからだ。「まずは二年以内に正社員になることが目標。結婚はそれから」。

日本経済新聞が全国の独身男女約千人を対象にインターネットで実施した調査では、派遣やパート、アルバイトとして働く人の三人に一人が、「現在の雇用形態は結婚の障害になる」と答えた。男性に限れば八割近い。

雇用の弾力化や非正規化が進み、仕事や収入を巡る理想と現実のギャップが広がる昨今。納得できる経済的地位を確保できないという不安から、結婚を先送りする男性はこれからも増えそうだ。「あこがれ」の結婚像が揺らぐ女性の選択も行方が見えない。

現実はゲームの世界ほど単純ではない。結婚するのか、しないのか。当たり前だったことが当たり前でなくなり、悩みが増えた。

（「未知なる家族」取材班『未知なる家族』
日本経済新聞社　二〇〇五年より）

9b 多様化する現代の家族

家族の現状はますます複雑で把握しにくく、数や統計で表すのがむずかしくなっている。社会学者や統計学者の頭痛の種だ。

第一に、結婚。結婚していないカップルの動静はつかみにくい。結婚しないまま子どもを持ち、別れ、再び別の人と暮らし始め、そこでも結婚せずに子どもを持ち……。こうした人生の軌跡を描く人は、決して珍しくない。だが、彼らの軌跡の大部分が国勢調査の網からこぼれている。

家族はもはや、かつてのような明確な枠組みを持っていないことが、複合家族を見つめればさらにはっきりとする。

家族の大原則とは、何であったか。

まず夫婦ありき、であった。男と女、父と母。これが婚姻という制度によって結ばれて、家族の核を作った。

ところが、イレーヌ・テリーさんが言うように、「いまや婚姻は脱制度化し、結婚はごく個人的な問題になってしまった」

これは「非婚」の章でも見てきた通りだ。「結婚」したカップルに限っても、離婚率は急上昇し、三組に一組が離婚する。一方で、人の一生は長くなり、いわば一回の結婚では間に合わなくなっている。ごく自然な流れとして、別れた男女は別のパートナーと新たな家庭を築き直す。現在の結婚総数の四分の一は再婚である。その結果、カップルを中心として描かれる円（いわゆる従来の家族）は、幾重にも重なり合うことになる。その重なり合う部分に子どもが位置している。

ここで鍵となるのが、親と子の関係である。

すでに四章で触れたように、一九九三年の「親権の共同行使」に関する法律が、社会通念の変化を如実に表している。それ以前は、子どもといっしょに住むほうの親が親権を握り、両親の合意が得られない場合は、親どうしが子どもを奪い合って争うことになった。その結果、ふたりの親は勝者と敗者に分かれた。結婚していないカップルの場合は、双方の親が合意して共同親権を申請しない限りは、別れてしまえば父親は子に対して何の権利も持てなかった。だが、この九三年の法律により、生後一年以内に認知している場合は、婚姻の有無にかかわらず、原則的に両方の親が共同で親権を行使することになったのである。注目すべき変化だ。

つまり、夫婦関係と親子関係、このふたつが分けて考えられるようになったと言っていい。男女関係の終わりが親子関係の終わりにはならない。親子関係は両親の男女関係を超えて存続し、かつ親自身も、男女の関係を超えて親どうしの関係を続けてゆかねばならない、ということである。

制度としての「婚姻」の重みが減る一方で、「父と母と子どもの三角形」はその強度を増したとも言える。親が人生をやり直そうとしても、親権はあなたに譲るからあとはヨロシクと、子どもを「なかったこと」にはできない。両親が別れた後も、子どもと両親との関係は基本的に継続させる、という社会的合意が形になった。この場合の「関係」というのは、もちろん、愛情を注ぎ、面倒を見、いっしょに時間を過ごす、という非常に具体的な意味での「関係」である。

子と親の関係を継続させれば、子どもは、親が新しいパートナーと共に描く円にも入り込んでくるわけだ。だから、子どもにとっての家族は、両方の親が別々に描く家族の円、そのどちらをも取り込んだものとなる。単に、「再婚家庭」と言うとき、視点は夫婦に限定されている。だが、視点を子どもの位置に置けば、家族空間は一気に広がる。

こうして新たに生み出された家族空間を、「複合家族」と呼ぶ。つまり、複合家族の軸は、カップルではなく子どもなのだ。子どもがどちらの親と住み、もう一方の親の家庭にどうかかわっているか。子どもの描く軌跡、結ぶ網目こそが、その子にとっての家族を構成するのである。

現実は常に社会認識に先行する。そうした家族空間の出現と増加を、フランス社会はもう無視できなくなってしまった。「複合家族」と私が意訳した言葉が生まれてきた所以である。

共同親権の原則の法制化は、離婚や離別が誰にとっても他人事ではなくなり、男女が別れた後に子と親がどうかかわってゆくべきなのかを社会全体が模索して行き着いた、いまの段階でのひとつの答えだと言える。男女が別れるのは勝手だ。だが、子どもにとって、実の父と母はこの世にひとりずつしかいない。現実には、別れた後、子どもと二度と会わない親だって大勢いるのはもちろんだが（特に父親とは、半数以上の子どもが会う機会をほとんど失う）、大人どうしの利害でもって親を子どもから奪う権利は誰にもないはずである。

再婚に対する認識も変わった。『シンデレラ姫』を引き合いに出すまでもなく、継母はかつては、「意地悪な」とか「嫉妬深い」という枕言葉と切っても切り離せない存在だった。片親の死→継母（父）によるいじめ→子の非行、という図式化によって、長い間、親の再婚は子どもの不幸を招くもとだと見られてきた。現代では、親の再婚を白い眼で見る人はいない。親どうしが裁判で子をめぐって争う場合、第二の家庭をスタートさせたほうに軍配が上がるといった、家庭裁判所の最近の判決例にもその傾向は明確に表れている。再婚という形をとらなくとも、親がパートナーを持ち、愛情面、性生活面で一定の安定を得ることは、子どもにとってむしろ好ましいことだと見られている。

もちろん複合家庭は、片親家庭と並んでいまなお「ふつうでない家庭」ではある。だが、両方を合わせると、フランス家庭全体の約二割を占める。

「カップルがかつてのように安定したものではなくなった以上、こうした家庭はこれからもますますふえるだろう」

と、テリーさんは予想する。

現代の家族像はひとつではない。荒っぽい括り方をすれば、五〜一〇年で男女は別れる。たいていの場合、母親が子を引き取る。それから片親家庭の状況が平均三年続く。それから再婚。その後は母親の年齢に大きく左右されるが、八七〜九〇年の調査によると、三五歳以下の親の、約三人に一人が新しい家庭を築いていた。もしかしたら、核家族で生活する子どもより、いまは片親の家庭の子どものほうが、将来、多数の親族を持つことになる可能性が高いかもしれない。両親がいっしょの時期、片親家庭の時期、継親を交えた複合家庭の時期、それらの時期をひとりの子どもが交互に、時には繰り返して体験することも考えられる。

（浅野素女著『フランス家族事情──男と女と子どもの風景』岩波新書　一九九六年より）

9c 「男らしさ」へのとらわれ

事実、〈男らしさ〉の要素とでもいうようなものをデータを示しながらいくつか数えあげることはできる。たとえば、男たちの生の声を集めた『ハイト・リポート男性版』である。赤裸々なまでに「男であること」の重さを明らかにしてくれるこの本において、男たちが、何にこだわっているかといえば、次のようなことだ。

強くなければならない。競争に打ち克たなければならない。攻撃的でなければならない。女を守り彼女たちをリードしなければならない。責任を全うせねばならない。おしゃべりであってはならない。感情を表に出してはならない。ましてや泣いてはならない……。

これらの「〈男らしさ〉へのこだわり」の視線は、もちろん人により、また状況に応じてさまざまな形で使い分けられている。しかし、こうした〈男らしさ〉の多様な要素も、それを分析的レベルでじっくり考察すれば、いくつかの共通する要素をもっていることがわかる。たとえば、「力・権力・所有」という三つの要素は、その一つの例になるだろう。この三つの要素について、僕はそれを、三つの志向性、三つの欲求という観点から再構成してみようと思う。すなわち、優越志向・権力志向・所有志向である。

簡単にいえば、ここでいう優越志向とは、他者に対して優越したいという欲求であり、権力志向とは、自分の意志を他者におしつけたいという欲求であり、所有志向とは、できるだけ多くのモノを所有したい、また所有したものを自分のモノとして確保したいという欲求である。

いささか乱暴だというそしりをあらかじめ前提にしていわせてもらう。たとえば、なぜ男は感情を表に出してはならないのか、おしゃべりであってはならないのか。それは、感情表現やおしゃべりは、しばしば、自らの弱みを他者にさらしてしまう（優越志向や権力志向を阻害する）危険性をはらんでいるからであると考えられる。また、女を守りリードするという〈男らしさ〉の要請の背後には、女たちに自分の意志をおしつけたい（「黙って聞いてもらいたい」でもいいが）という欲求とともに、女を自分のモノとして支配したいという欲求が潜んでいるともいえる。

　これらの志向性は、もちろん男に限って存在しているわけではない。女にも当然あるだろう。しかし、『ハイト・リポート男性版』が示すように、そして、男としての僕の経験が教えてくれるように、これらの志向性は、一般に、明らかに女より男にとって、より強烈な形で作用してきたといっていいだろう。また、P・ブルデューが「男性支配」において明らかにしているように、女たちが、これらの志向性をめぐるゲームを展開するケースにおいては、しばしば、他者（夫であったり子供であったりするのだが）による代行を介して、彼女たちは、このゲームを遂行する傾向が強かったし、また、現在もなおそうした傾向があるということを指摘しておいてもいいかもしれない（もちろん、こうした構造そのものが、男性支配の結果なのだが）。

　男たちは、この三つの志向性によって強く拘束されている。男たちの競争における勝利へのこだわり、あくなき所有への欲求と所有物の誇示、他者に対する権力行使の喜びは、多くの男たちのふるまいを観察すれば、痛いほどによく理解できるだろう。そして、こうした志向性は、男同士の友情のもろさとはかなさの原因であることもしばしば指摘されてきたことだ。と同時に、男にとって、この三つの志向性は、男同士の場合以上に女との関係においてはより強力に作用しているのも事実であろう。

　男は女よりつねにまさっていなければならない。男は、女を所有しなければならないし、一度獲得したら、自分のモノとして管理しなければならない。さらに、男は女に対して、自分の意志を強制しなければならない。

　逆に、女たちは、しばしば、こうした男たちの志向性を、一方で（嘲笑さえ含みつつ）冷静に見つめながら、他方で男たちを「立てる」形で、陰になり日向になりしながら「保護」してきたというのも事実である。たとえば、次のような例は、探せばいくらでも見つかるはずだ。男性とスポーツのゲームをしているとき、最後にわざと負ける女性、十分知識のある事柄なのに、知らないふりをして男性の話に耳を傾ける女性、夫より高い給料をもらっていることを夫に知られないように給料明細を低く書き換える妻……。男の「(女には)負けまい」という気持ち、もし「(女に)負け」たら、アイデンティティが崩壊するほどに深く傷ついてしまう精神的もろさを、女たちは意識的・無意識的に把握しながら、これまで男たちと「つきあって」きた。一方、男たちは、こうした女たちの「配慮」に気づくことなく、自分の「優越」「権力」「所有」への志向性が、「当然」のこと「自然」のことと思いこんできたのである。

男たちの〈男らしさ〉への意識的・無意識的なこだわりは、これまでしばしば、男女間のコミュニケーションの疎外状況を作り出す原因にもなってきた。たとえば、いわゆるセクシュアル・ハラスメント(性的いやがらせ)現象を考えればいい。ここには、男たちの女に対する、優越志向・権力志向・所有志向という三つの要素が、三つとも明らかな形で作用している。男の優越という思いこみに従って、自分の意志を女性におしつけるこうした行為の背景には、女たちを対等の人間としてではなく支配の対象としてモノ視する態度が控えているからだ。

男たちにとって、女とのコミュニケーションにおいて、もう一つ問題になると思われるのは、男たちの抱く「女性像」が、しばしばあまりにも一方的に固定化されているということである。その例として、文学における女性イメージを見てみよう。近代文学において、男性作家たちが描く女性像には、かなりはっきりしたパターンがある。極端にいえば、そこにはしばしば三つの女性像しか存在しない、といってもいいほどである。すなわち、犯しがたい憧れの存在としての聖女か、犯す対象としての娼婦か、あるいは全面的に自己を包んでくれる依存の対象としての太母*である。

もちろん、一人の女が、男たちにとって、同時に娼婦であり母であるといったように、複数の役割を果たすこともある。しかし、いずれにしても、ここには、対等の人間としての女というイメージは存在しない。つねに、「上から」犯すか、「下から」憧れたり甘えたりするかという、ある種の力関係が前提になっているのである。

男たちは、こうして、女たちへの「優越」「権力」「所有」志向を無自覚のうちに身体化したまま、他方で、女たちに、生活の面でも精神的側面においても、依存し「保護」されることで、「男」としてのアイデンティティと生活とを維持してきた。

しかし、冒頭でふれたように、また第3章において議論したように、大げさにいえば人類史的な歴史の転換点のなかにある現在、これまでの男と女の関係が変わろうとしている。女たちは、経済的にも、精神的にも「自立」へ向かって一歩を踏み出そうとしている。古くさい〈女らしさ〉のしがらみから脱出し、〈人間らしさ〉〈自分らしさ〉とでもいえるような方向へ向かって新しい選択を開始しようとしている。

逆に、現在、男たちは、これまで無自覚のうちに身体化してきた「優越」「権力」「所有」への志向性が傷つけられるとともに、甘え依存してきた「太母」たちが自分を突きはなし始めたことに、深い不安を感じつつあるように思われるのである。

（伊藤公雄著『〈男らしさ〉のゆくえ——男性文化の文化社会学』新曜社　一九九三年より）

◆編集注

太母…元型はユング心理学の中であらゆる情動の源泉をいうが、太母（グレートマザー）はその元型の一つ。すべての母的なもののさらに上位にあるような、最も古くからあるような母の原像。

【発展】他の参考図書

山田昌弘『パラサイト社会のゆくえ』（ちくま新書）

［易］データ・現象を手がかりに日本家族のゆくえを分析

湯沢雍彦『データで読む家族問題』（NHKブックス）

［標］現代日本の家族に関する最新の統計データの紹介・解説

山田昌弘『迷走する家族　戦後家族モデルの形成と解体』（有斐閣）

［難］戦後の日本家族の変遷と現状を考察する

論点整理

戦後から高度成長期にかけて、学校を卒業したら働き、一定の年齢になったら結婚し、家族を形成し、夫は仕事、妻は家事と育児を担当し、豊かな生活をするという家族像が共有され、そうした家族を作ることが個人の幸福と考えられ、それが到達目標でもあった。今日、学校を卒業したら働くことも、一定の年齢になったら結婚することも、そして子どもを育てることも、自明ではなくなってきている。パラサイト・シングルやニートの問題はこうした状況と無関係ではないだろう。また、近代家族が担ってきた家族の再生産機能が失われてしまったことは、少子化関連→p.126や児童虐待の問題とも関連があると思われる。

課題文aは結婚することが当たり前のことではなくなっている状況を紹介したものであるが、課題文にもあるように、働き方の多様化は結婚の選択に大きな影響を与えている。例えば、夫の収入が十分でなければ、そもそも、「夫は仕事、妻は家事と育児」といった性別役割分業は難しくなる。男性は、自分に十分な収入がなければ、家庭をもつことに不安を覚えるだろうし、女性の方も、収入の不十分な男性と結婚するよりも、十分な収入のある父親の元に居た方がよい暮らしができるという選択が

キーワード

パラサイト・シングル
社会学者山田昌弘が提唱した和製英語。直訳すれば、寄生している独身者。学卒後も、親と同居し、住居や家事などの基礎的生活条件を親に依存する、未婚者・非婚者をいう。

ニート (Not in Employment, Education or Training)
直訳すれば、就業、就学、職業訓練のいずれもしていない人のこと。就業していない点で、就業し収入を得ているフリーターと異なり、就職活動をしていない、もしくは、そもそも就業意欲を持っていない点で、失業者と区別される。

性別役割分業 (sex roll, gender roll)
性別によって社会で果たす

なされる傾向もある。

また、女性の社会進出も、性別役割分業を前提とする家庭形成を困難にしている。仕事を持つ女性でも、結婚を望み、子どもを欲しいと願う女性は少なくない。仕事と家庭の両立を願う女性の六割近くが結婚条件としては、夫が妻の仕事に理解があること、夫が家事や育児に協力的であることを重視しているというデータがある（注1）。このような女性にとって、性別役割分業にこだわる男性との結婚は二の足を踏むことになるだろう。

結婚をしていない男女のうちの2／3は結婚について、「結婚をすべきだ」「結婚はした方がよい」という考えをもっている（注2）。この数字を、結婚に積極的な意欲をもっているにもかかわらず、現実には結婚できていない状況にあると見るか、1／3は結婚に消極的であり、それが非婚化につながっていると見るかはともかくとして、非婚化傾向が高まっているのは事実である。また、社会の構成単位は、戸籍上の婚姻関係にある夫婦と未婚の子を原則とすべきであると考えるか、多様な形態の「家族」が存在してもよいのではないかと考えるかはともかくとして、多くの人が同一のライフコースを描き、それに向かって生きる時代ではなくなっていることは確かである。

役割が異なると考えられ、その固定的にとらえられた役割を果たすよう期待されること。近代産業社会の誕生とともに、「男は外で働き、女は家を守る」型の性別役割分業が生まれた。男性が主たる仕事をし、女性が補佐するという発想もこの性別役割分業の考え方を前提としている。

男女共同参画社会

国は一九七七年以降、女性の地位向上のために、男女雇用機会均等法を制定し、また、「育児休業等に関する法律」や「短時間労働者の雇用管理の改善等に関する法律」（パートタイム労働法）を制定するなど、男女が共に社会の発展を支えていくための制度的な整備を進めた。一九九四年には、男女共同参画社会の実現に向けて「男女共同参画推進本部」が設置され、一九九六年には課題文bはフランスの家族事情を紹介したものであるが、現実に存在するさまざまな家族や家庭を差別することなく、社会が受け入れていくことは、これからの日本社会においても必要となってくるだろう。ある形態の家族や家庭が正しくて、他の形態の家族や家庭は誤りであるという考え方にとらわれることなく、多様な家族や家庭を認めていくことが、個人の幸せにもつながり、それぞれにあった家族や家庭を形成する道を拓くことにもなる。フランスは手厚い家族手当や行き届いた育児サポートシステムで知られているが、それに加えて、フランス社会が個人の価値観を尊重し、多様な家族・家庭形態を認め、多様な働き方を認めていることが、欧州の最高水準を誇る合計特殊出生率（05年1.94）につながっていると思われる。フランスの婚姻率は日本の婚姻率よりも低い。それでも、出生率が高いのは、事実婚が多いからであり、事実婚の場合でも法定婚と差別されることなく、手厚い家族手当や育児サポートを受けられるからである。フランスと日本は文化も歴史も異なるから、一概には言えないが、フランスの例を見れば、少子化を防ぐさまざまな方法が見えてくる。

さまざまな価値観をもった個人がいて、何をもって幸福と考えるか、何をもって充実した人生と考えるかは人によって違う。仕事よりも、家

「男女共同参画二〇〇〇年プラン」が作られ、男女共同参画の視点に立った社会制度・慣行の見直しや女性に対する暴力の根絶などを新たな課題として提示し、国家レベルでも地方自治体レベルでも男女共同参画社会の実現に向かってさまざまな取り組みがなされている。

DV（domestic violence）
家庭内暴力。男女の親密な関係の間に起こる暴力のことであり、男性が女性に対して行う、性的、身体的、心理的暴力をいう。一般には、女性が、夫や恋人から受ける暴力。

児童虐待
保護者がその養育する児童（一八歳に満たない者）に対して、暴行を加えたり、児童の世話をしないことで心身の正常な発達を妨げた

事や育児に取り組みたいと思う男性もいるだろうし、家事や育児よりも仕事に打ち込みたいと思う女性もいるだろう。そうした男女がペアになって、女性が仕事、男性が家事と育児を担当する家族があっても、かまわないのではないだろうか。性別役割分業にとらわれて、男はこうあるべきだ、女はこうあるべきだという既成観念に縛られて、無理を強いられているのは、女性ばかりではないだろう。課題文Ｃはジェンダーの問題を男性の側からとらえ、男らしさ、女らしさよりも、人間らしさ、自分らしさを大事にしてみてはどうかという提案をしている。「私」はなによりもまず「私」であり、「君」はなによりもまず「君」である。そこから、人間関係を始めてみることで、新たな出会いや新たな人生が生まれるかもしれない。

注１・注２　いずれも、湯沢雍彦『データで読む家族問題』による。

り、心理的な外傷を与えるような言動をすることなどを指す。

セックス（sex）
セックスは生まれたときから備わっている生物学的な性のあり方。男女の二分が自明のものとされてきた。

ジェンダー
文化的・社会的・心理的な性のあり方。セックスと区別される。

セクハラ（sexual harassment）
職場や学校などの上下関係を利用した権力の行使として行われる、当事者が望まない性的な働きかけや言動であり、そのためにセクハラを受けた側は仕事や研究・学習などの遂行が困難になる不利益を被る。

10a 「教える」と「育つ」

教育という語は、「教」と「育」から成っている。このことについてはすでに述べたので繰り返さないが、教育を「育」の方から見ることの重要性については、何度言ってもよいと思うほどのものがある。

これにはいろいろな要因が考えられるので、それらについて順次述べてゆくことにする。

まず、現代においては、社会人として一人立ちするまでに吸収すべき知識が非常に多くなってきている。そのうえ、他人よりも少しでも有利な地位や、上の地位につきたいと思うと、学習しなくてはならないことが非常に多い。しかも、親が自分の子どもの幸福について考えるとき、どうしても、自分の子どもが社会的に優位な地位につくことがそれに直結するという考えに傾くので、子どもに知識のつめ込みを強いることになる。つまり、子どもは、うっかりすると相当に早くから、このような知識のつめ込みにさらされてゆく。実際、幼稚園の段階から、英語などを「教える」ところが親に大いにもてることは、驚くべきものがある。

このような状態は、端的に言えば、子どもを育てるうえでの「自然破壊」なのである。子どもが「自然に育つ」過程に対する干渉が、あまりにも多すぎるのである。子どもの数が少なくなったこと、経済的に豊かになったことが、この傾向に拍車をかけている。小学生が塾や習い事のために、ほとんど毎日放課後の時間を拘束されていて遊ぶ時間がないとか、一人の中学生に家庭教師が五人もついていたりする状況がある。

個性を尊重するためには、個人のもつ可能性が顕在化してくるのを待たねばならない。ところが、できるだけ多くの知識を効果的に吸収させようとすると、それはむしろ個性を破壊することになる。しかも、評価を「客観的」にするという大義名分のために、「正答」がきまっている問題をできるだけ早く解く訓練をすることは、ますます個性を失わせることにつながる危険性をもつ。

これらのことによって、「自然」の成長を歪まされている子どもたちに対して、もう一度根本にかえって、自ら「育つ」ことのよさを体験してもらうことが、現代の教育においては必要となってきているのである。考えてみると、「自然」なのだから、何も工夫はいらないようなのだが、その点について考えたり、工夫したりしなくてはならないところに、現代の教育の難しさがあると言っていいだろう。

教育ということを「研究」するときに、どうしても「科学的」に研究することが望ましいと考えられる。人間が学習を行ってゆく過程や、成長発達してゆく過程は、ある程度客観的に捉えられ、それを研究することができる。これを基にして、効果的な教授法が考え出されたり、発達の段階が設定されたりすることは、子どもを全体として捉え、それにいかに教えるかを考えるうえで、相当に有効である。しかし、これをもってすべてであるとは考えないことが大切だ。

集団として人間を見れば、それがある程度の法則に従って行動しているとしても、個々の人間に注目するとき、それはきわめて多様である。個々の人間の考えや感情にまで注目すると、このことはますます重要になってくる。このことを忘れて、全体的法則――と言っても、それはきわめて大まかなものだ――を、個々の人間に「適用」しようとすることは、その人の個性を奪うことになりかねないので、くれぐれも気をつけねばならない。

エジソンが怠け者と断定されて、劣等生扱いされていたことは先にも述べたが、多くの創造的な人が学校教育に適応できないという事実は、教師がいかに生徒たちを「画一的」に取り扱うのが好きか、ということを示している。このとき、その画一的な方法を「科学的研究」を拠り所として主張されると、非常に恐ろしい状況になるのである。教育の科学的研究は、もちろん大切であるが、それを実際場面にいかに生かすかについては、慎重に考えねばならない。

子どもが自ら「育つ」ことを強調するあまり、まったく放任しておけばよいと考えるのも誤りである。このことは、特に家庭教育を考えるときに大切である。子どもが自然に育つことを期待して、自由放任にしている、という場合、多くの親は親としての責任を回避するための弁解として言っていることが多く、子どもたちは、それをすぐに見抜いてしまう。こんなときに、子どもは非行を重ねたり、親に無理難題と思われるような要求をつきつけてきたりする。そして、ある少女が私に言ったように、「こんなにしても、怒ってもくれない」という嘆きは深くなり、ますます問題行動がエスカレートする。

このようなときでも、親は「子どもの自由」を尊重しているかのようなふりをして、責任回避を続けるので、破局的なことになってしまう。子どもが自然に育つと言っても、その傍にそれをちゃんと見守っている大人が必要なのである。子どもが育つのを本当に「見守る」ということは、何やかやと「教える」（結局は干渉していることなのだが）よりも、よほどエネルギーのいるものなのである。

育つことの重要性を指摘したが、考えてみると、教育における「教える」と「育つ」ということは、子どもがまったく自分で「育つ」のならば、「教える」必要はないとも言えるわけで、このような矛盾を内包しているところに、教育の特徴があると言うこともできる。つまり、「育つ」ことが大切と言いつつ、やはり「教える」必要性を認めているわけであるし、「教える」ことが大切と言うときも、教えることが可能になるように「育っ」てきていることの必要性を認めねばならないのである。この関係をよくわきまえていないと、教育論が一面的なものになってしまうのだ。ただ、「教育」というと教えることに重点がおかれがちなので、ここに育つことの意義を強調したのである。

（河合隼雄著『子どもと学校』岩波新書　一九九二年より）

10b　経験則と教育論理の違い

自分の頭で物事を考え始めると、人は本当に自分の知識や技術が未熟で、世の中知らないことばかりであることを痛感するに違いない。その意味では、新しい時代に立ち向かう人間は、自分の置かれた状況に即した学習を常にし続けねばならない。小学校から大学まで、あるいは大学院までの教育カリキュラムをたとえ完璧に整備しても――そんなことはありえないが、かりにそうだとしても――、人がそのときその状況で必要とする知識、技術は、そんな学校教育程度で習得しうる量ではない。これは学校教育の問題ではなく、時代の問題である。

筆者は、大学で勉強することは学生にとって当り前のことだという意識改革を、世の中全体でしていかなければならないと考えている。しかしそのことは、大学生にもなった彼らを無理矢理勉強に押しつけ、まるで「合格すること」以外に勉強することの意味を知らない受験マシンを大学でもう一度つくりたいという意味ではない。大学での勉強は自分のために意味ある形でするものだという前提で、学生たちには勉強してもらいたい。大人や教育者たちが知らないだけで、実際、多くの学生たちは、そういう意識で勉強している。

そして、ここを補足し損ねると大変なことになるが、筆者は何も学生たちに勉強だけをしろとはいっていない。使い古された言い方だが、「よく学び、よく遊ぶ」、バランスのとれた人間を育てることが大事だと考えている。いまや、大学を卒業しても、生涯にわたって勉強していかねばならない時代である。

以下では、筆者のこのような大学教育観を前提にして、よく耳にする、先達の教育言説について考えを述べていこう。

筆者は『大学生の自己と生き方』（二〇〇一）という本を編集した。それについて、『週刊文春』（二〇〇一年一一月二二日号）にコメントが出た。そこでは、「大学生一〇〇〇人に対する面接調査結果にもとづき、現代の人学生固有の意識の諸相を探る溝上慎一編『大学生の自己と生き方』（ナカニシヤ出版）はいろいろ考えさせられる。学業意欲が低かったり、目的意識が曖昧だったりすることは本当に大学生にとって悪いことなのか。」同じようなことが新聞社の座談会でも出て、ある先生は、次のように述べられた。

「溝上さんは大学生論で学び、学びというけれども、それは大学生論のテーマとしてはおかしいよ。ぴんとこない。」

「そんなに勉強ってしなあかんの？　溝上さんはセンターにいるからね。あなたは学生にただ勉強させたいだけじゃないの？」

「学習意欲なんて低くてもいいじゃないの。目的が曖昧でも将来何をやりたいとか全然考えていなくても、そんなものは自然と向こうからやってきて、気づいたら何とか形になっているものだよ」

その先生は学問的に非常にセンスのいい方で、筆者も尊敬していたから、大まじめにいわれたそうした考えが頭にこびりついて、ずいぶん長いあいだ苦しめられた。

成功者の言は反則だと最近よく思う。人生、うまくいった者の声には説得力がある。だれをも「そうだな」とうなずかせるだけの迫力がある。そうした人生の経験談が悪いとは思わない。筆者も学生時代、識者の人生論を幾たびか聞いてきて、ずいぶん刺激を受けた。しかし、ここで反則だといっているのは、それを学生を育てる側の教育の論理にしてしまうことである。

個人が勝手に成功者や先達の言に刺激を受けるのはいいのだが、それが多様な個性をもつさまざまな学生たちを育てる教育論理となると、話は別である。たとえ社会の成功者であろうとも、一個人の経験がどれだけ多くの学生を育てる教育論理として有効だといえるのかは、はなはだ疑わしい。成功者たちが成功者たり得たことは、けっして経験として語られる要因程度では説明されえないはずである。そして、成功者の背後には、同じようにやっても、うまくいかなかった者がごまんといるはずであり、彼らには、表舞台に出てきて彼らの経験を語る機会がほとんど与えられていない。疑問は常にこのあたりをうろちょろしている。

加えて、現在の大学教育が抱える問題や学生が抱える学業問題というのは、これまでだれもが経験していないものである。大学が、とりわけ一九九〇年代以降、変貌していることはいうまでもない。学生の大学進学率にともなう大衆化問題だけではない。大学が、新たな社会の中でどのようなポジションをもつかを、さまざまな側面から懸命に模索しているのだ。その大学が、識者たちの過ごしてきた以前の大学と同じであるはずはなく、学生の生きる世界も、情報化や国際化、価値の多様化、社会の先の見えなさなどにともなって激変している。加えて、急速な勢いで変貌する大学に身を置いている。

大学入試と同じく、次から次へと変わる大学教育のシステムに、学生たちの人生は良くも悪くも振り回されている。学生たちの抱える学業問題は、こうした現代特有の事情のなかで発生していると考えなければならない。その学生たちの抱える問題が、成功者たちの学生時代の経験則を参考に解決されるはずがない。大げさな物言いだが、大学や大学生が現在抱える問題は、戦後はもちろんのこと、歴史上未経験のものであって、その解決策、展開策が単純にこれまでの経験則で突破されにくいところに現代に固有の難しさがあるのだ。

京都大学にいると、ノーベル賞受賞者の昔話、逸話がしょっちゅう耳に入ってくる。ノーベル賞受賞者でなくとも、著名人を多く輩出している京都大学では、学生たちも、彼らの伝記やエッセイを読んだと筆者のところに話をしに来ることが多い。しかし、伝記にも上記の話と似たようなところがあって、真《ま》に受けて読むとけっこう厄介である。

たとえば、伝記には、「昔は野原でよく走り回って遊びました。これが豊かな創造力を育んだのだと思います」ということがよく書かれている。しかし、野原で走り回った者は、何もノーベル賞受賞者だけでなく、昔ならほとんどの者がそうであった。しかし、ほとんどの者はノーベル賞などとは無縁の世界で生きている。それは、「私はこうして東大、京大に入りました」といった合格体験談を読むことと似ていて、そんな話は集めていけばきりがないほどある。同じようにやって皆うまくいくなら、人は苦労などしない。所詮、勝者のいったもの勝ちのようなところがある。

いまの若者たちには、走り回りたくても走り回るための野原がないという現代的事情にも、我々は目を向けなければならない。たしかに、野原を走り回る経験はじっくりと物事を考える態度などを身につけるのに有効であるかもしれない。しかし、それが現代では何に相当するのかということが問題である。さらにいえば、相当するモノだけを考えていては駄目で、昔にはなかった生活要素（たとえば、テレビやゲーム、塾など）との有機的な連関の中でそのモノの取りうる位置も考えなければならない。

以上、辛辣な考えを述べてきたが、それでも創造力豊かな人間を育てる、高度な知識、技術を身につける、豊かな人間性を育てる、といった教育的問題に対する突破を考える上では、これまでの人類が経験してきたエッセンス――あくまでエッセンスである点には注意が必要だが――は有効であることが多い。上記の識者の話もノーベル賞受賞者の体験談も、そういう意味では耳を傾ける価値がある。たとえ新たな時代を迎えようとしているのだとしても、われわれはそれに向けての具体的方策をまったく無の状態からつくり出すことはできないのである。

しかし問題は、そのエッセンスが、必ずしもいまを生きる身近な識者や論客の経験に求められるとは限らないことである。われわれは、どこかにモデルがないかと探しながら、自身の現場に合った方策を考えているが、それは歴史上の人物で見つける場合もあるし、海外のさまざまな取り組みのなかから見つける場合もある。こうしたことを前提にして、身近な人間の経験を教育の論理にしてはならないといいたいのである。

（溝上慎一著『現代大学生論　ユニバーシティ・ブルーの風に揺れる』

ＮＨＫブックス　二〇〇四年より）

10c　変化した学校の意義

七〇年代終わりから八〇年代初頭にかけて、管理教育や横行する体罰を告発するルポルタージュや手記が数多く出版されるようになった。そのころまでには、学校で起きた事件が新聞の社会面でしばしば大きく取りあげられ、学校や教師の責任や失態が厳しく非難されるようになった。受験過熱の問題も、以前からあった「社会の風潮」や「文部省の政策」批判と並んで、教師による輪切り選抜や「できない子」の切り捨てなどが、批判の槍玉にあがるようになってきた。六〇年代とうって変わって、人々の学校に対するまなざしはきびしいものになっていったのである。

六〇年代までの「教育問題」といえば、教員の勤務評定をめぐる対立（一九五七年〜）、全国一斉学力テストの実施をめぐる対立（一九六一年〜）、教科書検定制度をめぐる裁判（一九六五年〜）など、もっぱら文部省と日教組との間の、教育政策をめぐる政治的な対立が中心的なものであった。ところが、七〇年代初めに登場し、まもなく人々の「教育問題」イメージの中心を構成するようになったのは、学校の中で生じているミクロな問題（体罰・校則・いじめなど）であった。学校が日常的におこなっていることや、学校で起きた突発的な事件が、世間からの批判的な視線と熱い関心を集めるようになったといえる。

おそらく、「教育問題」として焦点化されるものの内容が変化し、学校が批判を浴びるようになった背景には、学校が果たす社会的役割が七〇年代に変化したことが、大きく影響していたであろう。進歩と啓蒙の装置としての学校という側面が色あせ、社会秩序の維持・安定のための保守的装置という側面が強くなったのである。

考えてみると、明治から戦後の高度成長期までは、学校は、地域社会や家庭よりも「一歩進んだ存在」でありつづけていた。「遅れた」地域社会を文化的に向上させ、「近代的」な社会や家庭を作るための〈進歩と啓蒙の装置〉であった。イデオロギー的には復古的に見える教育政策ですら、国民道徳の創出（教育勅語など）や近代人としての身体を作る調教（軍隊的訓練など）、社会の合理的再編成〈戦時教化体制など〉といった、ある意味で新しい社会や人間を作ろうとする役割を果たすものであった。

また、上級学校への進学という側面から見れば、学校は個人を村での伝統的なライフコースから脱出させて、近代的な職業の世界へと移動させる装置であった。しかもそれは同時に、全国から有能な青少年を選び出して近代的国家としての離陸に貢献する人材を選抜し育成する役割を果たすものでもあった。つまり、個人的効用の面でも社会的使命の面でも、学校は「封建的」で「遅れた」社会からの〈脱出のための装置〉であったのである。

ところが、経済の未曾有の高度成長を経て、地域・家庭の文化の水準が高まり、経済的にも最低限の生活が満たされるようになってくると、学校は「社会の進歩・改善」という物語とは切り離された存在になってしまったということができる。

かつて「旧慣の克服」という進歩的意味を含んでいた生活指導や集団訓練は、単に生徒たちを集団としてコントロールするための保守的な意味のものになった。しかも、気がついてみると学校の生活指導や集団訓練は、時代から半歩ぐらい遅れた存在になっていた。ハンカチ・ちり紙を持ってきたかどうか学校が検査しなくても、子供たちは身だしなみに気をつかうようになったし、「清潔の習慣」と教え込まなくても、子供たちは毎日「朝シャン」をしてくるまでになった。学校が旧態依然たる「集団的行動」を生徒に強制しているうちに、社会の側ではフレックスタイムなどの仕事の個人化や個別化が進んでしまった。集団の中で他人の命令に従って画一的に行動できることよりも、明確な個性と自主的な判断力を持つほうが、社会の中でのサバイバルに有利な状況が生まれてきていたのである。時代を先読みする敏感な親たちの目には、旧来の学校の生活指導は、不要で抑圧的なものと映ることになる。

また、上級学校への進学も以前ほどの「ありがたみ」が失われてしまった。もはや「貧困からの脱出」といった強い個人的動機も、「三等国からの脱出のための人材選抜」といった社会的意義もなくなった。学歴競争はかつてのような切実さを失って一種のゲームのようになり、学校の進路指導は単なる競争者間の振り分け作業になってしまった。学校は、「よりよい社会」を作る装置ではなく、全国の生徒が将来の「よりよい地位」を目指して争う地位配分ゲームの、いわばゲーム盤のような場所になった。しかもそれは、誰かが勝てば別の誰かが負ける、ゼロ‐サム・ゲームなのである。

それどころか、高校進学率が九割に達するようになると、進路指導は不利な進路への振り分けの場としても機能するようになった。経済的な理由で進学できない生徒が多かった時代には、生徒の恵まれない進路決定はそれぞれの家庭に責任をかぶせることができた（「家庭の事情」と）。ところが今や、「君はこの程度の学校にしか進学できない」と学校が生徒に不利な進路を宣告する役割を果たすようになった。学校は自らの基準（成績）によって恒常的に一定量の「敗者」をつくり出す装置になってしまったのである。

学校が信頼されていた時代から学校不信の時代へ。学校は「わが子の進学」や「わが子の個性の伸長」を最優先する親の、家族エゴイズムを下請けする機関のような役回りを担わせられるようになるとともに、時代遅れの生活指導や集団訓練が、世間から指弾されるようになる。学校の地位低下である。

（広田照幸著『日本人のしつけは衰退したか

――「教育する家族」のゆくえ』

講談社学術文庫　一九九九年より）

【発展】他の参考図書

高橋哲哉『教育と国家』（講談社現代新書）

［標］愛国心教育への批判の書

苅谷剛彦『教育改革の幻想』（ちくま新書）

［標］「ゆとり教育」「子ども中心主義」への疑問を提起

柳　治男『〈学級〉の歴史学　自明視された空間を疑う』

（講談社選書メチエ）

［難］「クラス」「学級」の意味を歴史的に検証する

論点整理

「教育問題」「学校問題」というのは、選挙の際の公約や社会問題を取り上げる際の常連である。しかし、そもそも教育や学校とは、何であろうか。とりあえずは「学校」を「教育目標を実現する実践の場である」と定義するとしても、学校は単なる建築物や場所ではないし、依然として教育の定義が残されている。

課題文aでは、「教育」を文字通り、「教える」と「育つ」とに概念区分し、その両方の重要性、相互の補完性を指摘したうえで、「教える」ことの重要性に偏りがちな教育論に対して、「育つ」ことの重要性を強調している。すなわち、子どもの自立的な能力を信頼すること、その個性的で自然な発露を妨げないことを、「見守る」という言葉で提言している。実際、通常の意味では、「教育」する主体は教師などの大人であり、児童・生徒である子どもたちは、「学習」する主体なのである。ここで「主体」という言葉を用いたのは、「学習する」とは、単に「教育される」という受動的な意味合いにとどまらず、課題文aの指摘するような、子ども自らが育つという主体的な営みであるという認識からである。「教育する」主体には、教育の目的や姿勢があり、教えるべき内容

キーワード

教育の目的・目標

教育基本法は、教育は「人格の完成」を目指し、平和で民主的な「国家及び社会の形成者」、心身ともに健康な「国民」を育成すること、「個人の価値を尊重」し、自主および自律の精神を養うことなどを教育の目的・目標と規定し、教育機会の均等を謳っている。また、日本国憲法第二六条によれば、「教育を受ける権利」は子どもに対して保障された基本的人権の一つであり、「教育の義務」とは保護者が子どもに九年間の普通教育を受けさせる義務（義務教育）のことである。

大学改革

一八才人口の急減期を迎え、大学が国民の関心や顧客のニーズを考慮せざるを得な

があるだろう。一方、「学習する」主体にとっても、学ぶうえでの姿勢や目的があり、学ぶ内容の希望があるだろう。したがって、場合によっては、いや、しばしば、この両者が矛盾・対立してしまうことがあり、教える主体と学び育つ主体との間の対立自体にも発展してしまうのであろう。

課題文bにおいては、大学教育の問題として、成功者による経験則として語られがちな自由放任の成功談が、教育論理としては無効であり、大学生に学業意欲や目的意識をきちんと持たせることの必要性を力説している。例えば、大人が子どもに向かって「自分が子どもの頃は宿題なんかやらずに遊びまわっていたものだ」「好きなことを好きなようにしていればいいんだよ」というような「成功者による経験則」を語ることは、課題文aのいう「責任回避」でしかないであろう。ここでもやはり、教える主体の側の論理の確立や、教えることと学ぶこととの相互的な関係が問われている。この点で、教育基本法が唱える「教育の目的」は、一つの比較的に明快な指針を示していると思われる。すなわち、教育の目的・目標が個人の「人格の完成」にあり、「個人の価値」や「自主・自律の精神」を尊ぶものであれば（教育基本法）、「教育する」主体は、「学習する」主体が自立し、個性的な自己の人格の完成へと自主的に向

い状況にあって、大学の自己点検・自己評価システムは、各大学の個性と魅力をアピールする戦略となりつつある。これにしたがって、必修・選択科目見直し（カリキュラム改革）、シラバス作成（授業内容・方法の改善）、教授資質・能力の向上（教育水準の質的向上）、AO入試導入（選抜方式の改革）などが取り組まれている。また国立大学の法人化、飛び級・飛び入学、教員の任期制も進められている。

学級崩壊
学級教室内で児童・生徒が教師の言うことを聞かず、勝手な立ち歩きや私語などにより、授業が成立しない状態。一九九〇年代半ばよりこうした現象が指摘されはじめ、当時は小学校高学年が主だったが、低学年でも目立つようになり、指導

かうことを可能とするような条件を具体的、現実的に整えることをもって、教育の主たる目的の一つとすればよいことになろう。

このような教育理念は、戦前の教育理念や目的とは、いくつかの点で異なっている。人権の尊重 関連→p.98 や民主主義の理念 関連→p.110 、平和主義などとともに、戦後の国家目標を前提として唱えられたものである。それ以前の教育や学校制度は、明治政府の中央集権的な近代化目標 関連→p.68 を前提としたものであり、教育の目的は何よりも近代日本の「富国強兵」「殖産興業」を実現するための国民作りであった。いわゆる「学歴社会」は、本来、明治以前の封建的な身分制度や世襲人事を否定し、真に能力のある人間を教育によって有能な人材へと育て、近代国家建設のための要員を登用するための仕組みであった。すなわち、学歴社会とは能力主義社会 meritocracy であった。今日、学歴社会が大変評判が悪く、有能な人材の登用どころか、個人を学歴で差別し、個人の能力を正当に評価しない形骸化したシステムであるととらえられているのは、高い進学率による大学の大衆化現象に見られるように、社会、国際状況などの諸条件の時代による変化により、もはや学歴社会のシステムが有効に機能できなくなったからである。

このように、教育目標を実現する実践の場としての学校に求められる

力が不足気味の若手教師だけでなくベテラン教師が担任する学級でも起きている。甘やかしと個性尊重を混同した放任的子育ての蔓延による、児童の情緒的不安定または親の基本的しつけの不全が背景にあるともいわれている。

学習指導要領
小中高校の教育課程に関して文部科学省が告示する基準で、法的拘束力を持つ。一九七七年改定では「ゆとりの時間」が、一九八九年改定では「教育の個性化と多様化」が掲げられ、国旗掲揚・国歌斉唱が義務付けられた。一九九八年の新学習指導要領では、二〇〇二年度からの学校五日制完全実施に伴い、授業時間・教育内容の大幅削減、「総合学習」の創設などが盛り込まれたが、学力低下や二極化を危惧する批判を受け、

役割は、社会の変化に応じて変化することになる。この点について、前述の近代から現代への変化にとどまらず、七〇年代から八〇年代にかけてのわが国の「学校の変化」を論じているのが、課題文ｃである。かつてのように読み書き計算を教えることで、学力的に均質な国民を作り上げ、質の高い労働力を確保することは、もはや目標ではない。豊かで教育水準の高い社会となった高度成長以後の日本において、しかも、「個人の価値」「自主的精神」を唱える社会において、一律、均質を旨とするような教育の制度や強制的な実践が通用するはずはない。だとすれば、「教育問題」「学校問題」は、「教員の質」や「学校現場」の責任問題に還元されてはならない。「家庭・地域・学校」と、その三者を取り巻く社会全体の総合的問題であり、日本の教育問題は日本人がどのような市民社会や国家作りを目指しているのかという、優れて政治理念的な選択をも含んだ課題としてとらえなおされなければならないのである。

学習指導要領は最低基準を示すものでそれ以上は発展学習等で扱ってよいと修正された。

教育基本法の改正

二〇〇〇年に教育改革国民会議が教育基本法の見直しを提言し、二〇〇三年には中央教育審議会が「新しい時代にふさわしい教育基本法と教育振興基本計画の在り方」を答申した。公共の精神、人間性と創造性、伝統の継承、情操と道徳心、我が国と郷土を愛する心の涵養などを新たな理念として提示したが、「国家主義的な愛国心教育」「改正根拠がない」「改正よりも現行法の理念を実現せよ」などという批判もある。二〇〇六年十一月、賛成多数で改正法案が衆議院を通過した。

11a　原爆を作る科学者の非合理

『科学と幸福』という本書の最初に原爆をもってきたのは、私自身がある意味でその申し子であるという認識があるからである。ここで述べたことは私が研究者として経験したさまざまなシーンの中に数々の「原爆の知」をみるということである。宇宙物理や一般相対論の研究のなかにも多くの原爆の知に遭遇するのである。原爆や軍事といったものは一般相対論や宇宙物理などと全く無関係だろうということはない。もちろん、目的や動機は全く異なる。しかしそこで用いられる知識はそれほど違ったものではなく、つづれ織りのように入り組んでいるのである。知識は対象を超えた普遍性の高いものなのである。

さらに科学にとってトラブルなのは、原爆のような「悪魔の知」への挑戦であっても、科学者という人種は嬉々として熱中してそれを達成するということである。そしてまた戦後の歴史が証明しているようにこの同じ能力と情熱が科学のフロントを拡大させている。要するに両者には差はなく、何れにも転化するということである。「原爆はすごい！」と子供心に思わせたあの「感銘」が科学の営みに人々をかき立てる情念であるなら、科学の知への情念はなんらかの別の価値観で統御されねばならないことになる。

「科学は、情念などではなく、理性に基づいて行われるから他の統御は必要ない」という反論がでるかも知れない。確かに科学という構造体には理性に基づく論理が貫徹している。しかし、人々が科学という営みに熱中したり、その営みに参加したり、離脱したりするのは、科学以外の社会情勢にも大きく支配されて決まってくる。そして理性によって具体的に科学的営みを行うとしても、それに参加した動機や目的を達成するという執念はもろもろの情念で支配される。

他の多くの歴史からも明らかなように科学技術の知識は邪悪な目的にも十分奉仕する。化学兵器や毒ガスは国家の暴力装置としてだけでなく、テロリストたちの小道具にもなっている。これは知識の利用であって科学自体を進歩させるわけではないから関係ないという声があるかも知れない。しかし国家や大企業の資金、人員、組織といったリソース（資源）

を動員して実行される大プロジェクトの場合には事情はやや複雑になる。確かに科学は、こうした目的指向の戦略プロジェクトの科学技術によって主に進歩するものではない。そうしたリソースが浪費され、かえって科学本来の進歩が邪魔される場合もある。しかしここで注意を要するのは、社会は決して科学的営みのために運営されているのではないということである。したがって、戦略プロジェクトに費やされるリソースが、戦略プロジェクトがないなら科学の目的にそのまま回されるということにはならない。このために、戦略プロジェクトの中で初めて科学上の実験や経験が行われ、さらにこの中で短時間に細かい知見や経験が蓄積し、その後の科学研究を加速するといったことは、さまざまなレベルで見られることである。科学の進歩にとって戦略プロジェクトは必要条件ではないかもしれないが、現実にはそれの影響を十分受けている。ここに現代の科学が社会情勢に支配される重要な側面がある。

かつて「そんな行いや発言は科学者らしくない」という批判の仕方があった。ここでは科学者は理性に基づいて行動するから邪悪な意図や目的を持たない人々であるという暗黙の前提があったのであろう。しかし現在では科学者や科学を基礎に仕事をしている技術者をそのように概ね道徳的であると思う人は少ないであろう。悲しいかな、科学の存在が大きくなって、いろいろな社会の場面に重要な役割を果たすようになるとともにそのイメージも変わったのである。ここで、それでは反省して昔のように「科学者らしく」なろうと言ってもはじまらない。ここに重要なもろもろの問題が無数に含まれている。「真理」ということをめぐる混乱もある。人間にとっての価値と科学的知見の乖離もある。多分かつては真理は人間にとって価値があるというかたちで統一されていたのである。常人の職業になった科学界や研究者の社会と関わる制度の問題もある。神を置かず、人間らしく生きるという目線を下げた生き方に、科学という営みをどう融合させるかという問題もある。これらは決して賢人や原爆の知がどこかから探してくる知ではないであろう。

（佐藤文隆著『科学と幸福』岩波現代文庫　二〇〇〇年より）

11b 科学者の社会的責任

現在の我が国の停滞は、制度、規制、慣習などにより、個人の潜在的な力が発揮できない状況であると考えられる。そしてその原因は、制度や規制が整合的でないために、社会的合意と言われながら矛盾したメッセージが個人に降りかかることによる活力の抑圧ということであった。すなわち制度、規制そして慣習さえも、個人にとって不整合なものとなって来たのである。

このような不整合を解消することを目的として、メッセージの発信者と行為者との間に情報のループが確かに存在するが、それはほとんどが不完全なものであり、しかもループ間にも解き難い不整合が存在するのであった。これらの不整合の根源的な原因は、学術の領域化が進展し、領域間の論理関係が見えなくなって来たことにあるということである。このような学術における大域的論理性の喪失が、領域の知識を根拠とする社会における行為者の行動の間の不調和を生み、それが個人の活性を抑圧するのである。その真の解決は学術の領域間調和を達成することによるべきであり、それは学術固有の問題であるが、それを待つことなく、現時点で行なうべきことを、まず以下に述べる。

社会の各部門に存在しながらいずれも未成熟でかつ相互に無関係な情報ループを組織化し、社会の変化の方向が、個人にとって理解可能なようにすること。しかもその方向は、地球規模での持続可能な開発に向かっていなければならない。

これを可能にするために図に示すような構造が必要である。すなわち地球環境も含め、社会は社会の行為者によって変化する。行為者は、政治、行政、司法、教育、産業、農業、商業、医療、福祉、報道、文化、芸術などの部門に属して社会的機能を果たして行くが、それはいずれも社会に変化を与える。この変化は一般には察知が困難なものであり、予測についてはほとんど不可能である。

したがってここに、学術の持つ機能を図のように埋め込む組織を作る。学術には、その領域における

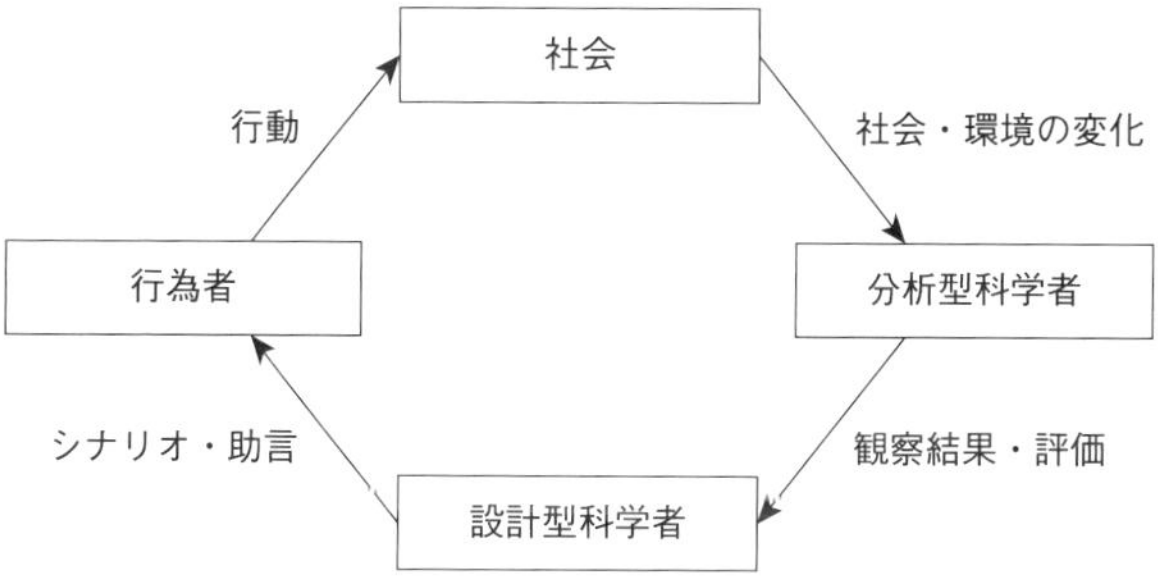

図　社会の進化を可能にする、科学者によって駆動される情報循環

対象の性質を分析し体系的な知識として記述し、さらに対象の変化を予測する分析型科学者と、関連する複数領域についての知識を用いて実現可能性のある行為群を仮説的に想定してその効果を体系的に予測する設計型科学者とがいるが、それを図のように直列的に配置する。

社会における行為者は、それぞれ行為を通じて社会に何らかの変化を与える。もちろん行為者は与えるべき効果を目的として行為するのであるが、予期せぬ効果の生成も含め目標通りにはならない。行為者はこれを一般には貧弱ではあるが情報ループによって察知しようとする。このループの中に科学者が入ることによって、このループに沿っての情報の流れを強化するのである。しかも、科学者は、異なる領域間に共通の言葉を作ろうとしているのだから（これが日本学術会議における俯瞰的視点である）、社会におけるばらばらなループは、科学者によって相互に関係を持つ可能性がある。

このように、科学者によって、社会における一つ一つのループが強化されると同時に、複数のループが相互に関係づけられる状況を、「科学者による情報循環の組織化」と呼ぶことができる。第一の助言はこの情報循環の組織化を行なうことである。

さて、前述のような情報循環が社会の中で組織されたとする。その結果、行為者は自らの行為の結果を、他の行為との関係において理解するようになるのであろう。そして行為者はよりよい効果を生起させるべく以前の行為を修正する。

ここで行為者がこのような状況に置かれること、すなわち最初から最適行為を実施できない理由を考えてみる。常識的に考えて、行為前に設定できる真の最適行為などあるはずはないし、それが故に現実にも、行為を自ら評価し修正する情報ループがほとんどすべての行為に存在するのであった。そしてこれも常識的に言って、すべての（善意の）行為者は最適行為に到達することは結局なく、常に最適を求めて修正を続けて行く。

この状況の最大の理由は、行為を感受する側が多様であり、しかも変化するからである。効果の良否を判断するのは、その社会に含まれるすべての人であり、それは社会共通の客観的判断に加えて、必ず多様な主観的な判断があり、しかもそれが許される。

この主観的部分を行為者は予測して行為するが、それは多様性のために完全な成功はあり得ない。よりよい行為を見出すためには、次々と行為を試みなければならないことになるが、感受する側が変化してしまうので、最適行為に接近できるかどうかも疑わしい。

このとき、接近の速度を速めるためには、感受の多様性に対応して行為の多様性を高めることしかないと考えられる。生物の適応と進化の例を見るまでもなく、個体の多様性はそのための条件である。したがって、ここで、社会における行為の多様性を認める、というよりその増大を強く推進することが必要である。すなわち第二の助言は、多様性の推進である。

上述の二つの助言、すなわち(a)情報循環の組織化と(b)行為における多様性の推進との関係は、情報循環によって行為者へのメッセージ群の論理的調和性が向上するが、それはあくまで行為を制限的に規制する要請ではなく行為者が自らの価値観にもとづく独自の行為を実現する可能性を増大する助言であり、その結果生じる現実の行為が、次の行為を最適なものへと接近させる速度をはやめるためには行為が多様であることを要請する、というものである。

このような視点からの社会の活性化を可能にするための最重要な条件は、情報循環の正当性ということであり、これが間違っていては上の論理は成立しない。そして、この正当性はループの中に組み込まれる科学者によって担われるものである。

言うまでもないこと、あるいは本章の記述から言って当然のことであるが、ここで、この正当性を実現するための科学者につき再確認をしておこう。

助言は、社会のどの利益集団にとっても等しく参考にされるべき、中立的で、利益集団の間の議論に介入しない範囲のものと定義されたのであった。したがって、この助言を作成する科学者は、中立的で、社会的利害から自由であり、しかも自らの学術領域の利害にも一切考慮を払わない者でなければならない。ここで再認するべきこととは、科学者は一面で自己の領域の推進を強く主張する者であるが同時に、利害を離れて中立的な判断をすることができる者であり、これができない者は科学者ではない、すなわち科学的方法を身につけていないということである。

日本学術会議は、科学者の中立的能力を結集する場なのであり、日本学術会議の助言は、科学者のこの能力に依拠して行なわれる。したがって日本学術会議において、科学者はこの中立的能力のみを用いて発言し行動するものであり、それは現代の負託された自治の中で存在を許される科学者の基本的責務である。

（吉川弘之著『科学者の新しい役割』
岩波書店　二〇〇二年より）

11c　近代科学の分析的思考

分析が総合のための分析であることはだれでも知っている。還元するということの意味は論理的には下位概念や下位法則だけで済ますということであるが、実際的には、下位概念と下位法則とを使って上位の現象や概念を総合しているのである。そうでない分析などはあり得ない。とすれば、真正な問題は、分析と総合という場合の総合として分析を裏返した総合、あるいは分析を使っての総合以外に求め得るかという点にあることになろう。

そこで最近流行の「システム」なる概念が登場するわけだが、この「システム」の論理もしくは方法論は、多くの論者にまちまちであるばかりでなく、不明瞭でもある。のちにふれるように、システムの問題に絡《から》まる曖昧《あいまい》さ〈fuzziness〉はむしろ利点と考えるべきものであるが、しかもなお、望ましくない不明瞭さは除いておく必要があろう。そこで、システムの方法論を、上位概念もしくは上位法則によって下位概念を説明する、と定義してみてはどうだろうか。細胞と組織、組織と器官、器官と個体、個体と社会、社会と人類、人類と生態系、といった関係を考察するときに、前者を使って後者を説明するというのが分析的思考であるとするなら、後者を使って前者を説明するというのがシステム的思考、あるいはあえて言えば総合的思考に当ると思われる。

そうした思考をとるとすれば、当然、目的論的説明、機能的説明が、その思考過程のなかであるところを得るはずである。なぜなら因果法則による説明の基本的特徴は、説明される現象なり事項なりが、説明する側よりも理論的抽象化の低い場合に限って成り立つところにあり、その意味で、分析の階段を下降する方向に一致するのに反して、目的論的説明や機能的説明はちょうど因果的説明とは逆の道をたどるところから――それゆえに、擬人主義という批判を浴びて、それらは近代科学から徹底的に排除されようとしてきたのである――総合的思考の方向に一致するのである。

近代科学は、目的論的説明や機能的説明を排除し、因果的説明と分析的思考に頼ることによって、価値体系から解放され、自由かつ中立の立場を手に入れたと考えられた。そうした考え方はそれ自身が紛れもなく一つの価値体系であることを無視している点で明らかに誤っている。しかしそれと同時に、それらの説明様式と思考様式は、生命現象から「生きる」という最終的な「目的」を排除し、「生きる」という目的に向って全生物系が「機能」していることにも眼をつぶったという点で二重の誤りを犯したと言えるだろう。今日生態学（エコロジー）が、生物系のもつあらゆる局面での「生きる」という目的と、その目的達成のための機能とを前面に押し出し、またそのことをもって、現在の地球がまた人類が迎えようとしている危機的状況に対する解決のための一つの提案としていることも、そういう面から整理してみる必要があるのである。

われわれは、医学がもう一度、人間の「生きる」ことの間に受ける「苦しみ」の除去という根本的前提に立ち戻ることを求めるが、その場合でも、もちろん、高分子的、細胞学的なレヴェルでの異常、正常の分析にとどまらず、一個の個体としての人間という場から「苦しみ」を追究することを望むのは当然としても、そこにとどまるのではなく、一個の人間の「苦しみ」をより大きなシステムとしての社会、民族、人類という観点から把握する方法論を確立することをも望むのである。

そうした方法は、分析的方法に比較して、正確さにおいて欠けることは、当然予想されるところである。しかし、現象はときにむしろ曖昧なものである。とりわけてホメオスタシス（生体が、外的、内的な環境の変化に逆らって、定常的状態を保とうとすること）などの概念にも現れるように、生態系の場合は、多数の入口からユニークなゴールへという点で因果的正確さの外にある曖昧さを特徴としているとも言えるのである。その意味では、曖昧さを曖昧さとして正当に評価できる方法は、科学のなかで決して否定さるべきものではない。

このように考えてみると、物理学を先進国として発展してきた分析的思考方法は、今後誤りとして捨て去らなければならない、という結論は、われわれの採るべき道でないことは、これまでにそれによってあげられた成果、そして現在あげられつつある成果に照らしても明らかではあるが、しかもなお、われわれは、総合的方法——分析の裏論理としての総合ではない——として、独立に、個々の現象を、上位概念のネットワークのなかに位置づける方法を導入することが望まれる。

近代合理主義——その根幹を分析的思考方法が占める——の単なる否定と、安易な自然主義の復活は何の稔りももたらさない、という主張はまったく正しい。しかし一方において、われわれが科学のなかでも一種の袋小路に追い詰められていることはたしかであって、それを建設的に切り拓いて行くための提案は、否定されるべきではないだろう。とりわけ、人類の未来の大きな部分がそこにかかっているのだとしたら……。

（村上陽一郎著『近代科学を超えて』
講談社学術文庫　一九八六年より）

【発展】他の参考図書

塩野　寛『生命倫理への招待』（南山堂）

［標］医療倫理に関する総合的な入門書

内井惣七『科学の倫理学』（丸善株式会社）

［標］実際の科学研究に即した科学と科学者の倫理

村上陽一郎編『現代科学論の名著』（中公新書）

［難］科学論・科学史関係の名著の紹介

小論文のポイント⑤　文章表現力

論文試験の場合、表現力は高ければ高いほど好ましいのは当然であるが、肝心なのは文章の内容であり、「あなたの考え」そのものである。多少の誤字や、表現として未熟な箇所があっても、内容的な価値が高ければ、合格答案になるだろう。原稿用紙の使用法なども、ごく常識的なことだけ知っていれば、十分である。自分の言いたいことが、きちんと相手に伝わる文章（達意の文）が書ければ、後は中味で勝負である。ただし、字が乱雑すぎて読めないとか、日本語として意味不明などというのは、問題外であるから、各自の実力に応じて、書く練習も反復的に行うことである。

表記・表現上、原稿用紙使用上の注意などで大事なものを挙げておこう。

1　論理的文章にふさわしい、意味のはっきり定まった言葉の使い方をする。逆にいえば、言葉の定義もせずに「真の国際化」「本当の人間らしさ」「正しい姿」などと簡単に書かないこと。

2　「です・ます」体（敬体）は原則として用いない。論文にふさわしくない。

3　比喩や思わせぶりな表現（体言止めや倒置法、反語など）、過剰な強調表現などを用いない。意味のない引用符（「　」）も多用しない。

4　「～思う」「～気がする」「～感じる」など、根拠を述べず、感想文風に書かない。

5　論理的必然性もなく、「つまり」「したがって」「しかし」など、接続語を多用しない。指示内容のわかりにくい指示語も避けること。

6　一文は短めにする。主述を意識してから書く。

7　段落分けは、制限字数がおよそ400字以上の場合に、一段落200字平均で段落数を概算して、行えばよい。

8　禁則処理（行頭に句読点、閉じ括弧類を置かない）をきちんと行うこと。

論点整理

古くから指摘されている科学技術に由来する問題はといえば、科学者・技術者が直接研究・開発した「NBC兵器（核・生物・化学兵器）」はいうまでもなく、科学技術を応用した経済活動の結果である公害や環境破壊などが真っ先に頭に浮かぶことであろう。これに対して、「それは科学技術（者）の問題ではなく、利用・悪用する側（政治家や企業）の問題だ」という意見も珍しくはない。一般社会の人々の利害とは直接無関係な真理の探究や、むしろ社会に役立つ（かもしれない）研究開発を行っているのだから、科学技術者自体が非難されることはないのだ、という主張である。こういう形で学問の「価値中立性・価値自由」を主張することは、正しいのであろうか。

課題文aでは、科学それ自体は理性に基づくが、人が科学研究に熱中する動機は「もろもろの情念に支配される」と述べられている。とすれば、専門知識や技術を有する人間、つまり科学者や技術者自らが、何を考えて研究し、技術開発を行っているのかが問題とされなければならないだろう。「地下鉄サリン事件」（一九九五年）のように極めて犯罪性の

キーワード

科学者の社会的責任

日本では、ノーベル物理学賞受賞者の湯川秀樹や朝永振一郎の活動が著名である。世界的な科学者が集まり、原爆を産み出した科学と科学者の反省として、科学は単なる人類への福音ではなく、恐ろしい災禍にもなりうるという認識のもとに、科学者の社会的責任を自覚した。平和主義的な紛争解決を謳った「ラッセル-アインシュタイン宣言」（一九五五年）やパグウォッシュ会議（一九五七～年）などが知られている。

価値中立性・価値自由

社会学者マックス・ウェーバーは、社会科学の客観性を論じ、主観的な価値判断は偏見を伴うので、科学は客観的な事実認識を追求し、

高いものから、韓国ソウル大の元教授らによる「論文捏造事件」（二〇〇五年）のような科学者自身の研究者倫理や野心にかかわるものまで、さまざまな事例が考えられるが、それらが社会に対して及ぼす影響という点からも、また、そもそも一般人とは異なる専門家や有資格者であるという点からも、科学者や技術者の社会的責任が問われるのは当然であろう。科学や技術そのものが、人間社会の中での、人間による営みの一環としてあることを忘れてはならないだろう。社会と無関係あるいは無責任でいられる聖域など存在しないのである。

逆に、科学者・技術者がどのように社会と関係し、どのように社会に貢献していくべきかを積極的に考察する議論も盛んである。課題文bでは、科学者に特有の中立的なスタンスを、むしろ積極的に社会の中で課題解決に活かす方法が考察されている。「社会のさまざまな利害関係に対して中立的だから、社会的課題とかかわらない」のではなく、「社会のさまざまな利害関係に対して中立的でいる能力を備えた科学者だからこそ、積極的に課題解決に役立とうとする」ということである。課題文bにおいても、課題文aと同様に、科学者が何一つ利害関係に関与していないなどとは考えていない点に注目すべきである。科学者がまったくの傍観者や神のように超然とした立場にあるとはしていない。「科学者

価値観を排除すべきであるとした。社会科学が政治的なイデオロギーに左右されるのを戒めたもので、学問と政策との区別を説いているのである。

安全性

製品や薬剤、さらには環境に含まれるさまざまな化学物質の人体への影響を考えるとき、その物質が「安全である」というときの意味は、二つある。「危険である証拠はない」という消極的な安全性と、（安全とされている既存の物質と比べて）「有害性の高くないことが保証されている」という積極的な安全性である。化学物質を添加した製品を販売する企業などでは、安全性は前者の意味に解釈されやすいであろうが、これでは危険性が立証されたときには手遅れとなっている可能性が大きい。人の生命

は一面で自己の領域の推進を強く主張する者である」と述べ、科学者といえども、自己の研究領域に対しては、特別な意識をもっていると認めている。そのうえで、「利害を離れて中立的な判断をすることができる者」でもあり、それができなければ「科学者ではない」とまでいう。これはもはや単なる理性的な能力の有無をいうだけではないであろう。なぜなら、利害を離れることや中立的な判断をすることは、理知的な思考にとどまらず、自身の身の振り方の選択や実践的な行為に至ることであるから、優れて倫理的な問題なのである。

以上のような、社会と学問や科学技術との関係を、より深い思考の枠組みや思想のレベルで論じているのが、課題文Cである。既に述べたように、科学や技術そのものが、人間社会の中での、人間による営みの一環としてあるということは、「科学的真理」の基準（パラダイム）もまた、歴史的、文化的な文脈の中で決定され、あるいは否認され、変遷していくことを意味する。科学史家であるT・クーンの『科学革命の構造』は、そうした科学者集団の「パラダイム」が、どのような仕方でシフトするのかを明らかにしている。科学は必ずしも「物事をありのままに見ている」わけではない。科学の歴史は常に既存の理論の否定や修正の歴史であり、それが科学の進歩につながっている。ということは、逆

にかかわる場合、安全性は後者の意味で解釈されなければならない。

分析と総合

複雑な事象全体を単純な要素に分けて理解するのが「分析」であり、要素を再度組み合わせて全体へと構成することが「総合」である。機械を分解して調べ、仕組みがわかったら、もう一度組み立てるという発想。機械的物体には有効であるが、有機体や人間的事象には適さない面がある。

因果的説明と目的論的説明

ある事象を、それに先行した他の事象を原因とする結果であるとする説明の仕方が因果的説明（因果律）であり、ある事象を他の事象を目的とする手段として説明するのが、目的論である。後者は意志をもつ人間の行

にいえば、科学は常に未知と誤りのうちにとどまっている仮説の集合だ、ということである。というよりも、そもそも「ありのままに物事を見る」ということなどありえないのである。外界の認知は生物ごとの認知構造によって異なるから、ヒトに見えている物事は、あくまでもヒトという生物の認知構造に基づく認知結果であるにすぎず、それにさらに人間の歴史的文化的な認知の仕方の差異が反映し、さらにまた、個体の差、つまり各人の違いが反映されている。それを「客観的」というなら、客観的であることと、絶対普遍の「真理」であることとは、まったく別な問題であろう。同様に、「分析的である」ことと「真理である」こととを結びつけて等式化する思考は、既に特定のイデオロギーである。課題文Cでは、近代科学の分析的な視線が何を見えるようにし、一方で、何を見えなくしてきたかが指摘されている。科学的思考の普遍化傾向が、逆説的に、それ自体特殊でローカルな西欧近代の合理主義思想の根幹をなしているのである。こうして科学技術は、社会に絶大な影響を与えうるけれども、科学技術もまた、社会から大きな影響を受けているのである。

動になぞらえた「擬人主義」とされる。

近代合理主義
西欧近代の基本的な理念の一つ。人間は地上では理性を有する唯一の存在であり、理性によって自然の法則を理解し、自然を制御する力を獲得することができるという、人間中心主義的な考え方。

パラダイム
科学史家トマス・クーンによる概念として知られるが、広くは、同時代や特定集団に共通の認識枠組みという程度の意味で用いられている。ある時期にこうしたものの見方の基準ががらりと変わることを、「パラダイム・シフト」という。

12a　物事の理解から心の理解へ

この世の中は、少なくとも「物」と「事」から成り立っている、と考えることができる。「物」はふつう物質を基礎とする形のあるものを言うのに対し、「事」は「物」のはたらきや性質、「物」と「物」との関係や現象を指す。

たとえば、紙や鉛筆は工業製品として作られ売られている「物」であるが、鉛筆で紙の上に絵を描く作業は一つの「事」である。他方、描かれた絵そのものは、人の行ないの結果として、再び「物」とみなされる。「作品」という言葉は、描かれた絵が一種の品物になったことを示しているのである。

ところで、認識論では、「物」がそこにあるということ、「事」が現に生じているということを知るためには、そのようなものを受け止めるための何らかの装置（しくみ）が人間の側に必要であると考える。

たとえば、「心ここにあらざれば、視《み》れども見えず、聴けども聞こえず、食せどもその味を知らず」という『礼記《らいき》』の有名な一節がある。これは、ふつう「上の空で見たり聞いたり食べたりしても、今そこに何があるのか分からない」という意味であるとされる。心理学の専門用語を使って言えば、この成句は覚醒《かくせい》水準（脳が目覚めていて物事を正しく認識できる状態のこと）や注意（情報を選択的に認識したり、特定の情報に認識の方向を集中すること）の大切さを述べたものであると解釈される。

しかし、右の一節の最初の「心ここにあらざれば」を「心あらざれば」に代えれば、「物」や「事」があるということ自体、「心」の存在を前提にしているということを示す文となる。「心」がなければ、そこに「物」や「事」があること自体をどうやって知ることができるのであろうか。「物」や「事」を認識したり、識別したりするためには、そのための一種の受信装置が必要であり、そのような受信装置のはたらきのことを「心」というのである。

このような「物」や「事」の受信装置である「心」は、生命の誕生以後どのように進化し、子どもの中でどのように発達していくのであろうか。

　そのことを考えたのが、スイスのジャン・ピアジェ（一八九六―一九八〇）である。元来スイスの湖に住む貝類などを研究する生物学者であったピアジェは、認識（分かるということ）の発生を、生物の進化と人類の歴史から見る系統発生的観点と、個人が生まれてから青年期に達するまでの一五年間ほどの間に「操作的思考」を発達させる過程を見る個体発生的観点とを統合する、壮大な理論体系（発生的認識論）をうち立てようとした。そして、それはかなりの程度成功したと言えよう。

　ピアジェのいう操作的思考の発達とは、子どもがものごとを理解する時、最初は動作的に理解していたのが、その動作をしなくても心の中だけで理解できるようになることをいう。

　たとえば、幼児（以下、一歳半から小学校にあがるまでの子どもをこう呼ぶ）が「3＋5」という足し算を理解するのに、最初はたとえば三個のミカンと五個のリンゴに一つずつ指をあてながら動作的に数えることからはじまり、やがて指を一本ずつ折りながら数え、最後には頭の中の計算だけで答えが出せるようになる。これはすなわち、その子どもの中で加算（足し算）という操作が獲得されたのである。

　ピアジェは、数、重さ、長さ、面積、体積、角度、比例、相関関係などの算数・数学的概念や、入射角と反射角、振り子、天秤のつりあい、影の投射、化合物の組合せによる変化、比重などの物理・化学的概念がどのように獲得されるかについての研究を行ない、子どもの操作的思考が一五歳までにできあがると考えた。

　生まれたばかりの赤ちゃんから中学生の終わり頃までの子どもの認知発達を扱ったピアジェの壮大な理論は、「物」や「事」に関する子どもの心を理解するうえで大変重要なものであった。このような研究は、「科学者としての子どもの研究」と呼ばれることがある。

　古代ギリシアの科学者アルキメデスは、黄金製の王冠に銀が混じっているかどうかを王冠を壊さずに調べるように命じられ、風呂の中でその方法を考えているうちに浮力の法則を発見し、喜びのあまり風呂から飛び出して、「エウレカ（発見したぞ）！」と叫びながらアレクサンドリアの町じゅうを走りまわったと伝えられている。

それと同じように、子どもたちも毎日の生活の中から新たな発見をする。それは大人にとってはあたり前のことである場合も多いが、時には大人が気づかないことを子どもが発見することも少なくない。

これは自分の子どもの話なので恐縮であるが、筆者の二男が小学三年生の時、テレビのチャンネルや音量を操作するためのリモコンは、戸棚のガラスや鏡に反射させてテレビに届かせても効果があるということを自分で発見した。大人は、リモコンをおもちゃがわりにして遊ぶような「余計なこと」をしないので、めったにこういうことには気づかない。子どもの旺盛な好奇心は、時に新しい発見につながるのである。

ピアジェの認知発達理論は、一時期、心理学者や教師の間で広く受けいれられた。たとえば、ピアジェの考え方がわが国の算数・数学教育や理科教育の発展に大きな影響を与えたことは間違いない。

しかし、やがてピアジェの理論だけでは説明できないことがたくさんあることも分かるようになっていった。特に、子どもは生まれたときから母親との親密な接触を通じてさまざまなことを知っていく社会的な生き物であるという点について、ピアジェの考え方は十分なものでないと考えられた。

すなわち、「物」や「事」についての理解だけでなく、「心」の理解の問題もまた認知発達研究の重要な研究テーマであることが認識されるようになってきた。子どもたちは子どもたちなりに、人が考えたり、感じたり、信じたりすることを読み取り、それにもとづいて日常の行動を行なっている。

ピアジェ以後の認知発達研究は、「心理学者としての子ども」という側面にも目を向けることで発展していった。

（子安増生著『心の理論』
岩波科学ライブラリー　二〇〇〇年より）

12b　社会的存在の心理学

　社会心理学は社会的存在としての人間の心の性質を研究する学問である。ここではまず、人間が社会的な存在であるということが、これまでどのようにとらえられてきたかを見てみよう。G・W・オルポートは一九三〇年代にすでに、「個人の思想・感情・行動が、他の人間の現実の存在、あるいは想像や暗黙のうちに仮定される存在によって、どのように影響されるかを理解し、説明することを企画する科学」と社会心理学を定義しているが、ここでは、自分やまわりの人たちを認知し、まわりの人たちから影響され、あるいはまわりの人たちと相互作用したりする存在という点に、つまり個人がまわりの人たちと相互作用を行うという点に、社会心理学が扱うべき人間の社会性を見ている。この観点は、その後現在に至るまで、心理学的社会心理学の主流を形成してきた。これに対して社会学的社会心理学では、人間の社会性についてのもう一つの考え方が広く受け入れられてきた。白紙の状態にある人間の心に外部から（すなわち社会ないし社会の代理人によって）価値や規範意識や役割期待などが注入されることで、生物学的存在としての人間が社会的存在としての人間として形成されるという考え方である。

　社会心理学の始まりは、心理学者のM・マクドゥーガルと社会学者のE・A・ロスが、それぞれ『社会心理学』の教科書を出版した一九〇八年に求められることが多いが、その後一九六〇年代に至るまで、社会心理学には社会学の伝統が心理学の伝統と並立し、日本においてはむしろ前者が後者を圧倒する状態が続いていた。例えば一九六〇年代に刊行された『今日の社会心理学』シリーズの執筆者計一八人の大半は社会学者であり、その中に心理学者は一人も含まれていない。このように戦後の社会心理学において社会学的な関心が強かったのは、第二次世界大戦の衝撃から、ナチズムやファシズム、あるいは天皇制というマクロな現象を生み出し維持したドイツ人やイタリア人あるいは日本人の心理を理解する必要があるという思いを、社会心理学者が一般の人々と共有したためだと考えられる。しかし一九七〇年代に入り第二次世界大戦の経験が風化し、一般の人々の間から民主主義を脅かす「集団的な心理現象」に対する関心が薄れるにつれ、社会心理学者の間からもマクロな社会現象を研究対象とする社会学的な問題関心が消え去っていくことになった。そしてそれと入れ替わりに社会心理学の実験科学化が急速に進行した。その結果一九八〇年代の後半までには、社会心理学から社会科学的なマクロな問題関心がほぼ全面的に消滅することになった。

このように、一九八〇年代までには社会心理学は心理学の一分野として一般的に受け入れられるに至った。しかし現在、マクロな現象に対する関心が新たに生まれつつある点に注目しておく必要がある。その一つに、これまで西欧の心理学者によって普遍的とみなされてきた心の性質の多くが、実は西欧文化と表裏一体の関係にあること、そして他の文化では異なった心の性質が示されることを明らかにした文化心理学の影響がある。例えば北山忍らは、従来の社会心理学で人間の普遍的性質として扱われてきた、基本的な帰属のエラーとか自己高揚傾向といった現象が、日本人にはみられないことを明らかにしている。このことは、社会科学の研究対象であるマクロな文化の理解を抜きにしては、人間の心の理解が困難であることを意味している。もう一つの影響は、人間の心の性質が社会的環境への適応を通して形成されている点を重視する進化心理学の影響である。進化心理学においては、人間の心は適応すべき社会的環境により形成されてきたという意味で、本来的に社会の産物である。このことは、人間の心の性質を理解するためには、適応すべき社会的環境の性質、特に社会的な適応課題の性質を理解する必要があることを意味している。

これらの新しい動きの特徴は、社会的存在としての人間の心を理解するためには、心そのものに焦点を当てるだけではなく、心を生み出し支えている、心の外にあるマクロな文脈に焦点を当てる必要があることを強調する点にある。

現代の心理学者の間では、人間の心が人間の身体や脳と同じように、進化の過程を通して現在の姿をとるようになったとする進化論的な前提が、広く受け入られるに至っている。また、人間の手が道具を使用するのに便利なかたちに進化してきたのと同様、人間の心は集団の中で他人との関係をうまく調節し有利に立ちまわるために発達してきたとする社会脳仮説（R・M・I・ダンバー）が、人間の心や知能の進化を説明する上で大きな影響力をもち始めている。この進化心理学的観点からすれば、人間の心は社会的環境への適応のための道具であり、したがって心の性質を理解するためには、それが具体的にどのような社会的適応問題解決のための道具として機能するのかを理解する必要がある。

また人間の心は、この意味での社会的環境への適応のために進化してきた道具であると同時に、文化的環境への適応の結果として生み出され維持されている点も忘れてはならない。例えば、従来の社会心理学では人間にとって普遍的な心の性質であると考えられてきた自尊心維持傾向が、相互独立的な文化的環境への適応によって生まれ維持されている心の性質であることを、文化心理学的な研究が明らかにしている。このように、人間の心は二重の意味で社会的——社会的適応課題を解くための道具という意味と、文化的環境への適応によって生み出されているという意味——な性質をもっている。社会心理学は、このような人間の心の社会性を明らかにすることを、最も中心的な理論的課題としている。

それでは、人間の心が適応すべき社会的環境とは何であろう。社会的環境が非社会的な物理的環境と区別されるのは、それが人間の心と行動とが作っている環境だという点にある。人間は一人では生きていけない。他人と助け合ったり、あるいは他人を利用したりしながら、他人との関係の中でしか生きていくことはできない。したがって人間にとって最も重要な社会的環境とは、自分と何らかのかたちで相互依存関係にある他人の存在であり、またそういった他人の行動である。相互依存関係とは、関係当事者のそれぞれにとって、自分の行動だけでは結果が決まってこない関係である。自分にとって望ましい結果を得るためには自分一人の行動では不十分であり、他人の行動に影響を与える、あるいは他人の行動を予想してそれに応じた適切な行動をとる必要があるという点に、人間にとっての社会的環境の重要性が存在している。

つまり、人間にとっての社会的環境とは、自分の行動に応じて変化する他人の行動であり、また自分の行動を対応させるべき他人の行動である。このことを逆からみれば、一人一人の人間にとっての自分の行動は、他の人にとっての社会的環境の一部を構成していることになる。この意味で、一人一人の人間は、自分にとっての社会的環境に応じて行動することで、他人にとっての社会的環境を構成している。そして、社会的環境への対応行動の内容がそれぞれの人間のもつ心の性質によって異なってくるとすれば、一人一人の人間は特定の心の性質をもつことで、他人にとって異なった社会的環境を提供することになる。つまり、社会的環境への適応のための道具として特定の心の性質を人々が身に着けるようになれば、そのことによって新しい社会的環境が生み出されることになる。心と社会とは、この意味で、つまりお互いが相手を生み出しつつ相手によって生み出されるという意味で、相互構成的な関係にあるといえる。また文化的環境の場合にも、心と社会との関係と同様、心との間に相互構成的な関係が存在している。心の性質を生み出す文化的慣行そのものが、人々が特定の心の性質をもつことで生み出され維持されているからである。

心と社会的環境・文化的環境との間にこのような相互構成関係が存在している以上、社会的・文化的な環境とは独立したかたちで心を理解しようとする試みには、大きな限界が存在することになる。この限界の存在こそ、心と社会との相互構成的な関係の性質と内容とを明らかにすることを目的とする社会心理学に、その存在意義を提供するものである。

(山岸俊男編著『社会心理学キーワード』有斐閣双書キーワードシリーズ　二〇〇一年より)

12c 〈私〉という意識の謎

上空から下界を一望するという設定の下に描かれた江戸時代の鳥瞰図において、仮想上の鳥の視点が設定されているように、私たち人間は、たとえ仮想的なものでも何らかの視点を設定することなしには、空間というものを体験することができない。宇宙が一〇〇億光年の大きさを持つというとき、その宇宙空間の広がりは、必ず、どこかに仮想上の視点をおいて、そこから空間を眺める、という形でしか想像することができない。そのような仮想上の視点を、「神の視点」と呼ぶことにしよう。

ここでの「神」とは、キリスト教、イスラム教のような一神教における人格神を指すのではない。日本の神道における八百万《やおよろず》の神様を指すのでもない。科学における神の視点とは、この宇宙の時空の中に存在する物質を見渡し、それらの物質が自然法則に従って変化していく様子を見届ける、そのような視点のことを指している。そのような視点を、無意識のうちにであれ前提にしなければ、人間はそもそも近代科学における自然法則を構想できなかったはずだ。

実際、「神」という名詞こそ使われないものの、近代科学における空間概念は、中世の神学における神の「遍在」(omnipresence)と基本的に同じメタファーに基づいて構築されていると言ってもよい。

近代科学の誕生と発展の過程とは、エルンスト・マッハが描いたような〈私〉に中心化された空間体験から、宇宙全体を見渡すような「神」の視点に基づいた空間体験への転換、その精緻化のプロセスであった。そのプログラムがあまりにも成功したため、今日、私たちはマッハの絵を見て、そもそも人間の体験する空間は常に〈私〉に中心化されており、その中には自分の手や足もあれば、鼻さえ見えるのだった、とかえって新鮮に感じるほどなのである。

ふだんはそのことを意識しないものの、現代の科学における世界観の暗黙の前提となっている「神の視点」の基本は、私たちの主観的な空間体験である。マッハの絵にあるように、私たちは、視野という視点や枠において限定された形ではあるものの、目の前の空間をクオリアの広がりとして体験している。*宇宙全体を見渡す「神の視点」を考える上でも、このような主観的、私的な空間体験がひな形になっている。

〈私〉という視点が、ある程度広がりを持った空間の中に並列的に現れる様々なものたちを感じる、という主観的な空間体験は、人間にとって生まれ落ちて以来あまりにも当たり前のことであり、ことさらその起源を問題にするまでもなく自然に前提にしてよいことのように思われる。

しかし、私たちがこのような形で空間を体験しているという事実自体が、きわめて驚異的なことであり、説明されなければならない事実なのである。主観的な空間体験は、大脳皮質の視覚野を中心とする神経細胞によってつくり出されている。そのような神経細胞の活動を「見渡す」ことができる形で、〈私〉という脳内現象が立ち上がることこそが、全ての驚異の源なのだ。私たちは、この驚異にあまりにも慣れ親しんでしまっているため、気づくことがないのだ。

私たちが行動している時、脳の血流がどのように変化するかを画像化するｆＭＲＩ（機能的磁気共鳴画像法）などの手法の発達により、脳活動をある程度の時間的、空間的分解能でモニターすることができるようになってきている（図）。しかし、このような手法の発達を待つまでもなく、人はそもそも自らの脳細胞の活動を「モニター」してきたのだ。〈私〉が意識の中で様々なクオリアを感じるということは、すなわち、自分の脳内の神経活動を〈私〉が見渡し、観察しているということに他ならないからである。

〈私〉は、神経細胞の活動を自ら見渡す「小さな神の視点」として成立しているのである。

では、なぜこのことがそれほどの驚異なのだろうか？

今、あなたが視覚野の神経細胞の一つであると仮定する。そして、あなたは、赤いバラを見るという〈私〉の体験を手助けしているとする。

あなたが存在している脳の中には、全部で一〇〇

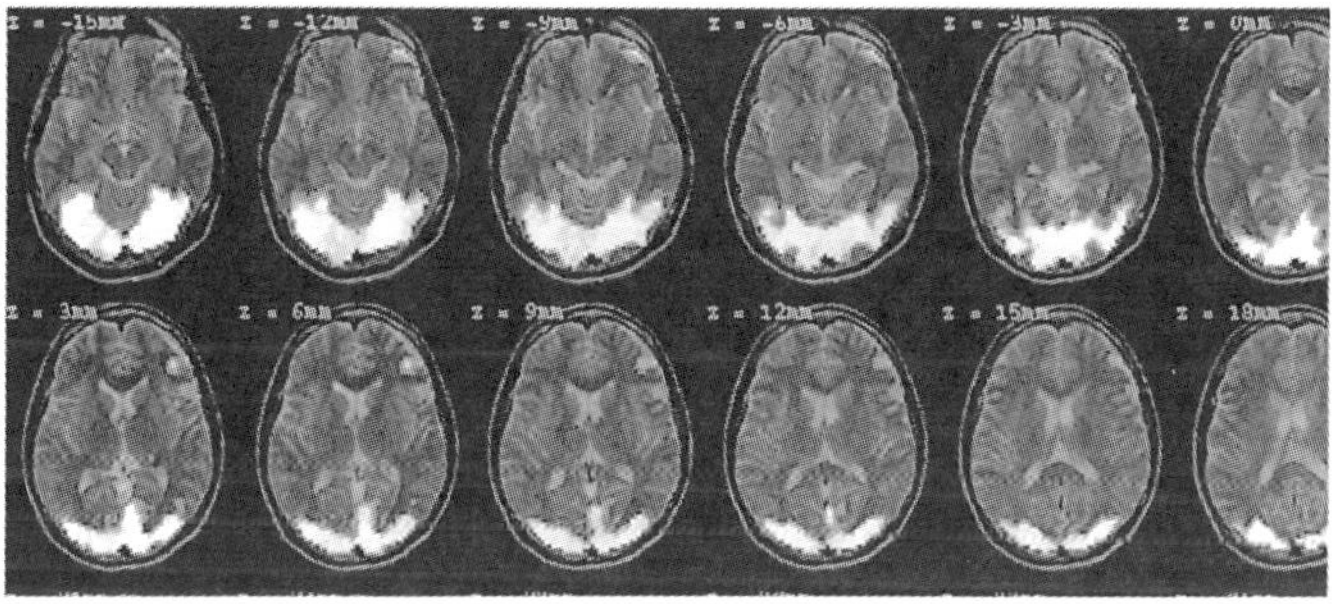

fMRIによる血流量の変化測定

〇億の神経細胞がある。一個の神経細胞に過ぎないあなたにとって、直接「感知する」ことができるのは、シナプスを通して結び合ったおよそ一万の神経細胞に過ぎない。あなたは活動するたびに、シナプスを通し、一万くらいの神経細胞に神経伝達物質を放出する。一方、同じくおよそ一万の神経細胞が活動し、そのたびにあなたに神経伝達物質を送り出してくる。

　あなたの周囲の神経細胞も、どうやらバラの赤い色や、形や、花びらのテクスチャ（肌理《きめ》）といったクオリアを生み出すことに貢献しているらしい。しかし、一個の神経細胞に過ぎないあなたには、実際には一万程度の神経細胞しか感知できない。そのさらに先がどのようになっているのか、さらに先の神経細胞のネットワークがどうなっているのか、あなたにはそれを感知する手段は一切与えられていない。

　それにもかかわらず〈私〉がバラのクオリアを感じるためには、一〇〇〇億の神経細胞がそれぞれ一万通りの組み合わせで結びあう、その無限ともいえる数の活動を「何か」が一瞬にして見渡さなければならない……。

このように、擬人化して「〈私〉という意識が生み出される」プロセスを考えてみると、そこではほとんど不可能なことが起こっていることがはっきりとわかるだろう。一つ一つの神経細胞はおよそ一万の神経細胞しか感知できないにもかかわらず、脳は何らかの方法で「何か」が神経細胞の活動全体を一瞬にして見渡すことを可能にしているのである。後に議論するように、このような「見渡し」のメカニズムを成り立たせるためには、空間的・時間的な広がりを持った神経細胞の活動を統合するメカニズムを考えなければならない。

私たちは、視野の中に様々なクオリアが分布するという視覚体験に慣れ親しんでいる。意識の中に現れる「小さな神の視点」が当たり前のものだと思っている。だからこそ、先に紹介したマッハによる視覚体験の図や、江戸時代の鳥瞰図などに現れた「何かを一挙に見渡す」というようなことが、ごく自然のこと、世界に最初から備わっている基本的性質であるかのように思いこんでしまう。

しかし、よく考えてみると、一口に「脳内の一〇〇〇億の神経細胞の活動を見渡す」と言っても、それを一体「誰が」、「どのような主体が」見渡すのかというとてつもない難問題があることがわかる。確かに、人間であるこの〈私〉は、現時点では未解明の何らかの方法によって、脳内の無限ともいえる数の神経細胞の活動を一挙に見渡すことができる。そのアナロジーで、一〇〇〇億の神経細胞の活動も、一挙に見渡せるような気分になる。しかし、この、あまりにもプライベートでささやかな「小さな神の視点」の成立こそが、この世でもっとも驚くべきことなのである。

現代科学の世界観の背後には、世界全体を見渡す「神の視点」が存在する。そして、そのような「神の視点」の背後には、〈私〉が脳内の神経細胞の活動を見渡すという「小さな神の視点」が隠れている。〈私〉の意識が、脳内の神経細胞の活動を見渡す形で立ち上がり、その中で様々なクオリアが感じられている。このことこそ、近代科学が隠蔽してきた最大の「事実それ自体」であり、それを「説明されるべき事実」に昇格させない限り、私たちは意識の謎を解くことはできず、科学の背後にあるものをつかむことができず、そしてこの宇宙を真の意味で理解することもできないのである。

（茂木健一郎著『脳内現象〈私〉はいかに創られるか』ＮＨＫブックス　二〇〇四年より）

◆編集注

クオリア…自己意識である〈私〉が感じているさまざまな質感（qualia）。意識の内容であるバラの花の赤さもコップの透明感もすべてはクオリアであるとされる。

【発展】他の参考図書

小西行郎『赤ちゃんと脳科学』（集英社新書）

［易］発達行動学による乳幼児の研究の紹介

亀田達也・村田光二『複雑さに挑む社会心理学　適応エージェントとしての人間』（有斐閣アルマ）

［標］社会心理学の新しい知見を平易に解説

酒井邦嘉『言語の脳科学　脳はどのようにことばを生みだすか』（中公新書）

［難］認知脳科学の視点による言語の研究

【発展】他の参考図書　＊スポーツ科学分野

宮下充正『勝利する条件　スポーツ科学入門』（岩波科学ライブラリー）

［易］スポーツにおける身体能力の科学的解説

三井宏隆・篠田潤子『スポーツ・テレビ・ファンの心理学　スポーツが変わる、人ポーツを変える、世界が変わる』（ナカニシヤ出版）

［標］スポーツに関する社会心理学的な研究と考察

友添秀則・近藤良享『スポーツ倫理を問う』（大修館書店）

［標］スポーツを巡るさまざまな倫理問題の考察

論点整理

近代合理主義 関連↓p.173 の生みの親と目される哲学者ルネ・デカルト（一五九六―一六五〇年）は、旧来の伝統的な学問が不確かな前提の下に構築されたものであるため、外観はどれほど荘厳な体系を現してはいても、厳密確実な学としての資格を欠いたものであると考えた。そして、デカルトは絶対確実な真理を前提とすることで、新しい確実な学問の体系を構築しようとした。やがてデカルトは、有名な「我思う、ゆえに、我あり」という言葉に表される、考える精神主体の実在を根源的な真理として打ち立てたのである。簡単にいえば、デカルトは「精神の実在」を真理の源として確立したのである。さらに彼は、その絶対的な前提からスタートして、「身体（物体）の実在」をも導出した。これがいわゆる「デカルトの二元論」である。この物質と精神と（身体と心と）を峻別する哲学は、精神の実在性を強く保証する一方で、物質・身体の独自性をも確立したから、人間の精神（主観）から切り離された物質界・自然界（客観）の研究にはうってつけの前提となった。こうして自然科学は客観的な学問としての地位を不動のものとし、その後、華々

キーワード

心脳同一説

イギリスの哲学者G・ライル（一九〇〇―一九七六年）はデカルト的な「心」の存在を「機械の中の幽霊のドグマ」と批判した。「身体・物体が存在する」というときと、「心が存在する」というときとでは、「存在する」という言葉は、まったくカテゴリーが違うという。「心の実在」とは言語的な誤用なのである。以後、心的状態を大脳に生じた物理的過程とする心脳同一説が主張され、認知科学では心と脳の研究を連関させる努力がなされている。

脳科学（ブレイン・サイエンス）

カナダの大脳生理学者D・H・ヒューベル（一九二六―）とスウェーデンの大脳

しい無数の業績を挙げつづけることとなった。

しかし、ここに一つの解きがたい難問があった。それは「心と身体の両面が一つになった人間」の存在である。例えば、デカルトは「もし心と身体がデカルトの説くように相異なる別々の二実体であり、相互に独立した性質の異なる存在であるとすれば、なぜ人間においては、心で意志するだけで身体を動かしうるのだろうか?」という問いに対して、うまく整合的な解答を与えることはできなかったのである。二元論の立場で「心は身体や物質とは異なる存在だ」と断定してしまえば、物質から心を説明したり（唯物論的に心を物質に還元すること）、心と身体の関係を研究したりすることは、原理的には不可能となる。人間諸科学においてデカルト的二元論が批判されるのはこのためである。ヒューマンサイエンスにおいては、「人間」を対象とする科学研究を行う以上、人間の最も人間らしい特質である「心」についても、科学的に研究を進めていく。課題文aでは、発達心理学者ピアジェの業績を紹介しつつ、発達過程にある子どもが、どのようにして「物」（具体的、物質的、実体的な対象）や「事」（抽象的、観念的、関係的な対象）を認識できるようになるのかという問い（「科学者としての子どもの研究」）から、子どもにおいて認識するという働きそのものである「心」が、どのように成立

生理学者T・N・ウィーゼル（一九二四―）が、ネコの大脳皮質の細胞に電極を差し込んで電圧を測定するという方法で細胞の活動状態を調査し、視覚野の局所的機能を解明して以来、脳科学は急速に進展した。神経生理学では、大脳内の百数十億の神経細胞のネットワークをモデル化して考えようとする発想がある。

認知科学

「心」のしくみや「知」の獲得またはその利用のしくみを研究課題として、心理学、情報科学、哲学、言語学、脳科学、比較動物行動学などの諸分野の研究者が協同する学際的な領域を、認知科学と呼ぶ。研究テーマは、信念、意識、発達、感情、言語、学習、記憶、知覚、技能、思考など多岐に及び、科学的方法論による人間および動物の知的・

し、どのように理解されていくのかという問い（「心理学者としての子どもの研究」）へと、認知発達研究が発展していったことが説明されている。課題文ａの本文タイトルにも採用されている「心の理論」とは、子どもが他者の心の存在を理解しているということを指す。つまり、相手も自分と同じように何かを考えているのだとわかっている、言い換えれば、他者も心を持っていると考える、ということが「心の理論 **theory of mind**」と呼ばれ、人間の社会性と心の関係として科学的に研究されているのである。

このような問題を子どもの認知発達過程に限定せず、一般に「心と社会の問題」と考えれば、それは課題文ｂが解説している社会心理学の研究領野となる。「社会的存在としての人間の心を理解するためには、心そのものに焦点を当てるだけではなく、心を生み出し支えている、心の外にあるマクロな文脈に焦点を当てる必要がある」という点を強調するのが、今日の新しい社会心理学の動向であり、進化心理学の影響をも受けているという。これは、人間の心が、「心の外」すなわち外部環境としての社会や文化、あるいは、他者との関係によって形成されるものであるということを前提としているのである。「心」は、もはやデカルトが主張したような独立した「実体」ではなく、すなわち「物」である外

精神的活動の全体にわたる解明を目指している。

チューリングテスト
イギリスの数学者Ａ・Ｍ・チューリング（一九一二—一九五四年）は、「コンピュータは心を持ち得るか」という問いへの一つの解答として、別々の部屋に入れられた人間と機械にテレタイプで交信を行った第三者（人間）にとって、交信した相手が人間か機械か区別できない場合、その相手（機械）を人間と同様の思考能力を持つと見なしてよいとするチューリングテストを考案した。

フレーム問題
人間は状況や文脈にしたがって問題解決に必要な情報を即座に選出し、必要ではない情報を無視する。すなわち特定の枠（フレーム）の中で思考することができ

界と隔絶した存在ではなく、今日のヒューマンサイエンスにおいては、社会環境への適応を通して形成され、環境に応じて異なる適応のための「道具」のような性質のものと理解されているのである。

「心」が「物」とは異なる実体ではなく、「物」によって形成される「事」の一種であるとしても、それでは、どのようにして「物」から「心」が形成されるのであろうか。端的にいえば、どのようにして「脳」から人間の意識が形成される」というのか。この問題を研究しているのが今日の脳科学であり、課題文Cはそのような問題のとらえ方の基礎を説明している。脳内にある神経細胞がシナプスを通して相互に関係しあう無数の活動の全体を、まるで高所から風景全体を見渡すバーズ・アイ（鳥瞰）のように、あるいは自然界の対象を客観的に見渡す視点のように、何かが脳内の全現象を「見渡す」形で存在している。それが〈私〉すなわち自己意識であり、「心」なのである。この心の成立がいかにして可能なのかを明らかにすることこそが、近代科学の根底にある隠された謎を解明することにつながっているのである。

る。コンピュータは与えられたあらゆる情報を関連付けて処理しようとするので、膨大な計算を行って無限に近い時間がかかってしまう。人工知能における難問の一つとなっている。

アフォーダンス

アメリカの知覚心理学者J・ギブソン（一九〇四―一九七九年）は、「周囲の環境が動物に提供する（afford）価値あるいは価値のある情報」をアフォーダンスと名づけた。情報は外部の環境世界にすでに客観的に存在しており、知覚者は環境世界を動き回りながらそれを抽出して認知する。環境をすでに与えられたデータとしてではなく、生きた知覚との動的な相互作用において考える。

13a　言語の排外運動に反対する

英語のおびただしい侵入に危機を感じたフランス政府は、かつてのアカデミー的純化主義の精神に目覚めて、一九七二年に二種類の言い換え表を発表した。第一表はすべての公的機関と学校で、英語の代りに用いるべきもの、第二表はできるだけ言いかえるのがのぞましいと希望される語彙を含んでいた。

しかし、英語のはんらんに脅威を感じたのはフランスだけではない。ヨーロッパ全土が多かれ少なかれ、似たような状況に置かれていた。フランス政府が言い換え表を提示した翌年の一九七三年、西ドイツの大統領グスタフ・ハイネマンはこのフランスの試みを紹介したうえで、「私はこの例を単純にまねることができるとは思わない。私たちは一般的な権威においてアカデミー・フランセーズに比べ得るような機関を持っていないからでもある」が、ドイツ語にあっては「お上《かみ》の規制によらずして、うまくやらねばならない」と演説した。アカデミー的権威によらず、ドイツ語を母語とする市民一人一人の復元力に訴えたわけである。誰しもこういうふうに、理性的で静かな言語的煽動をおこなえる大統領のことを羨ましいと思うにちがいない。しかしもっと心を打つのは、さらに、この演説の続きが次のように展開したことである。

> この数年来、私は書いたり話したりする機会あるごとに、外来語を使うかわりに、なるべくドイツ語を使いなさいと言ってきました。私がそう言うのは、特別な民族感情を示そうとしてではなく、むしろ、誰にもわかるようにとの気持からです。私にとってこれほど大切な役割はないと思われるのは、いわゆる教養ある階層と、我らの住民の広汎な大衆とのあいだの溝を乗り越えることです。もしそんな溝ができたら、民主主義にとってたいへん危険なことだからです。
>
> （傍点田中）

外来語への嫌悪、排撃はどこの国家においても煽情的におこなわれるが、たいていは民族や国家の名においておこなわれることが多い。それだけに、ここでは、ことばの民主主義という視点が前面に押し出されていることに我々は感動をおぼえるのである。しかも、こうしたことばの民主主義についての発言が、いわゆる文化人などではなくて、国家の元首の口から出てきたのは、ドイツの言語史的な環境、あるいはそこにみのった、言語についての思索の経験によるものであることを知る。私たちは、二〇〇〇年にもおよぶ対フランス語との永い対決のなかできたえられた外来語とその純化をめぐる議論のゆたかな歴史につきあたるのである。

郵政大臣シュテファンの郵便用語ドイツ化の訓令（一八七四年）が出たのち、「全ドイツ言語協会」が結成されて、言語的排外運動が最高潮に達したときのことである。四一人の署名による、「純化運動に反対する」声明が発表された。それは次のように述べている。

全ドイツ言語協会の理事会が、学校を自分の思うように従わせ、また正書法の手本によって、ことば使いまでも上からの規則でしばるよう政府当局に呼びかけている今、以下の署名者たちは次のことを公けに声明せざるを得ないと感ずるに至った。すなわち、発展と必要と、我らの言語の世界市民的な適応力とその民族的な抵抗力と、文学と教養とのために、またみずからの語彙を思慮をもって選ぶ我々の指導的な作家の権利のために、何百年にもわたるドイツと諸外国の経験にたって、そのような後だてからはきっぱりと手を引かれんことを。

かれらは、外来語の侵入を防ぎとめることだけがドイツ語を豊かにする道ではないこと、それは、権力によってよりも、むしろ科学や教育学の教養をつんだ教師が若者たちを潔癖なことばの使いかたに導くことによってかなえられると述べたのち、

我ら署名人たちは、ことばを濫造してあふれさせるのを守ろうなどという立場からははるかに遠く、むしろ逆に、ことばが正しいか誤りか、なくてもいいか不可欠かなどを、言語官庁が決めることに反対する。

我々は、いかなる国家の言語とりしまり機関であれ、言語の達人であれ、何が正しいかを、権威をもって決定することを認めず、また望まな

い。自由をもって成長してきた我々の言語は、外来語の洪水が押し寄せるたびに、その精神にとってなじまぬものは、やがてはふたたび捨て去るだろうが、新しい概念の語像は豊かにしてくれる得として手放さぬであろう。そのことにおいてドイツ語は貧しくなるはずがない。

この四一人のなかには、詩人や小説家ではフライターク、フォンターネ、ハイゼが、また言語学者のデルブリュック、神学者のハルナック、有名な病理学者のフィルヒョウなどが含まれていた。

それから一〇〇年ののち、マールバッハの演説において、大統領のハイネマンがこれら四一人の声明のことを想起していたかどうかはわからない。しかし、ここに我々は後進国ドイツの、民衆的言語に対する強い信頼感、そこからあらわれる楽天性と、なによりも、素朴に言語的自由をまもろうとする、ロマンチックな精神の系譜を認めることができるのである。ひらすら言語エリート好みに高度に規範化された言語の完成度を誇るかわりに、たえまなく生成し、変化にさらされるところに言語の本質を見、規範はそれに死を与えるものだという考えかたは、ついにアカデミーを持たぬことを誇る自由をうちたてたのである。

（田中克彦著『ことばと国家』岩波新書　一九八一年より）

13b　消費の記号的側面とは何か

日本を初め、西欧や北米のいわゆる先進諸国は、人類史上一度も経験したことのない特異な事態に直面している。〈モノ〉の氾濫がそれである。われわれがそれを買うのは、必要だからというより、欲しいからである場合が多いのではないかと思われる（若い女性向きの月刊誌や週刊誌は「この秋着たい服」「秋に買いたい！　靴とハンドバッグ一〇三選」といった見出しが満ちている）。われわれは広告に囲まれて、買い続けなければならないという強迫観念すら感ずるように仕向けられる。このような傾向は買物に関してばかりではなく、日常生活のすべての面に滲透しているように思われる。

もちろん、このような過剰消費が、歴史上全く存在しなかったわけではない。すぐ後にみるように、北米インディアンのポトラッチといわれる儀礼や、トロブリアンド諸島民の間にみられるクラ（第六章第2節）という交換儀礼に伴う消費は、一種の過剰消費と呼ばれうるだろう。しかし、それらは、その社会の一部のものに限られており、しかも、非日常的な儀礼として、まれに行なわれるに過ぎない。今日のように、誰もが、日常的にそのような行動をとるということは、未曾有のことなのである。そのような消費の実態を少し具体的にみてみよう。

まず、われわれの日常生活にとって、欠くことのできない衣食住の問題からみてゆこう。

衣について

すでに第1節でみたように、われわれが服を着るのは、寒さやその他の危険からの身体の保護という側面があるのは否定できない。その意味で、機能が記号的側面に〈特殊化〉された言語とは違うと言えるだろう。しかし、熱帯から亜寒帯にいたる広い地域で、ほとんど裸の部族が存在する一方で、それらの部族も完全に裸ではなく、何らかの装飾品を身につけているということからも分かるように、衣服は明らかに記号としての側面を持っている。そして、われわれが流行に従って、古い衣服を捨て、新しい衣服をどんどん買い続けるとき、われわれが消費しているのは、明らかに衣服の記号としての側面なのである。つまり、衣服が寒さから身を守るためという理由ではなく、それが何かを表わす（あるいは表わすことをやめる）のに役立つと思うから買うのである。毎年夏休み前頃になると、どの大学のキャンパスにも、紺のスーツに赤っぽいネクタイを着けた男子学生や、紺のツーピースに白のブラウス、それにリボンといった女子学生が大量に現われるが、そのような服装をすることによって、サラリーマン一年生としての新鮮さや、協調性が表わせると思っているからである。つまり、紺のスーツや赤いネクタイはリクルートルックの示唆《しさ》的特徴の一つなのである。

《紺のスーツ》・《赤ネクタイ》・《リクルートカット》＝《男子のリクルートルック》

《紺のツーピース》・《白のブラウス》・《リボン》＝《女子のリクルートルック》

のような図式が成立する。

食について

食についても同じようなことが言える。確かに、食べたり飲んだりすることは、生きてゆくための最低必要条件である。それは衣の場合よりもっと直接的である。しかし、明らかなことは、われわれが飲み食いしているのは、その必要量をはるかに上回っているということである。

もともと、料理が記号的側面を持っていることは多くの人が指摘しているところである。たとえば、《前菜》・《スープ》・《メインディッシュ》・《デザート》という統合関係があると同時に、《デザート》のところには、《コーヒー》、《アイスクリーム》等々の選択関係が入るという具合に、統合関係と選択関係の組み合わせから成り立っているわけである。しかし、料理の体系が言語の体系と異なるのは、料理の場合、素材そのものが記号的な意味を持ってくるということである。たとえば、エスカルゴやキャビアを食べるのは、それらに付与されている特別の価値のためであり、実際には、サントリーレッドが好きでも、人前ではオールドパーを飲むといったことも同様である。

もともと、可食性といった観念も、極めて文化的なものであることは前に述べたが、われわれのような社会に住んでいるものにとっては、飲食の記号的側面の消費は極点に達した感がある。したがって、料理を少し残して食事を終えることが規範になるような社会では、実際には空腹なのに、目の前の料理が食べられない、つまり、過剰消費の中の過少消費というパラドクシカルな現象が現われたりするのである。

住について

住に関しても大体同様のことを言うことができる。建物も、《門》・《塀》・《柱》・《屋根》・《壁》等、といった統合関係も持っているし、それら個々の項目の種類という選択関係も持っていて、まさに記号体系として捉えることができるものの一つである。消費という観点からいうと、生存のための必要性が少ないだけ記号的側面が強くなっていると言える。どのような家に住むかということは現代社会にあっては、ステイタス・シンボルのもっとも典型的なものだろう。

車のブランド

このように、全ての人の生活に基本的な衣食住でさえも、記号的機能の占める比率が大であるならば、その他の〈モノ〉は、余計そうなることは当然予想されるところである。たとえば乗用車を考えてみよう。今日のように、高度に発達した自動車の製造技術を持っている時代においては、どこの会社の車でも、エンジンその他の性能による差はほとんど無いといってよいと思われる。したがって、車の販売競争は、スタイルとか内装といった、車にとっては非本質的な部分をめぐって行なわれることになる。ここでもブランドが問題になってくることは言うまでもない。メルセデスとかボルボというブランドは、それだけで多くのことを意味するからである（たとえば、紺色のボルボは、その所有者が金持ちでかつインテリである〔と自ら思っている〕ということを意味するし、黒ぬりのアメリカ製の大型車は、その持主が暴力団などの特別の職業〔?〕に就いていることを意味する）。

この点でもわれわれ日本人は最先端を行っているらしい。というのは、もっとも故障が少ないとされる日本の車が、日本においてはもっとも廃車に至る年月が短いという事実があるからである。つまり、古い年式の車に乗ることは、格の低い車に乗るのと同じことを意味するからであろう。

（池上嘉彦・山中桂一・唐須教光共著『文化記号論――ことばのコードと文化のコード』講談社学術文庫　一九九四年より・引用箇所は唐須教光氏の文章）

13 c 記号の意味作用

記号とはなにか。

それは、たとえば、あなたがたったいま目にした「か」という文字である。なぜなら、「か」はたんなるインクの染み以上のものとして、そこにあるからだ。それは、/ka/という日本語の音（音素）に対応する文字として、あるいは冒頭の文のなかでは「疑問」を表わす助詞として、あなたには認識されている。つまり、「か」は日本語の文字体系あるいは日本語の文法体系といった、なんらかのシステムに属するメンバーであり、そのような存在として意味をになっている。そのかぎりにおいて、「か」はあなたにとってひとつの〈記号〉なのである。

文字や言葉だけが記号でない。また、道路標識や交通信号、化学式や商品のブランド・マークといった人工的な「しるし」だけが記号なのではない。あなたが目にし耳にするもののすべて、あなたが考えたり想像したりするもののすべて、要するにあなたにとって〈意味〉をもつすべてのものが記号なのだ。

あなたの部屋の壁にはってあるポスター、これももちろん記号だ。あなたはそれを「ポスター」として、しかもあなたの好きな映画スター○○の、あるいは画家○○○のポスターとして見ているではないか。外から聞こえてくる物音、これもやはり記号だ。なぜなら、あなたはそれを「自動車の音」として聞いているではないか。あなたの隣にすわっている人、これもまた記号だ。だって、あなたは彼を友人の○○として認識しているではないか。

〈記号〉ということが今日とくに問題になっていることの根底には、われわれ人間がこのように意味という病にとりつかれた存在である、という基本的な認識がある。つまり、われわれ人間は、「事物そのもの」を見つめることのできる精神的・身体的な強靭さをもっていない。そのために、あらゆる事物をなんらかの〈意味〉へと還元せずにはいられないということである。われわれは世界のすべての事象に〈意味〉を与え、それを記号化せずには、安心して生きていけないのだ。われわれひとりひとりの世界は、多種多様な記号からなり、記号のシステムとして秩序づけられているのである。われわれが「世界」とか「現実」とか呼んでいるのは、このような記号システムにほかならない。

　こうした生のリアリティにもとづいて現代の記号*学を創設したのが、スイスの言語思想家フェルディナン・ド・ソシュールである。彼が明らかにしたことを二箇条にまとめると、第一に、われわれ人間は「意味をになったもの」、すなわち記号しか認識することができないということ。そして第二に、記号とはそれ自身のなかに意味をもっているのではなく、それをとりまく他の記号たちとの〈関係のネットワーク〉、すなわちシステムのなかでしか意味をもちえないということ。つまり、記号とは、実体ではなく、関係的・相対的な存在であるということであった。〈記号学〉という新しい科学は、このような根本的な存在＝認識論に基礎をおいて構築されてきたのである。

　しかし、どうだろう。あなたはいつも、日ごろ見なれた、だれもその根底を疑わないような記号の世界のなかで、なんの不安もなしに生活しているだろうか。たとえば、さきほどの「か」という文字（＝記号）をじっと凝視していたらどうなるだろうか。あるいは、こんなふうにたくさん出てきたとしたら？

かかかかかかかかかかかかかかかかかかかかか
かかかかかかかかかかかかかかかかかかかかか
かかかかかかかかかかかかかかかかかかかかか
かかかかかかかかかかかかかかかかかかかかか
かかかかかかかかかかかかかかかかかかかかか
かかかかかかかかかかかかかかかかかかかかか
かかかかかかかかかかかかかかかかかかかかか
かかかかかか

　これらの「か」たちは、もはや「か」という文字であることをやめて、なにか気味のわるい線の踊り、あるいは幽霊の大群のようなものとして立ち現われてきてはいないだろうか。それらは、記号であることをやめて、「物そのもの」とでもいいたくなるような、なまの手ざわりをもち始めてはいないだろうか。

あなたの顔だってそうだ。自分の顔を鏡で見つめたときに、あなたはどんな気分がするだろうか。他人たちの顔は、たしかになんらかの明確な〈意味〉をもっているように思える。それは、美しかったり、かわいかったり、醜かったり、やさしそうだったり、若々しかったりする。あるいは、黒かったり、白かったり、長細かったり、丸かったりする。しかし、あなたは自分自身の顔をそんなふうにはっきりと「定義」することができるだろうか。彼女の顔は、なるほど美しい。だが、自分の顔は——美しくも醜くもない。そういうにはあまりにも曖昧な顔だし、そんなに単純なものでもない。そもそも「わたしの顔は〜である」などと断言できるわけがない。人はあれこれ言うけれど、自分ではそれをすんなり認めることなどできない……あなたは、おおよそこんなことを考えるにちがいない。それに、じっと凝視していると、それが人間の顔であるのかどうかさえ、わからなくなってくるはずだ。*サルトルの小説の主人公は、小さいころ、叔母さんから「そんなに長いこと鏡で自分の顔を見ていると、おまえは猿になってしまうよ」と言われたそうだ。彼が「醜男」であろうと、あなたが「美男子」であろうと、そのこと自体はここでは関係がない。それはあくまで他人たちによって与えられた意味づけにすぎないからだ。鏡のなかのあなたの顔ときたら、きっと「猿」を通りこして、月面のクレーターかなにか、もうわけのわからないものになって、どろどろと溶けだしてくるだろう。ふだんは「口」だと思っていたもの、この気味のわるい裂け目はいったいなんだろう。裂け目のなかのこの気持のわるい色はなんだろう。あなたはきっと、吐き気に近いものを感じてくるにちがいない。すぐにも、人のいるところに逃げこんでいきたくなるかもしれない。サルトルの主人公がいみじくもいうように、「鏡ってやつは、罠なのだ」。なぜならば、鏡のなかのあなたの顔は、いままでに他人たちが付与してくれたなんらかの〈意味〉を喪失して、一個の〈記号〉であることを停止してしまうからである。

こんなふうに、記号というものは、もともと確固たるものとして、必然的に存在しているわけではない。ひょっとしたはずみに、われわれは記号を記号として認識する日常の習慣を喪失して、うすきみわるい〈無意味〉の世界の露呈に遭遇することがある。要するに、記号というのは、不変不動のものではなく、生まれたり壊れたりするものなのだ。だから、ソシュール以降の現代の先鋭な記号学者たちは、記号のシステムがあらかじめ存在しているという事実の自明性を疑って、記号と意味の生成・解体のプロセスを解明しようとしているのである。

（立川健二・山田広昭共著『ワードマップ　現代言語論』新曜社　一九九〇年より
引用箇所は立川健二氏の文章）

◆編集注

記号学…記号論ともいわれるが、本質的な違いはない。ふつう「記号学」は sémiologie, semiology の訳語として、ソシュールに由来するヨーロッパ系の流れで使われる。他方、「記号論」は sémiotique, semiotics の訳語として、パースに由来するアメリカ系の流れに使われることが多い。要するに、両者の差異は歴史的・地理的なものであって、理論的なものではない。

サルトル…ジャン＝ポール・サルトル『嘔吐』白井浩司訳（原書一九三八年）、人文書院。

フランス語では「記号」が signe（シーニュ）、「猿」が singe（サンジュ）であり、一文字の転倒で「記号」が「猿」に変わる。

【発展】他の参考図書

加賀野井秀一『20世紀言語学入門』（講談社現代新書）

［難］ソシュールを中心とした20世紀の言語学革命の解説

池上嘉彦『記号論への招待』（岩波新書）

［標］言語や文化を考えるための記号論の基本的考えを説明

岡本夏木『子どもとことば』（岩波新書）

［標］子どもの発達においてことばが果たす役割を解説

論点整理

私たちは言語や記号を使って考え、意思疎通を行い、情報を獲得し、身の周りの物事を認識している。言語や記号は人間の精神活動と結びつき、さまざまな機能を果たしている。言語や記号の多様な側面は、言語や記号に対するさまざまな見方を生んでいる。

課題文aでは、外来語の侵入に対する異なる立場の言語観を問題にしている。

第一に、言語の伝統や純粋性を尊重する純化主義である。この立場は言語を純粋で不変なものと考えるため、言語の変化を言葉の乱れと否定し、伝統を維持しようとする。そのために、国家が法や教育という手段を使って、外来語を排除し、規範化の圧力を強化する。国家が外来語の排除を行うのは、単に自国の言語（標準語）の伝統を守るためではない。言語は近代の国民国家 関連→p.70 において国民を統合する重要な手段となっており、外来語の侵入は、異文化接触による文化変容と同様、国民の同一性を脅かすものとなるからである。

第二に、言語の本質は生成変化にあるとし、言語の純化主義に反対し、

キーワード

国語
個々の民族と結びついた「言語」とは異なり、政府がその国の公用語と定めた言葉を国内側から見た「国家語」のこと。

母国語
自分が生まれた国や所属している国の言語のこと。

母語
幼児期に周囲の大人たち（特に母親）が話すのを聞いて、最初に自然に身に付け、最も自由に使用できる言語のこと。

標準語
一国家内の国語の規範となるべき正式の言葉で、教育や法令などの公用語として用いられる言語のこと。近代の国民国家を形成すると

言語的な自由を守ろうとする立場である。この立場は、言語は本来、時代や社会、文化の変化、異文化との接触などに従って変化するものであり、国家権力による言語の使用の規制、すなわち規範化の圧力は好ましくないと考える。外来語の侵入に関しても、異文化接触による言語の変化は歴史的事実であり、外来語の淘汰を通して表現がより豊かなものになると肯定的にとらえる。

純化主義は国家が定めた規範を遵守することが言語を正しく使用することであると考えるのに対し、言語的自由を守ろうとする立場は、語彙を選択し表現する個人の自由を尊重する。規範なくして言語表現は成り立たないが、規範を国家権力によって強制し、表現の自由を規制することが好ましいのかという規範と自由をめぐる対立がある。

人間は言語を含めた記号の世界のなかに存在している。その中でも商品は特別な記号となっている。課題文bでは、消費社会における記号の消費を問題にしている。高度に発展した資本主義社会では、商品が氾濫し、過剰消費の状態にある。このような豊かな社会では、商品の必需性や有用性という実質的な価値が薄れ、あらゆる商品に記号的側面が強くなっていると指摘している。例えば、衣服にはもともと職業や宗教的な意味、階層などを示すシンボルとしての機能が備わっているが、消費社

きに国家が制定するものである。

共通語
元来は方言と方言との間の共通の第三の言語という意味で用いられたもので、全国のどこでも互いの思想や感情を伝え合うことのできる全国共通語のこと。

記号
ある内容や事柄を一定の約束事に従って指し示す働きをもつもの。人間や他の動植物は、それぞれの環境に多様な意味づけを行うことで意味の世界に生きているが、意味づけされた対象はすべて記号とされる。記号には、言語、音符、信号などの人為的記号、黒雲（雨の兆し）、発熱（風邪の徴候）などの自然的記号がある。

会では、ブランドイメージやステイタス・シンボルといった商品の記号的側面が強化されている。メルセデス・ベンツは成金、アウディはインテリ、ジャガーは紳士のシンボルといったように、商品はイメージに応じて価値付けされ、記号として流通している。その結果、私たちは商品の記号的な価値を消費するようになっている。

このように、課題文bでは記号としての商品が取り上げられているが、衣・食・住といった生活文化の例にあるように、私たちの文化を構成するすべての事物は記号として流通している。つまり、記号論的な観点からすれば、文化とは記号の体系であるといえるのである。

私たちは文化という記号に取り巻かれて暮らしているが、課題文cでは、自分にとって意味をもつものすべてが記号であると述べている。私たちは自分の持ち物、自分の住んでいる地域、自分の友だちにも、何らかの意味づけをしたうえで、自分なりの認識を行い、自分なりの関係を作り上げている。人間は意味という病にとりつかれた存在であると課題文cで述べているように、私たちは世界のすべての事物を記号化し、意味の世界の中で生きている。その意味で、「世界」や「現実」とは記号のシステムにほかならない。このことは、裏返せば、「事物そのもの」が「意味」というヴェールで覆われ、私たちには「事物そのもの」が見

分節化・差異化
世界という未分化で混沌とした連続体（カオス）を分割し、差異化すること。例えば、虹の色は本来連続的に変化しているため、厳密に区切ることができないが、日本人は「赤・橙・黄・緑・青・藍・紫」の七色に区切り、分節化している。分節の仕方は文化によって異なり、その文化に属する人間の認知・思考に影響を与えている。

恣意性
言葉において、事物と名称との関係、概念と音のイメージとの関係は、必然的な結びつきによるものではなく、自然で論理的なものでもない。例えば、水素と酸素が結合した液体を「ミズ」という音で表す必然性はない。英語では「water」と表現されるが、「ミズ」との共通性はない。また、

えなくなっているといえる。そのため、私たち人間には、「意味をになったもの」、すなわち記号しか認識できなくなっている。だからこそ、サルトルの『嘔吐』の主人公のように、意味を剥ぎ取られた「物そのもの」との突然の遭遇に、私たちはたじろぎ、認識と思考の停止に陥ってしまうのである。

課題文Cでは、記号の本質的な特徴についてもふれている。例えば、交通信号の「青」であれば、「進め」を意味するように、私たちは一つ一つの記号がそれ自身意味をもっているように思っているが、そうではない。記号はつねに他の記号との関係を通して意味づけられる。交通信号の「青」は「赤」や「黄」との関係を通して意味づけられているように、記号は関係のネットワークの中でしか意味をもちえない。記号とは、実体ではなく、関係的・相対的な存在なのである。関係のネットワークは、交通信号のような色の違いといった互いの差異によって構成されている。つまり、記号とは差異の体系によって成り立っているのである。

このように、記号は互いの差異という関係を通して意味をもつのであるが、差異は人間による事物の分節化によって生じることも記号の特徴として知っておくといいだろう。

個々の辞項（単語）のもつ価値（意味）は、その言語の体系内の他の辞項（単語）との隣接関係から決定されることも言語の「恣意性」を示している。

カオスとコスモス

言語学では、人間の外なる環境や内なる生体験を未分化で混沌としたもの、すなわち「カオス」（混沌、無秩序）と見なし、カオスを言語によって分割し、秩序化した世界を「コスモス」（秩序、調和）と呼んでいる。現代の言語学においては、カオスはコスモスの深層にあって、絶えずコスモスを脅かすとともに活性化する両義的な存在と考えられている。

14a　電脳社会の動向と課題

「電子社会システム」における技術現象の見えの変化例を図1に示す。

いわゆるＩＴ技術と言っても、次々と新たな技術の名称が現われてくる（たとえば、吉崎、二〇〇二）。そして、ＩＴ技術は、人々のまわりにユビキタス（Ubiquitous、遍在すること）環境として現われてきている。そして、それはナノテクノロジー（たとえば、川合、二〇〇一）によってさらに高度化・複雑化し、人々のまわりをより見えないものにするとともに、人間の身体の中にまで浸透してこよう。

ところで、現在の社会に大きな影響を及ぼした技術の一つが、コンピュータの技術であることは言うまでもない。この技術を牽引してきた学術団体の主なものの一つがＡＣＭ（the Association for Computing Machinery）である。一九九七年にＡＣＭはコンピュータの歩み五〇周年を祝ってＡＣＭ97を開催した。会議に先立ち、コンピュータに関連してきたリーダー達二四名が *Beyond Calculation: The Next*

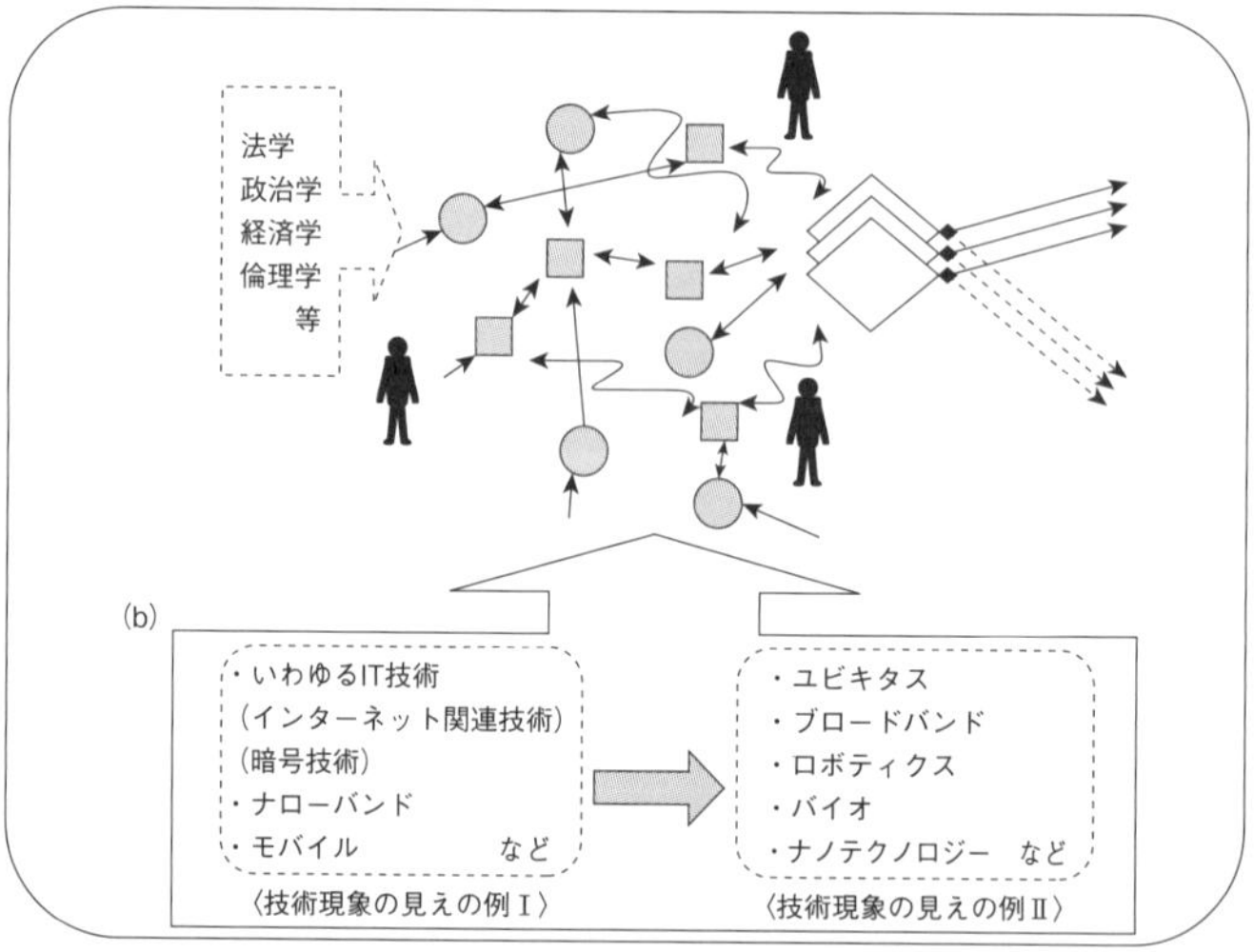

図1　「電子社会システム」における技術現象の見えの変化

Fifty Years of Computing（Denning, Metcalfe, 1997）としてコンピュータの未来と日常生活に及ぼす影響について、オリジナルあふれ、思考を刺激する論文・エッセイ集を発表した。会議後には会議を振返って発表者一九名により *Talking Back to the Machine : Computers and Human Aspiration*（Denning, 1999）と題して、コンピュータが個人と社会にどのような影響を及ぼすかについて論じた。これらで述べられたことは、インターネットの急速な発展によって一般の人々や社会に現実のものとして今日現われてきた。

四年後の二〇〇一年三月にはサンノゼにおいて、ACM1が“Beyond Cyberspace: A Journey of Many Directions”というテーマのもとで、サイバーワールドだけでなくリアルワールドとの融合を見つつ、技術は日常生活の中のユビキタス・コンポーネントとなっていくこと等が、ITのリーダー達によって論じられた。ちょうどIT不況と呼ばれるようになろうとしているシリコンバレーの中心で体験した会議であり、技術と人と社会について考えさせられる会議となった。会議後に *The Invisible Future : the seamless integration of technology into everyday life*（Denning, 2002）が発行されている。ここ数年間、ある意味で「見えない（Invisible）」が一つのキーワードとなっている。コンピュータ自体もどんどんと見えない方向にある。（たとえば *The Invisible Computer*（Norman 1998）。）

この数年間の急速な変化にもかかわらず、技術開発の現場にいる著者にとっては、現在見えている社会の変革は、緒についたばかりであり（たとえば、*The Unfinished Revolution*（Dertouzos, 2001））、将来が全体として見えないところが不安を呼んでいる一因になっているとも思われる。

「電子社会システム」における基本的課題の一つは、システムの「見えない」ものを「見える」ようにするとともに、「わかりあえる」ようにすることである。

見えるようにし、わかりあえるためには、見えない情報の動きや社会のプロセスを見えるようにする学や技法（たとえば、情報デザインアソシエイツ、2002 ; Jacobson, 1999）との協同研究や、いわば創造的コラボレーションのための認知科学と呼ばれる「協同の知」（植田・岡田、二〇〇〇）を利活用することが必要となる。

なお、過剰な「見える」は、現実をありのままに捉えることを困難にすることもある点には留意する必要がある。たとえば、現代人はメディアの中の世界を現実と見誤る危険性があり、政治のメディア化の危うさにも注意する必要があることが指摘されている（ヴィリリオ、二〇〇二）。

技術とその影響は変化し続けている。技術開発過程とそれの社会への影響の時間的関係を図２に示す。「電子社会システム」研究は、主として図中の「現在見えている社会」の現象を対象にしていることが多い。どこまで「将来現れてくる社会」の現象を予期できるかがキーとなる。

予期は企業活動においてもキーである。電子化に関するイノベーションに成功し業界をリードしてきた企業も、ある種の市場や技術の変化に直面したとき、図らずもその地位を守ることに失敗する（クリステンセン、二〇〇〇）。

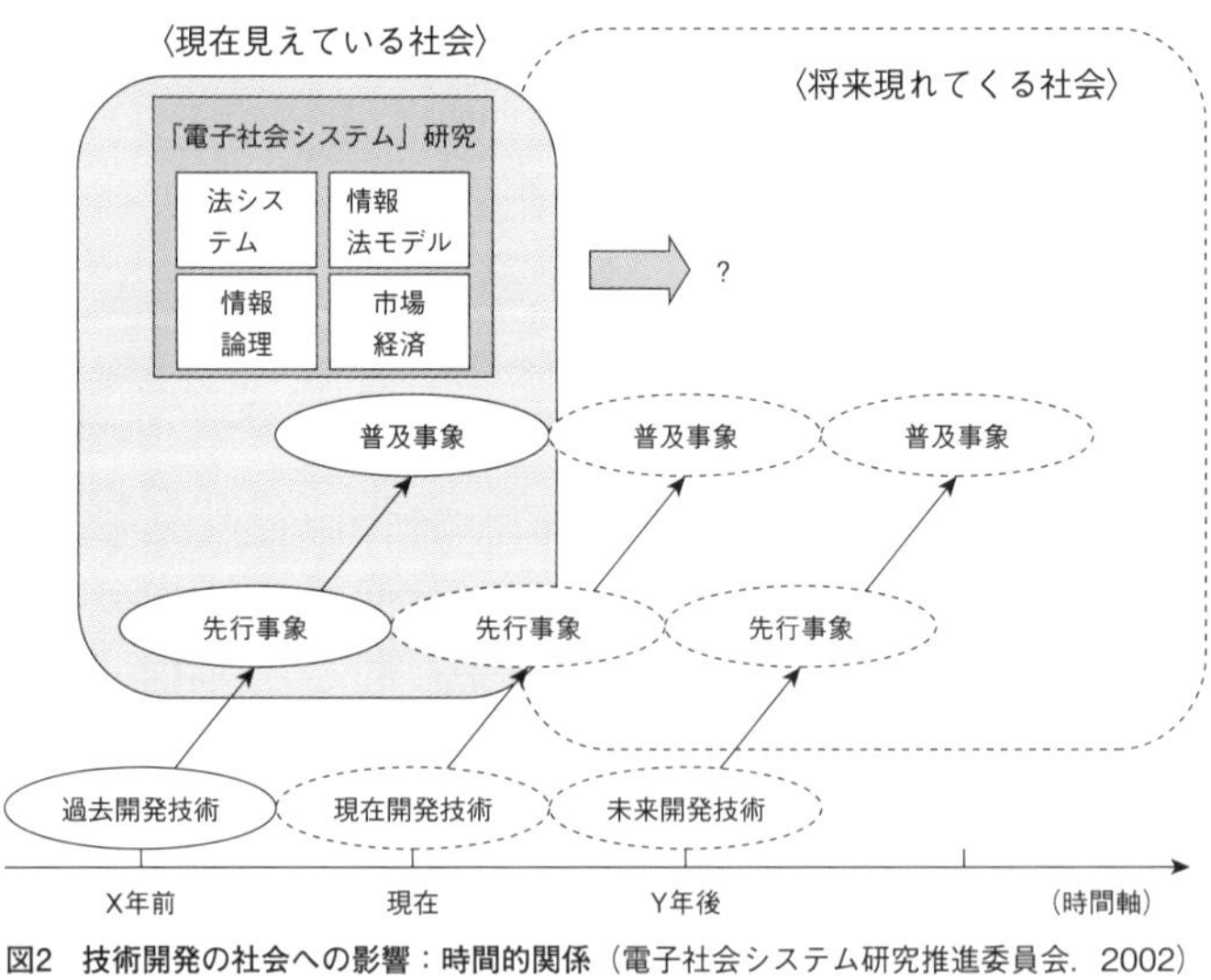

図2　技術開発の社会への影響：時間的関係（電子社会システム研究推進委員会．2002）

「電子社会システム」における基本的課題の一つは、変化への時間的適応である。

最近起こった巨大銀行の電子化システムの問題にも予見されるように、電子化システムは、ますます大規模になり、異分野ともネットワーク化した複雑なものとなり、問題や事故が起こると、表面上はソフトウェア問題やヒューマンエラーということで片付けられるケースが多いが、問題の根はもっと根本的なところにあると思われる。

問題の複雑化は情報技術自体がもたらしている面も多い。企業や社会における諸活動の一部のできるところのみに技術を部分適用することの弊害もある。これらの問題に対処するために、複雑システムに対応する新しい情報技術を開発しようとする研究も行われている（たとえば、大須賀、一〇〇二）。

米国では将来の社会の変化として一〇の変化の側面：

すなわち、

●コミュニケーション形態の変化　●情報を扱う形態の変化

●学習形態の変化　●商取引の性格の変化

●仕事のあり方の変化　●医療現場の変化

●設計／製造の方法の変化　●研究方法の変化

●環境への対応の変化　●政策実施の変化

に対応する新情報技術を研究開発しつつある（大須賀、二〇〇二）。

問題を解決しようとして情報技術を導入して新たな問題が生じると、それを解決するために新たな情報技術を開発するといったサイクルは、電子化システムの実態をますます複雑にしている面もある。特に、電子化システムのバージョン・アップ時やシステムの結合や融合時において、それ以前のシステムを自己参照、改定していくときの技術的・社会的な方法論に留意する必要がある。

「電子社会システム」における基本的課題の一つは、複雑なシステムを「自己参照」的に、ますます「複雑化」して「見えない」ものにしつつある点にどう対応していくかにある。

（辻井重男編著『電子社会のパラダイム』サイエンス社　二〇〇二年より・引用箇所は遠藤隆也氏の文章）

14b　情報化とネットワーク社会

情報ネットワーク社会が本格化したとき、そこではいったい、どのような基底となる価値が要求されるであろうか。システム化された情報処理技術が高度に発達した段階の情報ネットワーク社会にあって、特徴的なことは、情報的に個々人が他者や社会や世界に対してかつてなく開かれることである。個々人一人ひとりにとっての選択の自由がきわめて大きくなることである。

だが、可能性としてはそうであっても、実際にみんながその可能性を享受できるとはかぎらない。それどころか、あらゆるシステムは一種の制度として惰性化し、人間あるいは個人を拘束してくるおそれがある。したがって、ここでなによりも必要なことは、氾濫する情報に流されず、惑わされないような自己、自己決定できるような底力のある自己を確立することである。ここで自己というのは、無意識を含まないような意識的自我ではなくて、身体性をそなえた自律的な主体である。

しかも、このような自己は、情報のシステムあるいはネットワークを離れてあるのではない。むしろ、その結節点として、地球という生態系のうちに育まれ、成立するものになるだろう。ここに、ネットワークのなかにあって抽象的な存在になりがちな個々人の、大自然への着地があり、だからこそエコロジーがいっそう切実になるのである。ただし、情報ネットワークは、その使われ方一つで、個々人の可能性を開くのではなく、かえって統一された或る意思決定や共通の感情を押しつけることもある。

デマゴーグや独裁者がそれを利用するおそれもある。が、なにも彼らが押しつけなくとも、横並びに同じ意見や感情を相互に強制し合うことだってありうるのである。したがって、裏側からいえば、高度の情報社会では、個々人の立場は十分に尊重されなければならないし、個々人自身にしても、他人や周囲の者たちと、断じて安易に同化しないようにする必要があるのである。

ところで、情報ネットワーク社会が本格化するとき、個々人と会社や地域社会との関係も、少なからず変わってくるだろう。人間活動の空間的・地域的な制約がはるかに弱まって、行動の自由度がずっと大きくなるからである。それによって知的な行動の範囲も拡がり、グループ的あるいはボランティア的な小集団を超え、自分の属する会社や地域社会を超えて、他の会社や地域社会と関係を持つこともできるようになるだろう。

そのように行動の範囲と自由とが拡がることは、それ自体としてはいいことである。しかし、そうは言っても、個人はなんらかの拠点あるいは場所を持つことなしには、確固とした存在ではありえない。その場合、有力な拠点になりうるのはまず家庭であろうが、その家庭にしても他の集団や組織にしても、〈情報の相〉のもとに否応なしに問いなおされて、変貌せざるをえないだろう。

そのことを、先に述べた〈文明史の諸段階〉の観点から振り返ってみると、次のようになるだろう。まず〈自然社会〉では、その社会組織は、家族と血縁共同体から成っていた。それが次の〈農業社会〉になると、そこに古代国家が加わるとともに、血縁共同体が地域共同体に変わって、そこでの社会組織は、家族・地域共同体・古代国家の三者がそこでの社会組織となった。それに対して〈工業社会〉では、前段階の地域共同体の代わりに職能共同体が生まれるとともに、古代国家が国民国家に変わって、家族・職能共同体・国民国家の三者がそこでの社会組織になった。

では、本格化した〈情報ネットワーク社会〉では、その社会組織はどのようになるだろうか。世界の歴史的趨勢から見て、国民国家やその変形であるさまざまな主権国家は、衛星放送やインターネットなどを含む高度の情報ネットワークによって、国境によって象徴される閉鎖性が大幅に打破されるだろう。そのことは、二〇世紀の八〇年代末以来起きたさまざまな歴史的な出来事をめぐって、つまり、東西ベルリンを隔てていた壁があっけなく消え去る上で、また中国の〈天安門事件〉が世界中につよいショックを与える上で、さらに、〈湾岸戦争〉の実態を知らせる上で、世界の空を駆けめぐった衛星放送や衛星通信がいかに大きな役割を果たしたかを考えればわかるだろう。

国民国家あるいは主権国家そのものは、そんなに急速にはなくならないだろうし、途中ではかえっていろいろとつよい揺り返しもあるだろう。しかしそれでも、長期の趨勢としては、国境だけでなくそれに伴う主権の絶対性も、弱体化され、形骸化されるだろう。そしてその代わりに、国連のもとにあってさまざまな分野で国際的な調整活動を行なってきた専門諸機関（世界保健機関、国際原子力機関、国際民間航空機関、世界気象機関、等々）のようなものが、世界中にいっそう数多く張り巡らされるようになるだろう。

つまり、本格化した〈情報ネットワーク社会〉では、家族や職能共同体、つまり家庭や会社とともに国民国家も風穴が開けられ、非実体化されるだろう。そして、それよりももっと機能的なさまざまな柔軟な組織のネットワークによって、その働きが代替されるだろう。ということは、ここにおいても、先に述べた底力のある自立した個人、人間的に魅力ある個人の働きに期待されるところが多くなる、ということである。だからといって、組織や企業や職場が必要でなくなるわけではなく、それらは、積極的にそのような個人を育て、成長させる拠点あるいは場所になることが求められるだろう。

（中村雄二郎著『21世紀問題群——人類はどこへ行くのか』21世紀問題群ブックス・岩波書店　一九九五年より）

14c　情報社会論のパラダイム

「システム社会」――それはまさしく当時の日本の産業社会の夢であったのだ。そして、第一期の情報化社会論はAI的アナロジーを使って、それをコンピュータ技術の進化の必然として描きだしたのである。企業や行政機関を多数の端末をそなえた大型計算機のシステムになぞらえ、その技術の高度化によって社会自身もシステム社会へ進化する、という未来社会像を人々にふりまいたのである。

いや本当は、そこに人々は日本社会の未来の夢を託したというべきだろう。強大な企業組織と官僚組織の上に繁栄する企業社会ニッポン――超大型・超高性能の大型計算機が君臨する社会、集中的情報処理によって最適に制御される「情報化社会」は、その「ニッポン株式会社」にふさわしい未来社会イメージだったのである。（佐和隆光『文化としての技術』岩波書店など参照）。当時の多くの日本人にとっては、それこそが輝かしい未来を約束してくれるものであった。

そうしてみると、なぜ七一年の時点で第一章で見たような技術予測が出てきたのかも、理解できるだろう。

予測が外れた二つの分野のうち、AI化はまさにこの夢の中核部分である。システム化とは、これまで人間の特権とされてきた意思決定を、部分的にせよ、コンピュータに代行させることであり、さらには、人間以上のすぐれた意思決定をコンピュータに託すことである。そうした付託が信憑性をもつには、コンピュータそのものも人間に近づく＝AI化する必要がある（さもなければ、技術の必然として、それを語ることができない）。その意味で、AI化はシステム社会論にとって不可欠な要素であった。だからこそ、その実現が八〇年代後半という近未来に設定されたのである。

一方、もう一つの外れた分野であるダウンサイジングやネットワークは、簡単にいえば、どうでもよかったのである。それは当時の日本社会の夢とは関係ない技術であり、だから予測対象にならなかった。第一章で述べたように、社会予測なしに技術予測はできない。技術予測だけでやろうとすれば、出来あいの未来社会イメージを借りてきて、それに技術の発達のつじつまをあわせるしかない。したがって、未来社会イメージに関係ない技術はそもそも予測の視野に入りようがないのである。あの七一年の技術予測の失敗は、情報化社会論の錯覚の構図がもたらす必然的な結果だったのだ。

しかし、この第一期のブームは意外に早く下火になる。その転機になったのは一九七三年の石油ショックである。高度成長は終わりをつげ、環境破壊やエネルギー資源の壁がクローズアップされるようになった。そのなかで、巨大技術と巨大組織を売り物にしてきたシステム社会論は退潮をよぎなくされる。

情報化社会論の第二のピークが訪れるのは八〇年代半ばからである。この第二期は第一期と区別するため、「高度情報（化）社会論」ともいわれている。現在の情報化社会論も基本的には第二期の延長上にある。

八〇年代に入ると、マイクロプロセッサなどの新たな情報技術が次第に商業ベースにのりはじめていた。最初の実用的なパーソナルコンピュータといわれるアップルⅡの発売が一九七七年、パソコンをビジネスツールとして定着させたＩＢＭ－ＰＣの発売が八一年である。巨大で高価な大型計算機が、小型でより低価格のワークステーションやパソコンに置き換えられ、大型・集中的なシステムから小型・分散的なネットワークへと、コンピュータシステムが変わっていく。

その流れにのって、第二期のハイパー産業社会論は展開される。その火つけ役ともいえるのが、今井賢一の『情報ネットワーク社会』（岩波新書、一九八四年）である。第二期の基本的な議論はこの本でほぼつくされているので、簡単にその内容を見ておこう。

まず、今井は情報を「定型的な情報Ａ」と「意味的な情報Ｂ」に分けている。それに応じて、情報の流れるネットワークもＡ型とＢ型に分けられる。Ａ型のネットワークは、金融オンラインや予約システムなど、形式的情報を機械的に伝えるものであり、

B型のネットワークは意味的な情報を伝えるネットワークである。

　二つのネットワークのうち、より重要なのはB型の方である。B型の情報はA型とちがって、文脈と密接に結びついている。裏返せば、従来の境界をこえて異質な領域と交流するネットワークをつくりだせば、新たな価値をもつ情報Bが生まれてくる。この情報Bの創発性に注目した点に、第二期のハイパー産業社会論の特徴がある。それまで無関係であった産業や企業や個人を新たな形に連結し、異質なものを結びつけ、閉じたシステムを開いたシステムにしていくことで、新たな成長可能性を確保する――それが第二期の情報化社会論が描いた「情報化社会」の姿であった。

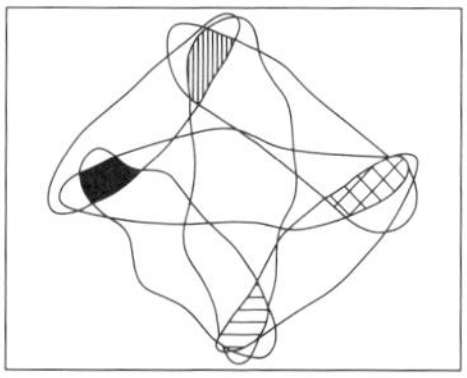

図１　ネットワークのイメージ
今井賢一・金子郁容「ネットワーク組織論」岩波書店による

　今井の『情報ネットワーク社会』は、技術決定論を微妙にさけながら、一つの「情報化社会」の姿を新たに描きだした点で、林の『情報化社会』と相通じるものがある。そして、その後の展開でも両者はよく似ている。「ネットワーク」はまさに八〇年代後半のキーワードとなっていくが、そのなかで『情報ネットワーク社会』の技術社会学的部分は忘れられていったのである。

　情報AとBの関係にしても、第二期のハイパー産業社会論は両者をむしろ積極的に混同する方向へ進んでいった。「電子メディアネットワークが進歩すれば社会や組織も変革される」といった話がさかんに語られた。その発想は九〇年代にも引き継がれ、「LANを導入すれば知的創造性が高まる」とか「インターネットはハイパーコミュニケーションの場だ」といった話がもてはやされた。

　もちろん、これはAI的アナロジー以外の何ものでもない。A型のネットワークは現在のレベルで実現可能な技術であるのに対し、B型のネットワークは本質的には社会の側の制度である。そのちがいを「コミュニケーション」と一括りにすることで消去してしまう。その結果、社会という文脈はすっぱり切り落とされ、従来の社会内・組織内のコミュニケーションをA型ネットワークで置き換えて高度化すれば、自動的にB型のネットワークができるかのように見える。第三章で見た「組織革命」の話はその格好の事例である。第二期の情報化社会論もまた、コンピュータシステムに社会のしくみを重ねあわせ、その上に未来のネットワーク社会を構想したのだ。

さらに、ネットワーク社会論では、「B型のネットワーク」自体にも多重な意味が込められていた。たとえば、今井は京浜工業地帯にみられる大企業―下請けの系列を、シリコンヴァレーの研究所＋ベンチャー企業の複合体とならべて、ともに「ネットワーク」と呼んでいる。日本的経営こそがネットワークだといった人さえいる。その一方で、今井と一緒に『ネットワーク組織論』（岩波書店、一九八八年）を書いた金子郁容は、日本的な組織がネットワークでないことをさかんに強調している。その後『ボランティア　もうひとつの情報社会』（岩波新書、一九九二年）へむかう彼のイメージは、むしろ七〇年代アメリカの草の根直接民主主義の流れをひくものである。

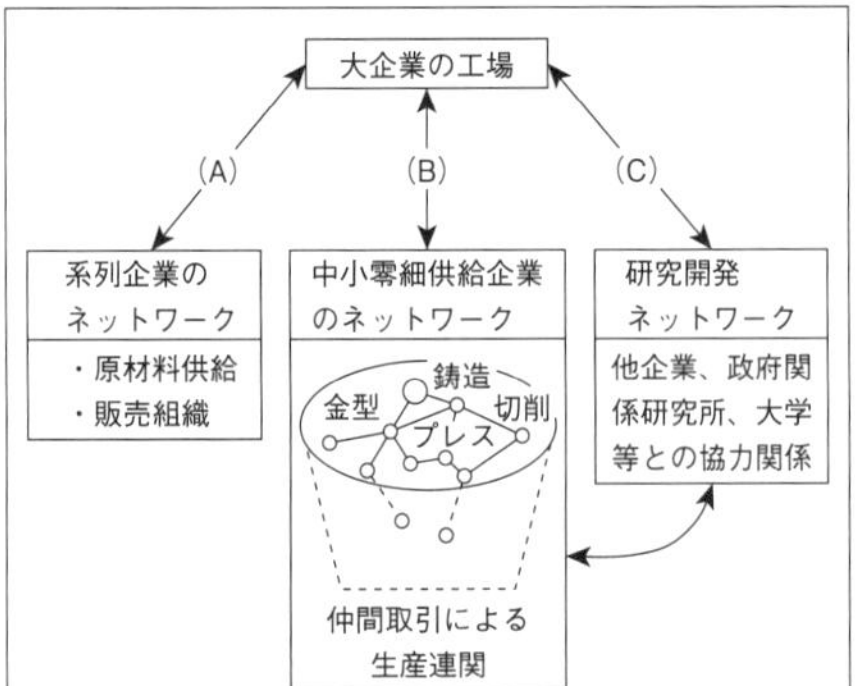

図2　日本の企業間ネットワーク
今井賢一『情報ネットワーク社会』岩波新書による

こうした「ネットワーク」の意味の多重性は、それ自体、日本の産業構造の転換過程を映し出している。今井のように、シリコンヴァレーと京浜の企業系列を同種のネットワークだといえば、組織という点では、未来のネットワーク社会と過去の日本との間にあまり差はなくなる。それはむしろ「柔らかなシステム」ともいえるものだ。一方、金子のように、日本的組織とネットワークがちがうといえば、それはかなりラディカルな組織形態の変革をめざすことになる。

　ネットワーク社会論の魅力は、こうしたちがった未来社会イメージが同時に盛り込まれた点にもあったのだろう。中高年の世代は「ネットワーク」として、従来の企業組織に近いものを想像した。それによって「未来もさほど過去と大きく変わらないらしい」とひそかに安堵しつつ、変化を少しずつ受入れようとした。他方、より若い世代は「ネットワーク」に、より構造的な変化を夢見ることができた。それぞれの世代がそれぞれの未来社会イメージを勝手に読み込める——そうした多義性がこの言葉の大きな魅力となっていたのである。これもまた、「情報化社会」が空虚な記号《シニフィアンゼロ》であることの効果といえよう。

（佐藤俊樹著『ノイマンの夢・近代の欲望』講談社選書メチエ　一九九六年より）

【発展】他の参考図書

［標］佐藤卓己『メディア社会　現代を読み解く視点』（岩波新書）
ニュースや社会現象を通してメディアの現状を分析

［難］吉見俊哉『メディア文化論　メディアを学ぶ人のための15話』（有斐閣アルマ）
メディア・リテラシーを身につけたい人に必携の一冊

［標］西垣　通『IT革命　ネット社会のゆくえ』（岩波新書）
21世紀のネット社会のビジョンを示す壮大なIT論

論点整理

携帯電話の普及やコンピュータのモバイル化に伴い、私たちはどこへ移動しても情報のやりとりが簡単にできる情報環境の中で生活するようになった。電子社会システムの構築によって、私たちの生活や社会が大きく変化し、技術、経済、法制度、倫理、文化などの領域でさまざまな問題と課題を抱えることになった。

課題文aは、電子社会システムの課題を技術面から問題にしている。恒常的に進歩する情報技術は私たちのまわりにユビキタス環境を作りつつある。テレビやラジオのマスメディアの放送と、パソコンや携帯電話による個人の通信が融合し、さらにエアコンや冷蔵庫などの家電までもが、インターネットに接続し、情報のやりとりができる時代が到来しつつある。こうしたシステムの高度化、複雑化によって、システムそのものが人々に見えないものとなり、また、システムが社会にもたらす影響が予測できないものになるようになった。電子社会システムの基本的な課題は、システムの「見えない」ものを「見える」ようにするとともに、「わかりあえる」ようにすることである。

情報技術の社会への影響は絶えず変化し続けているため、現在の見え

キーワード

インターネット
複数のコンピュータ同士が回線で網の目状に接続されたものがコンピュータ・ネットワークであり、世界中のコンピュータ・ネットワークが回線によって相互に接続された、ネットワークのネットワーク。

ネットワーク組織
情報通信ネットワークの拡張・普及を背景として、異質な組織や集団、個人同士によって、異質なもの同士の交流と、情報の創造開発を目的として網の目状に構築されたもの。

マルチメディア
文字・音声・画像（静止画）・映像（動画）などの多様な表意形態が、デジタル技術によって統合されたコミュ

ている社会から、将来現れてくる社会の現象をどこまで予測できるかが問われる。つまり、情報技術の進歩が経済、法制度、倫理、文化などの領域でもたらす変化を具体的に予測し、変化への対応策を準備することが問われるのである。一方で、電子化システムの大規模化と複雑化によって発生した問題や事故に対処するために、新しい情報技術を導入することを繰り返せば、システムはますます複雑になり、ますます「見えない」ものになっていくという問題も生じるようになった。システムの複雑化は不可視化を必然化するが、それに対する可視化の努力を続けない限りシステムを有効に利用できない。電子社会システムを発展させるにはこうした課題に研究者、企業、行政が連携して取り組んでいくことが求められる。

課題文bでは、まず情報ネットワーク社会が個人の自由を拡大することを指摘している。インターネットに代表されるニューメディアは誰もが時間や場所に関係なく受信と発信のできる双方向のメディアである。物理的、時間的な制約から解放されるだけではなく、自分の属する会社や地域社会などを超えて、他の集団や地域との関係を持つことができるようになる。つまり、個人が多様な人間関係を自由に持つことを可能にするのである。また、情報ネットワーク社会は、情報のボーダーレス化

ニケーション・メディアであり、リアルタイムに双方向的（インタラクティヴ）な情報伝達を可能にする。

インタラクティヴな情報交換
新聞やテレビなど、マスメディアの特徴は、一方通行的な大量伝達すなわちマス・コミュニケーションである。これに対して、マルチ・メディアでは、個人が情報の受け手であると同時に送り手ともなる双方向的**interactive**なコミュニケーションを特質とする。

ヴァーチャル・リアリティ（virtual reality）
仮想現実。コンピュータによって作られた、人間の感覚でとらえられる環境。

情報民主主義
情報に関する基本的な四つの権利をいう。「プライバ

をもたらす。情報が国境を簡単に越えることで、従来の国民国家関連↓p.70の統一性や主権の絶対性が弱体化する。ここでも個人が権力の制約から解放され、自由度が高まる。

　このように、情報のネットワーク化は、個人の家庭や会社や国家への帰属を希薄にし、個人と個人を結ぶネットワークを強化、拡大していく。個人の自由度をますます高めるが、その分個々の人間の主体性が問われることになる。自己の能力によって情報を取捨選択し、判断したり、自己の責任において情報を発信したりしなければならない。情報のネットワーク化は、自律した主体性の確立を個人に求めるのである。

　課題文Cは、情報社会をとらえるパラダイム関連↓p.173の変化について問題にしている。七〇年代から始まる第一期の情報社会論は「システム社会論」である。パーソナルコンピュータがないこの時代では、多数の端末を備えた大型計算機のシステムに、企業や行政機関を重ね合わせる発想が支配的になった。超大型・超高性能の大型計算機の集中的情報処理によって最適に制御される強大な企業組織と官僚組織の上に日本の繁栄が約束される。このように技術の高度化によって社会自身もシステム社会へと進化するという未来社会像がふりまかれた。しかし、巨大技術と巨大組織に依存するシステム社会論は七三年に起きた石油ショ

シーの権利」「知る権利」「情報使用権」「情報参加権」のことで、それぞれ「私的な情報を他人に知られることから保護する権利」「公的機関などの情報を国民が知る権利」「あらゆる情報を自由に利用できる権利」「データベース管理や政策決定へ参加する権利」である。

知的所有権（知的財産権）精神的創作努力の結果である知的成果物を保護する権利のこと。土地などと違い、実体のない、知的成果という財産（無体財産）に対する権利である。産業の振興を目的とする「工業所有権」（特許権・実用新案権・意匠権・商標権）と、文化の発展を目的とする「著作権」と、「その他」若干の権利の三種に分かれる。

ックを転機に消え去ることになった。
八〇年代に入ると、マイクロプロセッサの開発によってパーソナルコンピュータが登場し、巨大で高価な大型計算機の時代が終わり、大型・集中的なシステムから小型・分散的なネットワークへと、コンピュータシステムが転換した。こうした流れの中で第二期の情報社会論である「ネットワーク社会論」が登場した。ネットワーク社会論は、今まで無関係であった産業や企業、個人を新たな形に連結し、異質なものを結びつけ、閉じたシステムを開いたシステムにしていくことで、新たな成長の可能性を確保するというものである。これは組織論としては、従来の階層構造をもったコミュニケーションをネットワークに置き換えてフラット化すれば、組織の柔軟性や創造性が高まるというものであった。このネットワーク社会論もコンピュータシステムに社会を重ね合わせ、その上に未来の社会像を構想している点では、ネットワーク社会論と同じパラダイムになっている。
情報社会の発展に対応していくには、情報技術の進歩が組織や社会の構造、個人の生き方に与える変化をいかに予測し、未来の社会像をいかに構想するかが問われるのである。

メディア・リテラシー
主としてマス・メディアの伝える情報を正確に理解し、批判的に解釈したり、責任をもって情報を発信したりする能力。

ユビキタス
コンピュータが遍在し、ネットワーク化されていること。パソコン、携帯電話、携帯音楽再生機、PDF（情報端末）、カーナビなどにとどまらず、デジタル・テレビ、エアコン、電子レンジなど、マイクロプロセッサとメモリを備え、インターネットと接続し、情報通信ができる機器が生活空間のいたるところに存在すること。

15a　変貌する「子ども」たち

かつて子どもたちが戦場で戦ったとき、彼らの背後には、その戦いを後方支援する大人たちが存在した。子どもたちは、タナトスとエロスのせめぎ合う修羅の戦場をくぐり抜け、現実の壁に対する欲動の処理を可能にするために、大人たちから「先達の知恵」と「失敗が少なく効率のよい手法」を伝えられる機会を持っていたし、子どもと大人の間には、それらを受信するためのコミュニケーションの回路も用意されていた。「子ども―大人関係」は、その周囲に支援のネットを張り巡らせて、相互関係を強化していたのである。

大人たちはいま、それらのすべてが覆される激震のさなかにあって、「いま子どもである」人たちに手渡すべきなにものも所有してはいない。大人をも適応困難に陥らせるほどの「変動因子」の急浮上に、大人たち自身も自らと周辺環境との調整に難渋し、行方を見失ったままに浮遊しているのが現状であろう。先にも触れたが、加速化するメディア状況の変化などはその好適例であり、しかも、それらの変化に対しては、「子ども」と呼ばれる人たちのほうが、しばしば大人を凌駕して大人たちの困惑を倍増させているのだから。

かつて、大人は、子どもに対して援助可能な存在であり、それを、彼らを愛し慈しむ育児行為と、先達としての知恵や技能を伝達するという教育行為として表現していた。子どもたちは大人に依存し、その依存感情を受け入れてもらえることで安定していたし、また、大人から送信されるメッセージを受信し、それに従いその規範を獲得し知識・技能を学習することで、両者の関係を平穏に保ちつつ成人への道を歩いていた。しかし、いま、大人たちは、新しい状況に即した援助の形を見いだしていない。

しかも、厄介なことには、依然、既成の関係を維持しようともがき、それにすがろうとしつつ、結果としてはその無効性に失望し、怒り嘆き戸惑う存在へと変わりつつある。変化したのは、「子どもそのもの」、つまり彼らの実体ではなく、彼らとの関係の担い手としての「大人」をも含めて、子どもと大人との間に結ばれていた「子ども—大人関係」ではないだろうか。

人間一般から小さい人を分かち、「子ども」と命名して「大人」と対をなすカテゴリー概念を成立させたのは、近代産業社会であるとされている。未成熟の小さい人たちは、社会構造の変化とともに市民となるための新たな資格となった社会的知識や技術に対する無知と無力さで特徴付けられ、「保護・愛育」と「教育」の対象と化したのである。つまり、小さい人たちは「無知」と「無力」において「子ども」であるから、大人に依存しその監督下に身を置いて、彼らから要求される規範・技能・徳目などのすべてを、受け身に獲得することを要請される存在となった。

その結果、子どもを可愛がることと教育することの二つが、近代においては、「子ども」に対する「大人」の対応の基盤となり、両者の関係を決定付けた。そして、近代社会の発見になる「家庭」と「学校」が、その対応を実現する場としての役割を担うことになる。換言すれば、近代家族の構成する「家庭」と、近代的社会装置としての「学校」は、近代的子ども観を具体化し、それに即して子どもたちを近代型市民へと加工する工場として、その機能を発揮するように作られ、またそのために維持されてきたのであった。「子ども」が、「保護・愛育」と「教育」の対象として発見されたなどと言われるのは、この所以であり、これが、近代における「子ども観」であった。すなわち、これが、「子ども」と範疇化された小さい人たちに対して、近代以降の時代が注いできたまなざしなのである。

しかし、子どもたちは、いま、その言動において主張している。戦後五〇年の社会的激変は、これらの関係を無効化させ、「保護・愛育」と「教育」というこの「子ども—大人関係」を破綻させてしまったのではないか、と……。にもかかわらず、関係の更新と「子ども観」の刷新とに戸惑う大人たちによって、両者のコミュニケーションは断絶しかけているのではないか、と……。確かに、近代産業社会を成立させ、その所産として「子ども」を誕生させ、また「近代家族」や「近代学校」の誕生に手を貸した諸要因は、いま、その枠組みが解体され、その機能を喪失しつつある。「子ども—大人関係」だけが、従来型であり、かつ、そうなければならぬという根拠は、一体、どこにあると言うのだろう。

考えてみれば、戦後五〇年の科学技術の発達は、あらゆるところで「子ども—大人関係」の解体に手を貸している。さらに、生殖革命までを促して、「子ども」とは「親」と無縁に、医療技術者の手で人工的に作られるものでもあり得ると宣言して、親子の関係や家族の関係にゆさぶりをかけている。今後、「夫婦」と呼ばれる一対の男女にとっても、あるいは、「家族」と呼ばれる一組の集団にとっても、「子ども」と呼ばれる人の意味付けは大きく変わってくることだろう。何しろ、「子ども」とは、精子と卵子の結合の所産に他ならず、その結合を成功させるための技術的営みの結実以外のなにものでもないとすら言い得るのだから。「親と子」あるいは「家族」「家庭」などの意味合いも、当然、変わらざるを得ないだろう。こうした情勢を視野に入れるなら、既成の「子ども観」や「成長観」、あるいは「家族観」などが破綻しつつある現状を認めざるを得ないのではないか。

戦後五〇年、子どもたちが結論付けたのは、「両親」や「家族」、あるいは「学校」や「教師」をも含めて、新しく「子ども—大人関係」を樹立し直すことであり、その前提として新しい「子ども観」を確立することへの要請ではないか。相次ぐ子どもたちの暴力表現や、私どもの理解を拒む彼らの言動は、このことへの素早い対応を求めて、彼ら自身が作り出した新しい言語として位置付けることが可能なのである。

（本田和子著『変貌する子ども世界—子どもパワーの光と影』中公新書　一九九九年より）

15b　若者たちの《繋がり》

　2ちゃんねるにおいては、内輪性を再生産するコミュニケーション──内輪の空気を乱さずに他者との関係を継続すること──を続けることが至上命題となっており、ギョーカイは共同性を担保する第三項の位置からコミュニケーションの素材へと相対化されている。たとえば、夕刻のニュースを実況中継するスレッドをみてみればよい。そこでは、安っぽい正義感を振りかざすレポーター──開かずの踏み切りを無理やり渡る人たちにマイクを差し向け「そんなことやっていいと思ってるんですか！」などと叫ぶ──や、コメンテーターを揶揄《やゆ》する書き込みが、2ちゃんねる固有の語法にそって同期的になされている。「2ちゃん語」「アスキーアート」を駆使したアイロニカルなコミュニケーションを首尾よく繋いでいくことが「住人」＝2ちゃんねらーたちの主要関心なのであって、テレビ（や新聞）はコミュニケーションのための素材にすぎないのだ。

　マスメディアのための内輪ではなく、内輪のためのマスメディア。社会学的にいえば、2ちゃんねるとは、公共的秩序を指向する目的合理性に対し、行為が次なる行為へと接続されていくことを指向する接続合理性（場の空気を乱すことなくコミュニケーションを続けていく技量）が極限まで肥大化した社会空間といえるかもしれない。

　繋がりが自己目的化した空間のなかで、マスメディアは、極私的な日記サイトや街頭ライブカメラの映像などと同等のネタの貯蔵庫とみなされ、その特権的な地位を剥奪される。にもかかわらず、なおもマスメディアが「権力の番人」「市民の代弁者」──お約束的な態度──を気取るなら、お約束を見破る能力に長《た》けた（との自負を持つ）皮肉屋たちは容赦なくその建前と実態の落差をとり上げ、マスメディアの自意識を嗤い飛ばすことだろう。八〇年代においてはマスメディアによるスクリーニング（ふるい分け）によって分断されていた「内輪での接続指向」と「メディアへのアイロニカルな視線」は、ここにおいて幸福（？）な結婚を遂げる。マスメディアを標的にした「祭り」が過剰なまでの盛り上がりをみせるのもそのためである。

　こうした2ちゃんねるとマスメディアの微妙な関係の力学のためか、2ちゃんねるをめぐる言説は、対抗メディアとして妙な持ち上げ方をする肯定的言説と、便所の落書きとして一刀両断する否定的言説の両極に分かれることが多い。前者は、2ちゃんねらーたちのメディアに対するシニカルな態度をメディアリテラシーの高度さを証左するものとして言《こと》祝《ほ》ぎ、後者はどこまでもマジメさを回避しようとする自己充足的な態度をリテラシーを欠いたものと捉える。いずれの評価も、*大月がいうように、2ちゃんねるの「一筋縄ではゆかない」複雑性をつかみ損なっている。両者はともに、2ちゃんねるにおける「接続指向」と「アイロニー」の内的な結びつきを見逃している点において、的を逸しているといわねばならない。肯定的言説が期待するほどには2ちゃんねらーたちは抵抗を意図しているわけではない（繋がりを単純に楽しんでいる）が、とはいえ否定的言説がいうほど自らの挙動の「便所性」に無自覚なわけでもない。その「透徹した中途半端さ」こそが、巨大資本やマスコミの手の内にあった八〇年代的シニシズムと2ちゃんねるを分かつ指標なのである。

　では、「内輪での接続指向」と「アイロニカルな視線」の両者を携えた2ちゃんねる的なコミュニケーションは、なぜ九〇年代の終わりになって姿を現すようになったのだろうか。

　第一の理由としては、もちろん、九〇年代なかば以降のコミュニケーション技術の変容（汎用ソフトの普及、ウェブの登場）にともなうインターネットの世俗化が挙げられよう。それ以前、パソコン通信時代には、マスメディア的なスクリーニングが希薄な電子掲示板に参加するのは一部の先端的ユーザに限られており、だからこそ非常に統制のとれた公共的議論が成立していたわけだが、九〇年代後半の数年のうちにネット空間は急速にマス化していく。ある種のアングラ的指向を持つ掲示板「あやしいわーるど」や「あめぞう」、その正統な後継者2ちゃんねるの誕生も、こうしたマス化の流れに棹《さお》さした歴史の必然であったといえるだろう。

それを頽落《たいらく》という人もいる。しかし、検閲を介さない同期的な意見交換や、匿名（当初はＩＤ非表示、ＩＰ非取得）によるコミュニケーション、集うこと自体を目的化する自己充足性といった２ちゃんねるの特徴といわれるものは、本来的にインターネットそのものが内包していた「可能態的本質」であったともいえる。スレッドフロート型の表示方式や、管理者によるＩＰ非取得の宣言といった２ちゃんねる固有の戦術は、そうした本質の現象化を加速させたにすぎない。九〇年代末から本格化するインターネットの世俗化、それこそが、「内輪での接続指向」と「アイロニカルな態度」との結婚を準備する技術史的背景であった。

しかし、この結婚の背景を考えるうえで、こうした技術史的側面と同様に、いやそれ以上に重要なのは、九〇年代以降の若者コミュニケーションの構造変容――《秩序》の社会性に対する**《繋がり》の社会性の上昇**――である。

たとえば、八〇年代的な消費文化のなかでは――たしかにある種のシニシズムが漂っていたものの――若者たちは、マスコミが提示する価値体系を十分に咀嚼《そしゃく》したうえで自らの記号的位置を演出していくこと、つまりマスコミが演出する《秩序》のなかで位置どりすることを求められていた。第二章で論じたように、そこには、西武―ＰＡＲＣＯのような資本やマスメディアといった擬似的な超越者がつねに価値体系を再生産し、消費者＝視聴者がその他者のまなざしを内面化する、というドラマトゥルギーがいまだ成立していたといえよう。

しかし、九〇年代なかば以降、若者たちは、大文字の他者が供給する価値体系へのコミットを弱め、自らと非常に近い位置にある友人との《繋がり》を重視するようになる。重要なのは、その《繋がり》が、「共通する趣味」「カタログ」のような第三項によって担保されるものではなく、携帯電話の自己目的的《コンサマトリー》な使用（用件を伝えるためではなく、「あなたにコミュニケーションしようとしていますよ」ということを伝達するためになされる自足的コミュニケーション）にみられるように、《繋がり》の継続そのものを指向するものとなっているということだ。理念・共有価値の支えなき共同体。そこでは、大文字の他者が制御する《秩序》からはみ出すことよりは、内輪での《繋がり》をしくじることのほうが回避されるべき事態となる。資本やメディアによる若者文化の支配の終焉は、2ちゃんねるにみられるような《繋がり》の王国の出現を、密かに、しかししたたかに用意していたのである。

（北田暁大著『嗤う日本の「ナショナリズム」』
NHKブックス　二〇〇五年より）

◆編集注

大月…大月隆寛氏のこと。

15c　ヴォランティアを求める心

ヴォランティア（volunteer）というこの英語、ラテン語のvolo（欲する、願う）、そしてそれを名詞化したvoluntas（意思、願望、好意）から派生したことばで、だから名詞としては「志願者、義勇兵、篤志家、慈善家、無償奉仕者」などと訳され、動詞としては「進んで引き受ける、申し出る、買って出る」などと訳される。が、じぶんのやっていることを慈善だとか篤志、無償奉仕などと言うひとを、ふつうひとは信じないものだ。じぶんのやっていることが〈善〉であるとじぶんで認めるのは、わたしはあなたを「愛しています」と言うのと同じで、だれもがまっさきに、そこに、偽善とまではいかないにしても一抹のやましさや居心地のわるさを感じてしまうものだ。だから、たぶん、みんな「ヴォランティア」と外国語で表現したのだろう。

「自発的で無償、慈善の活動」と「やむにやまれず駆けつけた、気がついたらここにいた」というのとのあいだには、「愛」と「ほれてる、好き」のあいだと同じくらい、意味のずれがある。そういうずれの存在を確認しておいたうえで、ここでなおかつヴォランティアという、労働とは異なる仕事のかたちについて、ちょっと考えておきたい。

まず注目しておきたいのが、多くの人たちが望んだヴォランティアの形態が、他者のまえで、他者に積極的にかかわっていく活動（黙って耳をかたむけるという行為をもちろんふくめて）であったこと、そしてまた多くの場合、全身体的な活動であったことである。職務が分割された組織（たとえば企業組織）のなかでの、その部分としてのじぶんの仕事（ジョッブ）から一度離れて、働いてみたいという願望がおそらくはあっただろう。そこでは仕事はまぎれもなく「職業」であり、そのかぎりでだれか他のひとと交換可能な職能であったからである。つまりその労働の現場で、ひとは本質的にかぎりなく匿名的であったからである。これにたいしてヴォランティアは、特定のだれかの前に、まさに特定のだれかとしてかかわるということである。したがって、ときにぬきさしならぬ関係になることもあるにしても、それをもふくめてある関係のなかに入っていく行為を、ヴォランティアは意味する。これとの関連でおもいだすのは、藤村正之の次のような文章である。

「ボランティア活動などが充実感と結びつきやすいのは、「遊び」のもつ距離を設定した自由な関わりと、職業労働のもつ社会的連関性とが適度にまざっているからであろう。遊びそのものがシステム内化されていき、遊んでいながら遊ばれているかのような仕組みになり、自由さが感じられにくくなった結果、失敗し傷つく自由までふくめたうえで社会的な関係を求めていくことが、自己存在の実感に変換されていくということなのだろう。」

これは、従来の労働観からすれば、いろいろな矛盾をふくんでいるだろう。それがさまざまのかたちで露呈しもするだろう。が、にもかかわらず、そういう不格好なままで人びとがそこに何を探しもとめたかを、まずは理解しようとすべきだ。

たとえば、家に病気で寝ている姑がいるのに、その看病をほっぽりだして、遠くの体育館へ毎日遅くまでヴォランティアに出かけている主婦がいるというひとがいる。にやっと、皮肉まじりに語るその語り口。これはまっとうな語り口だろうか。他人のために何かしたければ、同じ屋根の下にご主人の母親がいるではないか、姑と考えなければいい、ひとりの老人がだれかの助けを必要としているではないか、それを、他人ならやる気にはなるが姑はいやというのでは、ただのエゴイズムではないか……と、口に泡を飛ばして言うのだが。

理屈はたしかにそうなのである。が、それでは救われない、というのもたしかなのである。わたしたちはじぶんがいま、ここにいるというしっかりした感覚をどうしたら抱くことができるのだろう。じぶんらしく……などということばに魅かれて、じぶんだけにしかないものとはいったい何だろうと、自問しはじめるひともきっといるだろう。でも哀しいかな、たいていのひとはそういうものを探しても、じぶんのなかに「個性的」とか「オリジナリティ」といったことばにみあうようなものを発見することはない。

「じぶんらしさ」などというものを求めてみんな

はじぶんのなかを探しまわるのだが、ほんとうにわたしたちの内部にそのような確固としたものなどあるはずもない。もしそういうものが潜んでいるなら、そもそもそのような問いに囚われることもなかったはずだ。それより、じぶんがここにいるという感覚のなかに身を置くために、眼をむしろ外へ向けて、じぶんはだれにとってかけがえのないひとでありうるかを考えてみたほうがいい……人びとがそう考えたとしても何の不思議もない。

〈わたし〉というものは他者の他者としてはじめて確認されるものだという考えかた、意識していたか否かは別として、人びとはそういう考えかたに賭けた。他者とは他人のことではない。家族もじぶんではない別のひととして他者である。そういうだれかある特定の他者にとって意味のある他者にじぶんがなりえているかどうかが、わたしたちが自己というものを感じられるかどうかを決めるというわけだ。

（鷲田清一著『だれのための仕事——労働vs余暇を超えて』21世紀問題群ブックス・岩波書店　一九九六年より）

【発展】他の参考図書

土井隆義『「個性」を煽られる子どもたち　親密圏の変容を考える』

［標］子どもたちの人間関係の変容と現代社会の特質

速水敏彦『他人を見下す若者たち』（講談社新書）

［標］データに基づいて現代の若者気質を分析する

影山任佐『「空虚な自己」の時代』（NHKブックス）

［難］「自己」にまつわる現代社会の病理現象を考察する

論点整理

中学生によるネットオークションを利用した詐欺事件、ブランド物欲しさに援助交際に励む小学生。このような事件が報道されるたびに、大人たちは「今の子どもはわからない」「子どもが変わってしまった」と嘆き、途方に暮れる。しかし、子どもたちは隔離された異空間で成長したわけではない。子どもたちは、現代日本社会で、特定の家庭環境・地域環境で、さまざまな人間と情報に取り巻かれて成長している。

活字文化から映像文化へという移行、インターネット関連↓p.216や携帯電話の普及に代表される高度情報社会化、アイデンティティの確立すら消費活動に依存する高度消費社会化、高度経済成長からバブル崩壊を経て成長が自明ではなくなった日本社会。こうした状況において、大人と子どもの関係だけが昔のままであるということはありえない。「子どもらしくない子ども」に大人たちが戸惑いを覚えるのは、社会の目まぐるしい変化の中で、大人たちが足場を固められないでいるためかもしれない。現代社会においては、従来の〈大人―子ども〉モデルは成り立たない。では、どのような関係が築かれつつあるのか、どのような関係が望ましいのか。課題文aが言及しているのはこうした状況である。

キーワード KEY WORD

子どもの発見

アリエスは『〈子ども〉の誕生』で「子どもは近代の産物である」ことを提唱した。「子ども」が大人と明確に区別され、大人による保護・教育の対象とされ、学校に隔離されて社会化される存在となったのは、近代以降であるとする。

子どもの異文化視・異時間視

未熟な子どもが成長し大人になるという発達心理学的な子ども観にとらわれず、子どもと他者あるいは異文化と見なす（異文化視）ことで子どもとの関係構築を提唱した本田和子は、最近、さらに、子どもを「未来を先取りした存在」と見なして（異時間視）、子どもと大人との関係を回復するこ

では、子どもたち相互、若者たち相互の人間関係はどういう様相を見せているのだろうか。若者のコミュニケーションの構造の変容を「《繋がり》の社会性の上昇」という表現で説明しているのが課題文bである。《繋がり》の継続そのものが至上命令であり、繋がりを支える理念や共通価値などは何の意味もない。これは、携帯のメールのやりとりにも通じるものかもしれない。メールの内容は何でもいい。大事なのは、誰かとメールをやりとりすること、誰かから絶えずメールが来ること、レス（返事）をもらえるメールを送ることなのである。

彼らは《繋がり》を壊すことを過度に警戒している。場を読めないことは致命的なミスであり、その意味で、彼らは決して身勝手に言いたいことをまき散らかしているのではない。常に、発言が仲間に評価され受け入れられることに細心の注意を払っている。物理的にではなく、関係的に一人でいる、しかし強迫観念的なおそれを抱いているといってもいいだろう。「場」の重視は、従来、日本人の特性として語られた特性であるが、実は、現代の若者こそ、場に合わせた語法をもち、自己の使い分けに習熟している存在なのかもしれない。

見ず知らずの人間同士が絆を結ぶのは容易ではない。確かな絆は手に入れたい。けれど、衝突や軋轢《あつれき》を重ね、ハッピーになったり落ち込んだ

とを提唱している。

BBS、チャット、ブログ
BBS（Bulletin Board System）は掲示板システム。Webサイトで、管理人とそのサイトを訪れる人々がコメントを書き込む交流の場である。チャットは、Web上でリアルタイムに参加者同士が会話を行えるようにしたサービス。ブログ（blog）は、ホームページ（HP）の形式の一種で、ウェブログ（weblog）を略した言葉である。インターネット上の公開日記ともいうべき自己発信の場となっており、最近、急速に増加している。

2ちゃんねる
インターネット上に設置されている電子掲示板群。カテゴリー別にさまざまな掲示板（板）があり、アクセス数は国内第一である。2ちゃんねる利用者（2ちゃ

り、傷ついたり傷つけたり、そうした持続的な関わりに耐える忍耐力はない。というより、欲しいものは、不快感を極小に抑え、効率的に得られることが望ましい。——そんな若者たちは、大人たちからすれば、ステレオタイプの純愛物語にいとも簡単に感動する。感動したくて、手軽に感動できるドラマを見、スポーツを観戦し、予想通りの感動を手に入れて、安心する。同時に、感動を共有することで、仲間と繋がることができる。ピュアな感動物語に感動することのできるピュアな自分に感動し、自分と同様に感動している仲間がいることで、また感動する。

しかし、感動は持続しない。感動によるつかの間の繋がりは、理念や持続的な関わりによって確保された繋がりとは違い、容易に得られるが、何気ない日常での繋がりを支えるだけの力をもたない。彼らは次なる感動を求めることになる。誰かと繋がることを一番に考えて、懸命になればなるほど、不安も拡大する。携帯のアドレス帳を仲間の名前で一杯にしても、予定表に細かな字でぎっしりと予定を書き込んでも、頻繁に仲間とメールのやりとりをしても、隙間を埋めれば埋めるほど、埋まっていない隙間が目立ってしまう。

自分が仲間にとってなくてはならない存在であることが確信できれば、自分と仲間との繋がりが、自分と恋人との繋がりが決して切れないもの

んねらー）は匿名で書き込みを行う。実際に書き込みを行わず、書き込みを読むだけの利用者も多い。

ボランティア
自分の意志で奉仕・労働する人、もしくはその活動。自主的、自発的に、社会のために活動することであり、無償か有償かは不問。日本では、阪神・淡路大震災で、ボランティア活動の重要性や必要性が認識され、社会に意義が広く認知され、活動への参加を身近なものにした。

純愛ブーム
韓国ドラマ「冬のソナタ」や小説・映画「世界の中心で愛を叫ぶ」など、一連の純愛物がヒットしている。セックスやバイオレンスを前面に出さず、障害にもかかわらず一途に愛を貫くストーリーを特徴とする。主

であることが確信できれば、自分の発言や行動が《繫がり》をしくじるのではないかと神経を尖らせる必要はなくなる。――そんな若者たちが、自分が役に立ち、自分がこの世になくてはならない存在だと感じることができる機会として、ボランティアという行為を見直しているのが課題文Cである。ボランティア活動において、彼らはできるだけ、手軽には片づかない非効率的な仕事を引き受けようとする。それは、感動物語の主人公を疑似体験することなのかもしれない。

若者の置かれている状況は、実は、若者に限らないのかもしれない。純愛ブームは中高年を巻き込んでいるし、2ちゃんねらーの半数は30代・40代ともいわれる。

取り立てて大きな事件の起こらない、ルーティン化した作業と出会いの繰り返しからなる日常生活の中で、毎日顔を合わす相手との関わりにおいて、自分の存在することの意味を、相手の存在することの意味を、そして、お互いの絆を当たり前のこととして感じることができること。それが、現代においては、誰にとっても、容易には得難い幸福なのかもしれない。

人公に感情移入する人々がブームを支えており、支持者は若者に限らない。

癒し

もともとは医学的・心理学的な治癒的アプローチをいう。一九九五年の阪神・淡路大震災や地下鉄サリン事件の頃から一般化し、病気や心の悩み解消及びそのための実践行為も指す。現在は、癒し、ヒーリングは、商業主義や呪術とも結びついて、ブームを巻き起こしているといえよう。

16a 一極集中から多極分散へ

ポストモダン思想の旗手、G・ドゥルーズとF・ガタリによると、世の中に存在するさまざまなしくみには三つのタイプがあるという（『千のプラトー』）。

一つはアルブル（樹木）型で、何の制約もなく大空に枝を広げ、どこまでも線型に伸びる樹木状のしくみ。このしくみでは、それを構成する部分が、土台や中心からの距離で秩序づけられ、また中心から規則的に模写される同形の増殖によって成り立っている。

二つめはラディセル（側根、またはひげ根）型で、太い根に寄生するように生えた細かい根に象徴されるしくみ。このしくみはひそやかではあるが、樹木よりもさらに包括的な統一をめざしている。つまり、一見古めかしい秩序を脱しているように見えて、実際にはその軽やかで機動的な身振りが、やはり統合的機能を復活してしまうようなケースである。

三つめはリゾーム（地下茎）型で、地下を無方向・多方向・重層的に横断するしくみ。このしくみは従来の意味での秩序はもたないが、単なる混沌や混乱ではなく、異質の規則や配列が連結した、別種の秩序をもっている。それは任意の一点が他の一点に連結し、かつ各部分が中心部の外的再生でも構造的な内的再生でもないような秩序だ。

二人は以上の三タイプを指摘したうえで、これからの思想や哲学はもとより、文化や社会までが、アルブルやその亜流のラディセルではなく、リゾームをめざすべきだと強調した。このため、この言葉はポストモダン思想のキーワードの一つとして、七〇年代以降の世界思潮に大きな影響を与えてきた。

こうした思想が生まれてきた背景には、いうまでもなく六〇年末から七〇年代にかけて興隆した近代批判、つまり、モダンを問い直そうとするポストモダンの思潮があった。しかし、これらがフランスで起こったのは、西欧哲学の先進国であるという事情以上に、近代文明を真っ先に享受してきたものの、それが作り出す豊かさの限界に達しはじめたという事情があったものと思われる。

それを如実に示すのは人口の停滞だ。経済成長の停滞で一人当たりの生活水準が伸び悩むようになると、子供を増やすよりも、自分の生活を守るほうが大切になるからだ。実際、フランスの人口動向を見ると、合計特殊出生率は、一九六〇年前後の二・八四をピークに急減しはじめ、七五年には一・九三まで落ちている。これに伴って、普通出生率も二％台から一・五％台に落ち、総人口が停滞する事態に陥っている。

とすれば、「アルブルからリゾームへ」の移行とは、人口が増加する社会から、人口が停滞または減少する社会への移行を示している。なぜなら人口増加社会とは制約の少ない成長・拡大型社会であり、世の中のしくみもまた、青天井の下をどこまでも伸びつづける樹木のように広がっていける。それゆえ、政治や経営から流行や文化までが、頂点が全体を引っ張る中央集権や一極集中のピラミッド構造になっていく。

しかし、人口停滞社会は制約の多い飽和・凝縮型社会であるから、厚い天井が重くのしかかるにつれて、樹木もまた地下を這う地下茎型にならざるをえない。となると、アルブル状に伸びていた社会的組織も頭打ちとなって、地下を這うリゾーム状に移行していく。その結果、社会構造においても、地下茎のあちこちにできた結接点から複数の芽が伸びて、それぞれがリーダーをめざすブラシ型の構造が強まる。以上のように考えると、「アルブルからリゾームへ」の移行とは、人口減少社会に特有の現象なのである。

以上の視点に立つと、人口の減少する二一世紀のわが国は当然、リゾーム型の社会に移行していく。さまざまな制約によって、天井が厚くなる以上、世の中の多くのしくみも、従来のアルブル型からリゾーム型へ変わらざるをえないからだ。

典型的な事例が国土構造で、従来の一極集中時代が終わり、多極分散への移行が始まる。東京だけが突出した構造が崩れ、大阪、名古屋はもとより、札幌、仙台、金沢、広島、福岡といった地方中枢都市の比重が増加してくる。

同様の事例は、人口が増加から下降に移った江戸中期にも発生している。江戸、大坂、京都の人口は飽和化し、代わって仙台、金沢、博多など地方の有力都市が伸びた。とりわけ、江戸は一二〇万人ほどで上限に達し、以後は伸び悩む。上水道の限界で水質が悪化したり、人口密度の上昇で生活環境が悪化したためだ。

このことは、一つの人口波動を支える主導技術が限界に来ると、中心都市の人口密度を支える都市技術もまた限界化し、人口を抑制するようになることを示している。だが、地方の有力都市の人口密度は、中心都市の水準までは上昇可能だから、さらに増加が続く。その結果、日本全体の人口が減りつづける中で、相対的に人口分布は集中から分散へ移行し、社会・経済・文化などで、地方都市の力が強まってくるのだ。同じようなことが、二一世紀のわが国でも進行することになろう。

また情報処理分野では、大型マシンによる集中処理方式が崩れ、小型パソコンの分散処理方式がすでに始まっている。情報需給分野でも、マスコミによる一方向的な情報提供が崩れ、パソコン通信やインターネットによるインタラクティブな情報交換へ移行していく。とりわけ、インターネットは典型的なリゾーム型組織で、地球上の見えないネット上にまさに地下茎のように張りめぐらされているうえ、どこが頭なのか、どこが手足なのかもわからない。

ファッション分野でも、少数デザイナーの流行支配が終わり、ユーザー自身のマイブーム志向が広がっていく。音楽分野でも、大手芸能プロダクションやレコード会社の仕かけるアイドル歌手や演歌歌手の時代が終わり、有線放送、カラオケ、素人バンドなどへ、ヒット曲の発生源が分散化していく。

さらに視野を広げると、経済分野では、巨大企業の市場支配が崩れ、ベンチャーや中堅企業連合が勢力を伸ばしてくる。政治分野でも、巨大政党の一党支配が終わり、さまざまな政党の連立化が常態化しつつある。

以上の傾向は、いずれも上からの牽引が終わり、下からの参加が強まりつつあることを示している。これこそ、社会構造が一点集中型から多極分散型へと変化しはじめていることの証拠であろう。

（古田隆彦著『凝縮社会をどう生きるか』
ＮＨＫブックス　一九九八年より）

16b　戦争の記憶と未来への歴史

　二〇世紀は戦争の連続だった。それらの戦争は、経験していない人間にも、歴史的には認識することができる。歴史認識とは過去を復元することではない。歴史は過ぎ去ったことでも、もうありえないことでもない。たしかにアウシュヴィッツも、ヒロシマも、ナンキンも、われわれが経験したものでもなく、その経験を記憶してもいない。もしわれわれが経験したものしか語れないとすると、歴史認識も歴史哲学もありえない。われわれ自らもまた、完全には認識できない未知の部分を含まざるをえない歴史の現在を生きているとすれば、そうした出来事も現在から捉えなおさねばならない。戦争の現実の経験やその記憶が重要なのではなく、「過去」と呼ばれているものを歴史的な視野で認識することが重要なのだ。それは現在を理解することだからである。

　戦争とその産物は、経験しなかったわれわれにも恥辱をあたえる。ラーベの日記を読んでみたまえ。それを読みながら感じる恥かしさは人間性の境界をはみだしたことを知る恥辱である。そのように感じる立場はわれわれが望んだことではないが、望まなかったその立場まで含めてしか、われわれの歴史認識はありえないのだ。

　日本では、いま終わったばかりのコソヴォの戦争についての関心が稀薄だ。それが遠いバルカン半島で起こったにせよ、現在の世界では距離はほとんど問題にならない。この戦争は今のわれわれの住む世界の出来事にほかならないのだ。

　戦争が世界性をもつということは、金融や為替レートが世界性をもっていること以上のものである。戦争は可能なかぎり防止すべきものだ。しかし現在の世界に生ずる戦争は、直接にはどんな局所的な理由から始まっていようとも、その原因も含めてわれわれの生きているグローバル化された世界のなかで形成された言説から生じているのだ。コソヴォの戦争についての言説は、戦争を説明しているのではなく、その言説自体から戦争が生じていた。ヨーロッパ人は地政学的な言説を語ったが、そのことを非難しても意味はない。その限界を認識すべきなのだ。

アメリカは暗にインペリウムの言説を語っていた。戦争の世界性、あるいは世界の戦争化は、そのインペリウムの言説から生じてこようとしている。コソヴォの戦争はそういうあたらしい戦争の認識を生みだした。逆説を弄しているのではない。戦争と言説の関係を、以前とは反転させて認識できるようになったのだ。

第二次大戦後、時間がたつにつれて、「記憶」は薄れている。記憶とは第一義的には経験したことであるが、それは経験しなかった人びとの集合的な空間で歴史化される。その空間に宿るものが、経験しなかった者たちの記憶である。たしかにヒロシマという名前は、次第に風化する。しかし風化された状態について認識することが、おそらく歴史の現在の認識のための出発点である。認識の奥行きが、もしわれわれが現に経験したものに限定されるとしたら、歴史はどんなに薄っぺらなものになるだろうか？われわれは過去を歴史として探究すべきである。記憶の風化とは歴史の忘却である。

たしかに経験した証人は語るべきである。しかしそれはたんなる証言ではない。風化という時の流れを確実に認識することが、その語りがステレオタイプにならないことを支える。この認識が、経験しなかった人びとの歴史意識を生み、未来に向かわせるのである。そのことについては、アウシュヴィッツの生き残りであるプリーモ・レーヴィの例がある。

プリーモ・レーヴィは、用心深く的確な言葉を探しながら、強制収容所について書いてきた。戦争直後の最初の小説『これが人間か』はその経験を書いたものだが、それから約四〇年後の一九八六年、今度は小説ではなく、最初の小説のなかでひとつの章の題名だった「溺れるものと助かるもの」を書名にかかげた評論を出版した。それは彼の絶筆となった。翌年、バルコニーから身を投げて自殺したのだ。この最初と最後の作品は、われわれに人間性を考える上できわめて重要な示唆をあたえる。最初の小説『これが人間か』にしても、たんなる強制収容所での日々の記録ではない。彼は、あのように悪が剝き出しになり、人間性が屈辱にまみれる場で、卑劣や裏切りを含めて複雑きわまりない人間性をその奥深くにまで突きつめて考察していたのだ。彼の本では、それぞれ具体的な人物像をとおしてそうした考察が行われるので、見事に浮き彫りになる。

しかし最後の本、『溺れるものと助かるもの』を彼はどうして書いたのだろうか？　レーヴィにとっても、いまや世界は、彼が屈辱にまみれた強制収容所のことを忘れつつあるように思えたし、その存在を否定する歴史家さえあらわれたことに彼は絶望したのであろう。自分の言葉が、過ぎ去った出来事のたんなる証言のように読まれるのを彼は好まなかった。彼は自分たちの時代に人間性がこうむった経験を語り、それを受け取る後の世代がそれによって彼ら自身の歴史としてそれを認識し、あたらしい世界をつくろうと思うようになることを望んでいたのだ。そして彼にとっては重要なその記憶が、後の世代にとっては記憶ではありえないこともレーヴィは知っていた。

二〇世紀における極限状況について、ステレオタイプ化した善悪の対比で語られることも増えた（とくに映画がそうだ）。レーヴィがアウシュヴィッツについて語ってきたことはまったくそんなことではなかった。彼は人間と物の境界線に落ちこんだ人間性そのものを書いてきたのだ。そうでなければ、最初の本『これが人間か』を書いたときから、あれほど慎重に言葉を選び、あれほど微妙な判断を下しながら語ろうとはしなかっただろう。

どんなに戦争で廃墟になっても「世界」は残るのである。人間は優れた思想、芸術、それに慎ましい日常生活というもので構成される世界をつくりつづけてきた。戦争は、暴力でそれを破壊するのだ。もし思想、芸術をつくりだす能力や、日常生活を維持していく知恵がなければ人類はとっくに滅亡しているにちがいない。現実主義者と称する人びとは、このような認識をあざわらうかもしれない。しかし、そう思わないわれわれは、現実を知りつくすとともに政治と戦争の関係を断ち切り、「永遠平和」の理念を追い求める。われわれの日常生活、われわれの芸術や思想の営みがどれほど空論に見えたとしても、そこからしか未来の方向に向かうアクチュアルな姿勢は生まれてこないのだ。

（多木浩二著『戦争論』岩波新書　一九九九年より）

16c　生きることの意味を探して

いま僕たちは商品経済の支配する社会のなかで暮らしている。とともにどこかの国に属して暮らしている。このふたつの前提のもとで、僕たちは一人一人が個人になって、個人主義的な生き方をしている。しかもそこで生まれてくる個人同士の競争と魅力のない労働、生活のなかに身を置いている。とともに僕たち自身が、程度の差はあっても、一面でこの社会に絶望し、他の面で新しい未来をつくりたいと思い、さらに別の面でこの社会のなかでの自分の成功物語を夢みるという三つの時代精神を一緒にもっている。

これらのことは、すべて現代人たちの特徴だと思う。そうしてこういう事柄を、はじめて哲学のなかで問題にしようとしたのは、近代の西洋哲学だったと思う。だから現代の哲学を考えるときには、一度は西洋哲学から学ぶ必要性が生まれてくると思うんだ。

しかし僕はこの「哲学ノート」をつくりながら、重要なことを発見したような気がするんだ。中世のヨーロッパ哲学は神についての研究、キリスト教神学が哲学の中心だった。それが近代以降の時代になると人間学としての哲学が台頭してきた。中世後期に「我思う、故に我有り」といったデカルトはその先駆者だったし、ドイツでも、後に人間をすべての中心にすえた哲学をつくろうとしたフォイエルバッハのような哲学者が現れてくる。

この傾向は人間の解放を哲学の課題にしたマルクスを生みだし、またシュティルナーやキェルケゴールらの実存主義の哲学をつくりだした。人間とは何か、またいかに生きるべきか、この問いを出発点にしてあらゆることを考えていく、それが僕は近代社会が生みだした新しい哲学だったと思う。だからこそこの新しい哲学は庶民のもつ時代精神と密接に結びついていたのだと思う。

この新しい哲学の流れが形成される前史として、いくつかの過渡期の哲学が生まれた。それがドイツ古典哲学だったと思う。新しい時代の人間の論理と倫理を探しだそうとした点では、カントもヘーゲルも新しい時代の哲学者だ。しかし新しい時代に生きる人間そのものの悲しみのなかにまで入っていくことができなかったという点では、彼らは旧世代の哲学者に属する。この両面性のなかからつくられてきた代表的な哲学が、真理の体系としての哲学というヘーゲルの考え方だ。全世界のあらゆる出来事を理解できるような真理の体系、それが哲学だとヘーゲルは考えた。

　僕は現代の哲学はこのことを克服しなければいけないと思う。哲学を人間から超越した真理にしてしまってはいけない。もしある哲学が絶対的な真理だということになったら、人間がその哲学に命令されるというおかしなことが発生してしまうではないか。「科学的社会主義」の誤りもそこにあると思う。どんな哲学も思想も人間がつくったものにすぎないのに、ある哲学や思想を絶対視して、「正しい」社会主義思想と称するものによって社会をつくり、人間たちを理論に服従させる、そうやってつくられてきたのがいまの社会主義社会だ。

　この誤りを繰り返さないためにも、僕たちは哲学は絶対的な真理を追求する学問だという考え方を克服しなければいけないんだ。

　哲学は真理である必要もないし、理論体系である必要はますますないと思う。ただの人間学であるべきだ。不完全な人間たちがある時代を支え、新しい歴史をつくっていく、その不完全さのなかから出発し、人間たちの未来を探りつづけるなかに哲学はありつづけるべきだ。たとえそこからどんな広範囲なことを研究していったとしても、現代哲学の原点はここにあると僕は思う。

　そうしてこう考えるとき、西洋哲学とすぐれた東洋哲学の間のへだたりもなくなっていくと思う。不完全な人間が自分の解放を求めるとき哲学を探しはじめることをはっきりみたのは親鸞《しんらん》だった。東洋哲学には、近代社会の人間の問題をとらえられないという弱さが往々にしてあるけれど、逆に哲学は人間学だという地点には西洋哲学より早く到達していたと僕は思う。

　さてこの『哲学の冒険』第二章をとおして僕が学んだのはこういうことだった。そうしていま僕はこんなことを考えている。それは僕たちは老いすぎてしまっているのではないかということなんだ。

　モンテスキューが『法の精神』を書いて、はじめて自分の意見を発表するのは六四歳のときだ。エピクロスも哲学を学ぶのに年齢は関係ないといっていた。僕は哲学者たちの精神を支えていたのは、あらゆることに疑問をもち、新しいことに挑戦し、人生は冒険だと考えるような精神だったと思う。考えてみればすぐれた哲学者のなかで安楽な生活を送れた者は少ない。せっかく自分が築きあげたものをすべて投げ捨てて、各地を歩き、貧困のなかで死んでいった哲学者がどれほど多かったことか。

なぜ彼らにそんなことができたのだろう。それは彼らが人間たちの未来に情熱をかたむけつづけたからでもあろうし、新しいものに挑戦し、冒険しつづける精神をもちつづけていたからでもあろう。しかし哲学の歴史も人間たちの歴史も、そういう精神によって動かされてきたのだ。哲学者たちが新しいことを語ったとき、そんなことは実現不可能だと笑った人たちが必ずいたはずだ。しかしそんな人たちは歴史を一歩でも前にすすめることはできなかっただろう。

（内山　節著『哲学の冒険——生きることの意味を探して』平凡社ライブラリー　一九九九年より）

【発展】他の参考図書

NHK放送文化研究所編『現代日本人の意識構造　第六版』（NHKブックス）

［易］アンケートとその分析による現代日本人の理解

木田　元（編）『哲学者群像一〇一』（新書館）

［標］哲学史の流れを主要な哲学者に即して平易に解説

高橋哲也（編）『〈歴史認識〉論争』（作品社）

［難］「戦争責任」「国民の物語」などを巡る論集

小論文のポイント⑥　論文全体の構成と説得性

具体的に論文全体を構成する要素として、次の四点が挙げられる。

1　課題文（資料）の要約部分
2　自説の主題（提起）と結論部分
3　結論の論拠・論証部分
4　具体例・例証部分

上記１～４は、実際に書く順序ではない。書く順序としての典型例を次に示そう。

課題文（資料）の要旨まとめ
↓
資料要旨と主題との関連を意識した自説の問題提起
↓
一般性のある論拠（理由・原理）と例証の提示
↓
結論文の明示

上記は、結論文を最後に置く「尾括型」の典型である。結論から先に書く「頭括型」でも、まず結論を述べ、最後にもう一度簡単にまとめる「双括型」でもよい。一般的には、「序論→本論→結論」という構成が、論文構成の基本型であり、書きやすい。漢詩（絶句）の構成である「起承転結」などは、論文の骨格ではないので注意したい。

論文において最も重要なものは説得性であり、それは論拠と具体例によってもたらされる。「～と思う」などと書くだけで説得力のある論拠がなければ、論文ではない。大学で勉学を行うべき基礎能力（論理的思考力）に疑問が持たれるであろう。現実的かつ論理的な論拠をそえて、明快に「～である」と結論を書こう。論拠こそが「あなたの考え」の核心部分（考え方）を示しているのである。具体例には二種類ある。抽象的な論をわかりやすくする例示と、理屈が正しいことを証拠づける例証とである。前者は、専門家が一般向けの啓蒙書などを書くときによく用いる。後者は、読み手を説得して自説が正しいことを主張したいときに用いられる。受験生が大学の採点官相手に書くべき具体例は、後者である。少しでも説得的な、証拠価値の高い具体例を挙げよう。

論点整理

二〇世紀は、それまでのどの世紀よりも激しく世界が変動した世紀であった。変動のスピードや規模の大きさをもって、二〇世紀の時代的特質と見ることもできるだろう。二つの大きな戦争があった。科学技術と市場経済とが、体制や文化の違いを超えて浸透していった。人間、物資、資本、情報、そして環境破壊と、あらゆるものが国境を越え、グローバル化した。近代のさまざまな価値基準や制度が問い直され、相対化され、解体された。その一方で、近代的な生活を夢見る人びとが多くいて、にもかかわらず、経済格差や地域紛争や人口爆発によって、彼らは難民となり、虐殺され、餓死し、病死している。

二一世紀を生きていく我々は、何を考え、何を求めて生きていくべきなのか。そのようなことを考えること自体が、既に何か二〇世紀的で古めかしく、あるいは滑稽で無意味なことなのだろうか。結論を急ぐことはない。現代社会を見渡して、超高齢化や高度情報化などの具体的な観察から、今後の姿を考えてみるのもよい。課題文aは、ポスト・モダン論のキー・ワードである「リゾーム」をモデルとして、多極分散型の社会を予測している。個の存在が重視される社会ということでもある。そ

キーワード

ポスト・モダン思想

もとは建築分野での、ポストモダニズムという概念であったが、のちに広く用いられた。近代の基本原理である合理主義や機能主義などの価値観や認識枠組みを問い直し、解体し、無効化していく、もろもろの言説の総体。中心的な原理をもたない。

一点集中型から多極分散型へ

近代は中央集権制が典型的に示すように、「中心」となる原理や組織や権力が存在し、「周縁」を含む全体を統制していた。ポストモダンでは、中心と周縁（関連→3b）という関係は否定され、求心力を求めない多元論的な脱構築の考え方に立つ。

れはおそらく希望を持ってよいことであろうが、自己責任が厳しく問われるということでもあるだろう。

未来のことを考えるとき、参照すべきものは過去であろう。過去とは失われたものではなく、現在を支えているものである。過去を忘れることで現在があるのではない。思い出したくないからといって、過去をねじ曲げてしまうような人は、おそらく責任を持って未来を支えていくことができない人だろう。課題文bは、戦争の歴史認識が現在と未来にとってなぜ大切なのか、少なくともそれを考え始めるきっかけとヒントを与えてくれる。

課題文cは、各自が「生きることの意味を探して」哲学を学び、みずから哲学することの必要を説いている。「あらゆることに疑問をもち、新しいことに挑戦し、人生は冒険だと考えるような精神」が、優れた哲学者たちを支えていたという。人が「哲学する精神」を少しでも持とうと心がけ、人生と世界の問題に誠実に向き合うとき、いつの時代の誰にとっても、生きることの意味は実感できるのではないだろうか。

インタラクティヴな情報交換
新聞やテレビなど、マスメディアの特徴は、一方通行的な大量伝達すなわちマス・コミュニケーションである。これに対して、マルチ・メディアでは、個人が情報の受け手であると同時に送り手ともなる双方向的interactiveなコミュニケーションを特質とする。

歴史認識
過去の出来事を、その存否も含めて、どのようにとらえるかは、現在の立場から過去をどう認識するかによる。過去の戦争における「事実」をどうとらえるかによって、ときには戦争時の行為を正当化したり、「そうした事実はなかった」と見なそうとする者も現れる。

「キーワード」索引

小論文《しょうろんぶん》 テーマ別《べつ》課《か》題《だい》文集《ぶんしゅう》 21世紀《せいき》を生《い》きる <改訂版《かいていばん》>

著者 中《なか》野《の》芳《よし》樹《き》
奥《おく》村《むら》清《きよ》次《つぐ》
小《こ》泉《いずみ》徹《とおる》
松《まつ》本《もと》孝《たか》子《こ》

発行者 山崎良子

編集協力 佐々木敬子

印刷・製本 株式会社シナノ

発行所 駿台文庫株式会社

〒101－0062 東京都千代田区神田駿河台1－7－4
小畑ビル内
TEL. 編集 03(5259)3302
販売 03(5259)3301
《改⑫－264pp.》

ISBN978－4－7961－1572－8 Printed in Japan

駿台文庫 Web サイト
https://www.sundaibnko.jp

駿台受験シリーズ

小論文 テーマ別課題文集

−21世紀を生きる− 〈改訂版〉

課題文の要旨要約

駿台文庫

1a　そもそも環境問題とは何か

自然資源の基盤を形成する「自然資源の供給者」という機能、廃物を同化・吸収する「同化者」としての機能、自然だけでなく、歴史的、文化的ストックにも関連する「アメニティ供給者」という機能、さらに最重要機能として「ライフ・サポート・システム」と呼ばれる生命支持機能。環境のもつ以上四つの機能に対応して、環境破壊は自然破壊、環境汚染、アメニティ破壊、ライフ・サポート・システム破壊として起こる。環境問題とは、環境破壊が生じその影響に伴って、人々の、あるいは地域社会の生活水準が低下することを通じて社会問題化したものである。（二五六字）

1b　人間中心主義の克服

人間の自然利用のためか、自然の美と尊厳のためか。理由は違うが、保全と保存は自然を保護するという点では一致しており、どちらが正しいかという判定はできない。人間中心主義の克服が自然利用を止めるという意味であるなら、それは人間に「生きるな」ということと同じである。人間中心主義の克服とはどういう意味なのか、その答えを出さないで「人間中心主義を止める」という言葉を掲げても意味はない。人間には、不可欠の必要を満たす場合のみ、自然の豊富さと多様性を減らす権利があり、不可欠の必要とは持続可能性の確保である。（二四八字）

1c　環境と経営のジレンマ

地球環境保全の動きは、いまや世界的な流れとなっている。このような大きな時代の流れをしっかり認識し、時代の変化を先取りして、環境保全に必要な税や規制、制度を前向きに受け入れ、それに対応する技術開発や新しいシステム作りに取り組むことは、企業にとってビジネスチャンスを広げ、企業の国際競争力を強化させ、企業の存在価値を高めていく。それがまた二一世紀を生きる企業の社会的責任でもある。環境と経営の両立を実現させるためには、環境経営に対するしっかりした理念と哲学、それを実現させる明確な手段が必要である。（二四七字）

2a　グローバル化を問う意味

近代においてヒトやモノや資本、情報や思想や様式の移動が越境的に拡大する過程で、さまざまな境界が画され、揺れ動いてきた。グローバリゼーション研究では、こうした境界によって作りだされた統合化と差異化の過程を研究する。グローバルな課題とは問題の立て方、方法の問題であり、どのような問題でもそれをナショナルな制約から解き放つことが重要である。近代世界の基盤であった国民国家というシステム、主権国家という体制を相対化し、その揺らぎについて考えたい。（二一九字）

2b　途上国の貧困と自由市場

ＩＭＦは融資の条件として自由化・民営化・緊縮財政を課し、構造改革によって世界経済は均質化・一体化し、所得格差は著しい水準に達した。市場は規制や慣行を撤廃するだけで機能するわけではないが、ＩＭＦ的な市場原理主義では弱小国の特別扱いや規制復活はしない。公共財や福祉の提供には市場へのアクセスを可能にする側面も含まれているが、覇権国アメリカは制度的基盤を廃棄させ、最低限必要な公共財にもこと欠き、市場にアクセスすることすら困難な国々を生み出した。（二一〇字）

2c　《帝国》――グローバルな権力

グローバルな資本循環を仲介する主権は国民国家を超える主権である。ハート／ネグリはこの主権を帝国主義と区別して《帝国》と呼ぶ。帝国の主権は国家主権のように領土の内部と外部をもたず、世界のすべてをその支配装置の中に徐々に組み込み、超国家的法秩序を形成する単一の権力をなし、人々の社会的な生活をまるごと支配する。グローバル時代の権力は知識・情報・コミュニケーションを介して主体の内側に進攻し、脳や身体を直接に支配する。帝国とはグローバル化された生政治的な生産の秩序である。（二二三字）

3a　「日本人」とは何か

国家内部の先住民族の存在や、日本人が同化融合して形成された「複成民族」「複合民族」であることを考慮すれば、日本は「純粋な単一民族国家」であるという考えはおかしい。日本国民の中には、日本人のほかにさまざまな異民族が存在するが、日本人との対立や被害者意識を強調せず、新しい共生の原理を模索する世代も登場している。過去の歴史に対する批判と反省、未来の歴史に対する希望と展望は矛盾しないし、してはならないのである。（二〇三字）

3b　国家における個人と民族

近代は、異民族間で対立を深め、迫害や排除の仕組みを作り出した。民族・宗教問題の解決にあたり、人間を「人」ととらえるか、「族」ととらえるかが鍵になる。近代の国民国家では、国民や市民と個人が一致する多数民と、そうでない少数民とでは、権利の保障のされ方や平等の扱いの受け方が異なる。「グローバル社会」を実現しようとする前提の下に、人＝個人としても認められ、族としても認められるよう、国民国家を根本から見直していかねばならない。（二一〇字）

3c　開かれた共同体へ

開かれた共同体のためには、出身民族・文化ごとに市民を分離する多民族・多文化主義や、少数派を抑圧する普遍主義をしりぞけ、多数派と少数派の相互作用が社会や文化を創り上げていく影響過程を把握すべきである。民族は虚構に支えられ、主観的に感知される民族境界が、異文化受容と同一性の維持を可能にしている。少数民族のいない〈純粋な社会〉の建設は不可能なのである。民族や文化は本質を持たず、同一化の運動により絶え間なく維持される社会現象としてとらえるべきである。（二一七字）

4a　「近代」――五つの特質

近代性の構造は五つの柱からできている。第一に自然や人間を機械と見る「世界の機械化」である。第二に未来に向けて投企＝投機する「前望的時間意識」である。第三に計量中心の理性によって反省と分析を行う「対自関係」である。第四に人間関係が物化される「対他関係」である。第五に自然を暴力的に処理する「対自然関係」である。このようなモダンを批判的に反復しつつ、その境界を越えるトランスモダンの実践が必要であろう。（一九九字）

4b　国民国家の統治体制

近代国民国家では、主権が人民に移ると同時に、政治的決定に参加できる人民（市民）の資格と国家の境界が厳格に規定される必要が生じ、主権者である市民には自由・平等・民主主義の政治的価値の共有と、文化・言語的同質性が強く要求された。リベラルなナショナリズムが民族（国民）の同質性を求めるものへと変化した理由は、近代国家が合理的な一元的統治体制を前提とし、市民の直接管理を目指していたこと、ナポレオンによるヨーロッパ征服が近隣諸国内の民族意識を強化したことである。（二二七字）

4c　戦後日本の「近代化」

日本の戦後改革はすべて占領軍総司令部によって行われた。新憲法の制定による戦後民主主義の実現と、経済制度の民主化改革による分配の平等化が、高度経済成長と高度大衆消費をもたらし、日本の戦後社会は平準化された大衆社会になった。敗戦はまた伝統主義の価値体系を崩壊させ、経済のみならず、政治・社会・文化の領域でアメリカ的価値の受容とコンフリクトを起こすものがなくなり、「アメリカニゼーション熱」が広まった。（一九九字）

5a　インセンティブの適否

人々のたいていの行動は金銭的なインセンティブに反応することから、市場メカニズムによって需要と供給が一致するという経済学の大原則が導かれ、罰金制度が機能する。経済学者は人々の価値観を変えるより金銭的インセンティブによって人々の行動を変えるほうが確実だと考える。制度設計上は、金銭的なインセンティブと非金銭的なインセンティブのどちらで人々はより影響を受けるのか、非金銭的なインセンティブの設計がどの程度容易であるかをうまく見極めることが重要だろう。（二二二字）

5b　「構造改革」の本質論

規制緩和は経済の供給構造を効率化し、長期的には経済成長を高めるが、短期的・中期的不況は必ずしも解決しない。また、規制を緩和しても制度のゆがみがなくなるとは限らない。ただ、不況からの完全な脱却が近づき、今後は規制改革の重要性が増す。規制改革反対論者は経済効率と生命や環境などの社会的価値とが根本的に背反すると思い込んでいるが、両者は互いに補完することが可能だ。間違った問題設定にのって不毛な二者択一の議論に陥らないよう注意すべきである。

（二一七字）

5c　自由競争の功罪

経済の競争システムは人間と社会にとって重要であるが、運営の仕方次第でこのシステムの長所を致命的欠陥へと転化させる危険がある。第一に、競争の結果に対する適正な報酬制度がデザインされていないかぎり、競争は不正を生み出す。第二に、競争が自己目的化し、「ゲーム」のような競争と化して、目的と手段の倒錯が起こり、競争本来の目的を見失う。経済競争を封殺する社会主義計画経済が歴史的に見て途方もない愚挙であったのと同様に、競争を効率性の観点からのみ礼讃することもかなり愚かしい。（二三二字）

6a　新しい権利と憲法

憲法一四条から四〇条までに列挙された一群の権利はいずれも「過去の社会」において必要とされ、獲得された権利である。したがって、今の時代に必要とされる権利が憲法に記されていないという問題が当然出てくる。この問題を解決するためには、三つの方法がある。憲法を改正する方法、個別の人権規定の条文を解釈し直すことで、新しい状況に対応していく方法、憲法の「包括的基本権」条項とされている一三条の規定「生命、自由及び幸福追求に対する国民の権利」（幸福追求権）という文言から、新しい権利を導き出す方法である。（二四五字）

6b　法の規範性

本来の意味での法とは実定法であるとする新しい見方は、法と道徳をいっそう分離させることになった。法を強制的な命令そのものと同一視する見方は、法理解の主流として広がっているが、今日では不適切である。法を強制秩序そのものから独立させ、法の自立的な存在構造を支えているのが法規範であるということを確認する必要がある。人は、深い内心レベルで法規範や法秩序全体にコミットする必要はない。あくまでも法的な問題処理のために、それらに準拠して行為・判断・評価を行うことができれば、法の規範性としては十分である。（二四六字）

6c　基本的人権と「正義」

ロールズは社会編成の基本原理として、正義の2原理を示す。第1原理は「平等な自由原理」であり、第2原理は「格差原理と機会の公正な平等原理」である。ロールズの正義論では、第2原理の格差原理が重要で、「機会の平等」から「結果の平等」への転換を含意するだけでなく、社会的結合の条件の確保を目指し、才能の偶然的偏差から人々を守る取り決めであり、自尊心の確保にかなう原理として提唱される。ロールズの個人主義的自由とは道徳的存在にとっての自由であり、公的精神に満ちた市民の姿が暗黙の前提とされている。

（二四二字）

7a　住民投票をどう見るべきか

住民投票には、選挙で選ばれた町長や議会の決断を、住民が直接覆すことができるかという問題がある。これは、間接民主主義と直接民主主義の関係をどう理解するかという問題でもあり、直接民主主義は、デマゴーグや独裁者が大衆の支持を誇示するための道具として使われ、衆愚政治と結びつけられる。しかし、住民投票の背後にあった住民たちの実際の運動の中身を見ることなく、「住民投票＝衆愚政治」という図式が語られるとすれば、そこには政治的決定に対して疑問を提示する人間に対する為政者の恐怖が存在している。
（二四〇字）

7b　民主的決定と個人の自由

リバタリアニズムも民主主義が政治の形態として一番ましなものだと考える。しかし、基本権が民主的決定によって侵害される可能性は否定できない。それを妨げるための制度として人権宣言や権力分立の制度があり、人権は国家主権に優先する。これに対して、民主的政治過程を自己目的化する人々は、人権と国家権力との衝突の可能性を真剣に考えない傾向がある。参加民主主義には、国民を国家と一体化させ、忠誠心を強要するおそれがあるが、国民に積極的な国家への忠誠心と同一化の義務を負わせるために民主主義の理念を持ち出すべきではない。（二五一字）

7c　自由主義と民主主義

現代世界の政治体制は、自由民主主義体制と非自由民主主義体制に大別される。自由民主主義体制を支える自由主義と民主主義の二つの原理は、歴史的な起源も思想内容も異なっている。これらの異質な原理を両立可能にするためにはそれぞれの原理の修正と統合が必要であった。今日、自由民主主義という原理の制度化をめぐって、自由主義と民主主義の間で矛盾が激化してきている。参加民主主義の台頭は民主主義をより強化しようとするものであるし、小さな政府を目指す新自由主義は自由主義をより強化しようとするものである。
（二四二字）

8a　社会福祉を支える原理

社会福祉を支える人間尊重の原理は、「基本的人権の尊重」「ノーマライゼーション」「自立支援」「参加と連帯」の四つからなる。第一の「基本的人権の尊重」については憲法二五条が社会福祉の普遍的権利性を宣言する。第二の「ノーマライゼーション」は地域社会における基本的欲求の充足を目指す。第三の「自立支援」は自立に向けての援助の確立をいい、援助の利用者に対する自己決定と意志表明を迫る。第四の「参加と連帯」は自立する主体の自発的行動が真の連帯を生むとする。自立と参加と連帯は相互に支え合う概念である。
（二四六字）

8b　少子高齢社会の課題

高齢社会の第一の課題は、高齢化を少しでも止めることであり、女性の職業と育児の両立支援策に政府も企業も取り組むとともに、地域レベルでは人口移動を促すことが必要である。第二の課題は、高齢者の多様性を認め、自立性を増大させて、社会や医療、介護の負担を減少させることである。第三の課題は、高齢者の生活問題を解決するための福祉システムとソーシャル・ネットワークの構築である。第四の課題は、生産年齢人口の減少と労働力の高齢化による労働力減少に見合った社会システムの構築である。（二三二字）

8c　福祉と経済の両立を考える

これからの社会保障を考えていくにあたり、福祉の経済効果を見落としてはならない。ただ、この場合、次の三つのレベルを区別して考えることが必要である。第一は「公共投資の分野論」としての「福祉の経済効果論」であり、「福祉」のインフラ整備等の経済波及効果ないし「乗数効果」を重視する。第二は「家事労働の外部化による福祉の経済効果論」であり、介護や保育については「社会化」を図ったほうが経済全体にプラスであるとする。第三は「福祉（社会保障）と経済の持続的発展」という考え方である。（二三四字）

9a　結婚しない理由

結婚はかつての「必ずするもの」から、「選ぶもの」に変わり、婚姻数の減少には底が見えない。雇用の弾力化や非正規化が進み、仕事や収入を巡る理想と現実のギャップが広がる昨今、納得できる経済的地位を確保できないという不安から、結婚を先送りする男性はこれからも増えそうだ。「あこがれ」の結婚像が揺らぐ女性の選択も行方が見えない。結婚するのか、しないのか。当たり前だったことが当たり前でなくなり、悩みが増えた。（一九九字）

9b　多様化する現代の家族

家族はもはやかつてのような明確な枠組みを持っていない。夫婦関係と親子関係が分けて考えられるようになり、子どもを軸に家族空間は広がる。こうして新たに生み出された家族空間が「複合家族」である。共同親権の法制化は、男女が別れた後に子どもと親がどうかかわってゆくべきなのかを社会全体が模索して行き着いた一つの答えだといえる。親の再婚や親がパートナーを持つことは子どもにとってむしろ好ましいことだと見られている。複合家庭、片親家庭はフランス家庭全体の約二割を占める。現代の家族像は一つではない。

（二四二字）

9c　「男らしさ」へのとらわれ

男たちの〈男らしさ〉、優越志向・権力志向・所有志向という三つの志向性への意識的・無意識的なこだわりと、男たちの女性像が聖女・娼婦・太母に一方的に固定化され、対等の人間としての女というイメージが存在しないことは、男女間のコミュニケーションの疎外状況を作り出す原因にもなってきた。これまでの男女の関係が変わろうとしている現在、女たちは新しい選択を開始しようとしている。逆に、男たちは三つの志向性が傷つけられるとともに、「太母」が自分を突き放し始めたことに深い不安を感じつつあるように思われる。（二四四字）

10a　「教える」と「育つ」

知識の詰め込みや「正答」の決まっている問題をできるだけ早く解く訓練は子どもの個性を破壊することになる。個々の人間は多様なので、全体的法則を個々の人間に「適用」しようとするとその人の個性を奪うことになりかねないから、教育の科学的研究を実際場面にいかに生かすかについては慎重に考えねばならない。子どもをまったく放任しておけばよいと考えるのも誤りである。子どもが「育つ」ことも「教える」ことも必要だが、「教育」というと教えることに重点が

おかれがちなので、育つことの意義を強調したのである。（二四〇字）

10b　経験則と教育論理の違い

大学で学生が勉強するのは当たり前だという意識改革を世の中全体ですすべきである。バランスのとれた人間を育てることが大事である。先達の教育言説は、多様な個性をもつ学生たちを育てる教育論理として有効か、はなはだ疑わしい。学生たちの抱える学業問題は現代特有の事情のなかで発生しているので、成功者たちの学生時代の経験則を参考に解決されるはずがない。教育的問題を考えるうえで人類が経験してきたエッセンスは有効であることが多いが、身近な人間の経験を教育の論理にしてはならない。（二三〇字）

10c　変化した学校の意義

明治から戦後の経済成長期まで、学校は進歩と啓蒙の装置であった。ところが、地域・家庭の文化水準が高まり、経済的にも最低限の生活が満たされるようになると、学校は「社会の進歩・改善」という物語から切り離され、社会秩序の維持・安定のための保守的装置という側面が強くなった。学校が信頼されていた時代から学校不信の時代へ。学校は親や家族のエゴイズムを下請けする機関のような役割を担わされるようになるとともに、時代遅れの生活指導や集団訓練が、世間から指弾されるようになる。学校の地位低下である。（二四〇字）

11a　原爆を作る科学者の非合理

知識は対象を超えた普遍性の高いものであり、科学者は原爆のような「悪魔の知」にも熱中してそれを達成する。人々が科学という営みに熱中したり、参加したり、離脱したりするのは、科学以外の社会情勢にも大きく支配される。理性によって具体的に科学的営みを行うとしても、それに参加した動機や目的を達成するという執念はもろもろの情念で支配される。科学の知への情念は、なんらかの別の価値観で統御されねばならないことになる。（二〇一字）

11b　科学者の社会的責任

社会の各部門に存在しながら未成熟で相互に無関係な情報ループを組織化し、社会の変化の方向が個人にとって理解可能なようにする情報循環の組織化と、行為者が最適行為に接近する速度を速めるための多様性の推進が、社会の活性化を可能にする。その最重要な条件は情報循環の正当性であり、この正当性はループの中に組み込まれ、利害を離れて中立的な判断ができる科学者によって担われる。それは現代の負託された自治の中で存在を許される科学者の基本的責務である。（二一六字）

11c　近代科学の分析的思考

近代科学は目的論的説明や機能的説明を排除し、因果的説明と分析的思考に頼ることで価値体系から解放され、自由かつ中立の立場を手に入れると考えられてきた。そうした考え方はそれ自体が一つの価値体系であることを無視し、生命現象から「生きる」という目的と機能を排除した点で誤っている。下位の概念や法則から上位の現象や概念を説明する分析的方法に加えて、上位の概念や法則によって下位概念を説明するシステムの方法論を導入すべきである。（二〇八字）

12a　物事の理解から心の理解へ

ピアジェは、「物」と、「物」の働きや性質、「物」と「物」との関係や現象である「事」とに対する、「心」による認識の発生について、系統発生的観点と個体発生的観点とを統合する壮大な理論体系をうち立てようとした。このような研究は「科学者としての子どもの研究」と呼ばれる。やがて「物」や「事」だけでなく、「心」の理解の問題もまた認知発達研究の重要な研究テーマとなった。以後の認知発達研究は「心理学者としての子ども」という側面にも目を向けることで発展していった。（二二五字）

12b　社会的存在の心理学

社会心理学は社会的存在としての人間の心の性質を研究する学問である。人間の心は、社会的環境への適応のために進化してきた道具であると同時に、文化的環境への適応の結果として生み出され維持されている。心と社会的環境・文化的環境との間に相互構成関係が存在している以上、社会的・文化的な環境と独立したかたちで心を理解する試みには大きな限界が存在する。この限界の存在こそ、心と社会との相互構成的な関係の性質と内容とを明らかにすることを目的とする社会心理学の存在意義である。（二二九字）

12c　〈私〉という意識の謎

近代科学の誕生と発展の過程は、〈私〉に中心化された空間体験から宇宙全体を見渡す「神」の視点に基づいた空間体験への転換、その精緻化のプロセスである。主観的な空間体験は、大脳皮質の視覚野を中心とする神経細胞によって作り出されている。神経細胞の活動を「見渡す」ことができる形で〈私〉という脳内現象が立ち上がることこそが、最大の「事実それ自体」であり、それを「説明されるべき事実」に昇格させないかぎり、私たちは意識の謎も、科学の背後にあるものも、この宇宙も、真に理解することはできない。

（二三九字）

13a　言語の排外運動に反対する

ドイツには外来語とその純化をめぐる議論の豊かな歴史がある。外来語への嫌悪、排撃は、民族や国家の名において行われることが多いが、教養ある階層と大衆との溝を深めることを危険視する言葉の民主主義の視点に感動する。また、純化運動に反対する人たちは、高度に規範化された言語の完成度を誇る代わりに、絶え間なく生成し、変化することに言語の本質を見、規範をそれに死を与えるものだと考え、言語的自由を守ろうとした。（一九八字）

13b　消費の記号的側面とは何か

先進諸国は、〈モノ〉の氾濫という人類史上一度も経験したことのない特異な事態に直面している。われわれが〈モノ〉を買うのは、必要だからというより、欲しいからであり、広告に囲まれて、買い続けなければならないという強迫観念すら感ずるように仕向けられる。今日のように誰もが日常的に過剰消費の行動をとるのは未曾有のことなのである。衣食住についても、生存のための必要性ではなく、記号的側面を消費する傾向が強くなっている。（二〇二字）

13c　記号の意味作用

人間は、あらゆる事物をなんらかの〈意味〉に還元せずには生きていけない。一人一人の世界は多種多様な記号からなり、記号のシステムとして秩序づけられている。ソシュールは、人間は意味を担った記号しか認識できず、記号とは他の記号たちとの関係のネットワークというシステムの中でしか意味をもち得ず、実体のない関係的・相対的な存在であることを明らかにした。記号は不変不動のものではなく、生まれたり壊れたりするものである。（二〇二字）

14a　電脳社会の動向と課題

ＩＴ技術はユビキタス環境として現れ、ナノテクノロジーによって高度化・複雑化し、電子社会システムを見えないものにし、人間の身体の中にまで浸透してくる。電子社会システムの基本的課題は、システムの「見えない」ものを「見える」ようにするとともに、「わかりあえる」ようにすること、将来現れてくる社会の現象を予期した変化への時間的適応、複雑なシステムを「自己参照」的に、「複雑化」して「見えない」ものにしつつある点にどう対応していくかにある。

（二一五字）

14b　情報化とネットワーク社会

高度に発達した情報ネットワーク社会では、個々人の選択の自由が極めて大きくなる。氾濫する情報に流されず、惑わされないような自己決定できる自律的な主体を確立することが必要となる。情報ネットワーク社会が本格化すれば、空間的・地域的な制約が弱まり、行動の範囲と自由とが拡大する結果、家庭や、会社などの職能共同体、国民国家は非実体化される。組織や企業は個人を育て、成長させる拠点となることが求められるだろう。（一九九字）

14c　情報社会論のパラダイム

情報化社会論の第一期は企業や行政機関を多数の端末を備えた大型計算機システムになぞらえ、その技術の高度化によって社会自身もシステム社会へ進化するという「システム社会論」であった。第二期の「ネットワーク社会論」は、無関係な産業や企業や個人を新たな形に連結し、異質なものを結びつけ、閉じたシステムを開いたシステムにすることで、新たな成長の可能性を確保するというものであったが、多様な未来社会イメージを含む「ネットワーク」の多義性は、「情報化社会」が空虚な記号であることの効果といえる。

（二四〇字）

15a　変貌する「子ども」たち

戦後五〇年の社会的激変は、「保護・愛育」と「教育」という「子ども―大人関係」を破綻させてしまった。にもかかわらず、関係の更新と「子ども観」の刷新とに戸惑う大人たちによって、両者のコミュニケーションは断絶しかけている。子どもたちは新しく「子ども—大人関係」を樹立し直すことや、その前提として新しい「子ども観」を確立することへの素早い対応を求めている。相次ぐ子どもたちの暴力表現や、私どもの理解を拒む彼らの言動はその表現だと位置づけることが可能なのである。(二二六字)

15b　若者たちの《繋がり》

2ちゃんねるにおいては、内輪性を再生産するコミュニケーションを続けることが至上命題となっており、マスメディアはコミュニケーションのための素材にすぎない。「内輪での接続指向」とメディアに対する「アイロニカルな視線」の両者を携えた2ちゃんねる的なコミュニケーションが九〇年代の終わりになって姿を現すようになった理由としては、インターネットの世俗化が挙げられるが、これと同様に、いやそれ以上に重要なのは、若者コミュニケーションの構造変容—《秩序》の社会性に対する《繋がり》の社会性の上昇—である。(二四五字)

15c　ヴォランティアを求める心

多くの人が望んだヴォランティアの形態は、他者の前で、他者に積極的にかかわっていく活動であり、そしてまた多くの場合、全身体的な活動であった。ヴォランティアは、特定のだれかの前に、特定のだれかとしてかかわるということであり、〈わたし〉というものは他者の他者としてはじめて確認されるものだという考え方に人々は賭けた。じぶんではない別のひととしての他者にとって、意味ある他者にじぶんがなりえているかどうかが、わたしたちが自己というものを感じられるかどうかを決めるというわけだ。(二三四字)

16a　一極集中から多極分散へ

ポストモダン思想の旗手ドゥルーズとガタリによれば、世の中の仕組みには、アルブル型、ラディセル型、リゾーム型の三つのタイプがある。すべてが中心や土台からの距離で秩序づけられ、線形に上へと伸びるアルブル型やその亜流のラディセル型ではなく、各部分が異質の規則や配列をもって連結するリゾーム型を目指すべきだとされる。人口減少社会となる二一世紀のわが国は、下からの参加が強まり、多極分散型のリゾーム型社会に移行していく。(二〇五字)

16b　戦争の記憶と未来への歴史

戦争の現実の経験や記憶ではなく、「過去」を歴史的な視野で認識することが重要である。それは現在を理解することだからである。記憶は薄れるが、風化された状態について認識することが、歴史の現在の認識のための出発点である。この認識が経験しなかった人びとの歴史意識を生み、未来に向かわせる。戦争は思想や芸術、日常生活の営みで構成される世界を暴力で破壊するが、これらの営みからしか、未来に向かうアクチュアルな姿勢は生まれてこない。(二〇八字)

16c　生きることの意味を探して

近代西洋哲学は、人間とは何か、いかに生きるべきか、この問いを出発点にしてあらゆることを考えていく人間学としての哲学である。哲学は真理や理論体系ではなく、不完全な人間がある時代を支え、新しい歴史を作っていく、その不完全さから出発し、人間の未来を探りつづける中にあるべきだ。人間の未来に情熱を傾け、あらゆることに疑問をもち、新しいことに挑戦し、人生は冒険だと考える精神によって、哲学と人間の歴史は動かされてきた。（二〇四字）

— *MEMO* —

— *MEMO* —

改⑫ 220814